国家社科基金青年项目"欧洲联盟反补贴立法与实践研究"（07CFX046）和湖南省高校科技创新平台建设项目"WTO《补贴与反补贴措施协定》中严重侵害的认定（12K038）"、"国际典型反补贴调查案件研究"（10K036）及湖南省法学一级重点学科建设项目成果

中青年商务法律文库

欧盟反补贴立法与实践研究

A Study on EU Anti-Subsidy Law and Practice

欧福永 等著

撰稿人 欧福永 甘 瑛 熊之才

李 本 刘 琳 冯素华

黄文旭 范知智 颜 诣

岳昕雯 张琼芳 朱 丹

中国商务出版社

图书在版编目（CIP）数据

欧盟反补贴立法与实践研究／欧福永等著. —北京：
中国商务出版社，2013.12

（中青年商务法律文库）

ISBN 978-7-5103-0988-5

Ⅰ.①欧…　Ⅱ.①欧…　Ⅲ.①欧洲国家联盟—贸易法
—立法—研究　Ⅳ.①D950.228

中国版本图书馆 CIP 数据核字（2013）第 307855 号

欧盟反补贴立法与实践研究

A Study on EU Anti-Subsidy Law and Practice

欧福永　等著

出　　版：中国商务出版社

发　　行：北京中商图出版物发行有限责任公司

社　　址：北京市东城区安定门外大街东后巷 28 号

邮　　编：100710

电　　话：010—64245686（编辑二室）
　　　　　010—64266119（发行部）
　　　　　010—64263201（零售、邮购）

网　　址：www. cctpress. com

邮　　箱：cctpress1980@ 163. com

照　　排：北京开和文化传播中心

印　　刷：北京松源印刷有限公司

开　　本：787 毫米×980 毫米　1/16

印　　张：20.25　字　数：321 千字

版　　次：2013 年 12 月第 1 版　　2013 年 12 月第 1 次印刷

书　　号：ISBN 978-7-5103-0988-5

定　　价：48.00 元

目　录

引　言

欧洲联盟①（European Union，以下简称欧盟）是世界上一体化程度最高的区域性国际组织，是当今世界上最大的贸易集团②。据统计，2004 年，扩大后的欧盟超过美国和日本成为中国的第一大贸易伙伴，双边贸易额达到 1773 亿美元，是中欧建交时的 74 倍，2005 年—2012 年欧盟仍然是中国的第一大贸易伙伴。同时，中国近年来一直是欧盟的第二大贸易伙伴，2011 年和 2012 年为欧盟最大贸易伙伴，欧盟是中国第一大技术供应方和重要的外资来源地。因此，必须高度重视中欧经贸合作。虽然，目前中欧经贸关系发展整体状况良好，但是，我们不能否认的一点是在许多领域妨碍中欧贸易关系健康发展的因素依然存在，尤其是近年来中国价格低廉的产品大量进入欧盟市场，所以欧中贸易逆差逐渐增加，欧盟的贸易保护主义已呈抬头趋势。从 1995 年—2012 年，在全球发起的 302 起反补贴调查案件中，欧盟发起的调查 67 起，占全球的 22.2%，居第二位。

截至 2013 年 10 月底，欧盟共对中国发起了 6 起反补贴调查：（1）2010 年 4 月 17 日，应欧盟纸张生产商协会（The European Association of Fine Paper Manufacturers）的申请，欧盟委员会对原产于中国的铜版纸进行反补贴立案调查，这是欧盟对中国首起反补贴调查和国外对中国提起的第 40 起反

---

① 网址：http://europa. eu/index_ en. htm.
② 截至 2013 年 7 月，欧盟共 28 个成员国：法国、意大利、荷兰、比利时、卢森堡、德国、爱尔兰、丹麦、英国、希腊、葡萄牙、西班牙、奥地利、芬兰、瑞典、波兰、拉脱维亚、立陶宛、爱沙尼亚、匈牙利、捷克、斯洛伐克、斯洛文尼亚、马耳他、塞浦路斯、保加利亚、罗马尼亚和克罗地亚。

补贴调查①，并于 2011 年 5 月 14 日起对从中国进口的铜版纸开征正式反倾销税和反补贴税。(2) 2010 年 9 月 16 日，欧盟又对原产于中国的数据卡发起反补贴调查，涉案金额达创纪录的 41 亿美元。此前欧盟已对原产于中国的数据卡展开了反倾销和保障措施调查。这是欧盟首次对中国出口的同一产品同时进行三种贸易救济调查，在 WTO 成员的实践中也极为罕见。(3) 2012 年 2 月 22 日，应欧洲钢铁工业联盟（Eurofer）的申请，欧盟委员会对原产于中国的有机涂层钢板进行反补贴立案调查，欧盟曾于 2011 年 12 月，对我国出口的有机涂层钢板进行反倾销立案调查。(4) 2012 年 4 月 27 日，应欧盟自行车生产商协会［The European Bicycle Manufacturers Association（EBMA）］的申请，欧盟对原产于中国的自行车进行反补贴立案调查。欧盟自 1993 年开始对我国自行车征收反倾销税，至今已长达 20 年，并于 1997 年开始将反倾销税扩展至自行车零部件。(5) 根据欧盟光伏产业联盟 EU ProSun（"申请人"）提出的申请，2012 年 11 月 8 日，欧盟对原产于中国的晶体硅光伏组件及关键零部件进行反补贴立案调查。欧盟曾于 2012 年 9 月 6 日对原产于中国的晶体硅光伏组件及关键零部件进行反倾销调查。(6) 2013 年 4 月 27 日，应 EU ProSun Glass 的申请，欧盟对原产于中国的太阳能玻璃进行反补贴立案调查。2013 年 2 月，欧盟对原产于中国的太阳能玻璃进行反倾销立案调查。

　　反补贴调查已给中国造成了巨大损失，为了应对这种严峻的形势，中国在调整自己的补贴政策的同时，需要认真研究国际反补贴规则。由于 WTO

---

① 2004 年 4 月至 2013 年 10 月 10 日，国外对中国共计发起了 72 起反补贴调查（美国 36 起、加拿大 18 起、澳大利亚 8 起，欧盟 7 起，南非、墨西哥和印度各 1 起），中国曾连续 6 年成为全球遭遇反补贴调查最多的国家。同时，中国也于 2009 年对原产于美国的进口取向电工钢、部分汽车和白羽肉鸡提起了 3 起反补贴调查，于 2012 年 7 月中国又对原产于美国的太阳能级多晶硅进行反补贴调查；中国于 2010 年 8 月、2012 年 11 月和 2013 年 7 月分别对原产于欧盟的进口马铃薯淀粉、太阳能级多晶硅和葡萄酒提起了 3 起反补贴调查；2012 年 5 月 25 日，中国就美国对中国部分产品的反补贴措施案（DS437）磋商诉求向世贸组织提交了书面文件，该文件于 2012 年 5 月 30 日公布。2012 年 9 月 17 日，中国向世贸组织秘书处提出与美国的磋商申请，主要涉及美国对中国一系列产品实施的反补贴和反倾销措施问题，包括纸制品、钢铁产品、轮胎、未加工橡胶胶磁、化学品、厨房用具、木地板、风电塔等。关于该案磋商申请中涉及的进一步信息将于随后发布在世贸组织文件 WT/DS449/1 中。2012 年 11 月 5 日，中国向世贸组织秘书处提交了一份与欧盟及其部分成员国的磋商申请，主要涉及欧盟部分成员国（包括但不限于意大利和希腊）影响可再生能源发电的上网电价补贴措施，主要是光伏发电项目，如当地含量要求的限制（意大利和希腊的法律规定，若光伏发电项目的主要零部件原产于欧盟国家或欧洲经济区国家，该项目生产的电力即可获得一定金额或比例的上网电价补贴）等。该案磋商申请中涉及的其他详细信息公布在世贸组织文件 WT/DS452/1 中。

《补贴与反补贴措施协定》（以下简称《SCM 协定》）对补贴规定了双轨制的救济措施，即通过 WTO 争端解决机制或者通过 WTO 成员自己的反补贴法律程序获得救济。加之欧盟是反补贴措施的主要使用者，我国对欧盟反补贴制度的研究才处于起步阶段，有关的著作和论文比较少，而且大都比较简单和概括，更没有专门研究欧盟反补贴制度的专著，这与我国和欧盟越来越密切频繁的经贸关系来说，是极为不相称的。本书以欧盟反补贴法的解读为重点，运用比较法学和案例分析等方法，对欧盟的反补贴法和适用情况进行研究，探求欧盟反补贴法的特点及其优劣之处，期盼能为我国应对欧盟反补贴调查，完善我国的补贴与反补贴立法与实践提供较全面、准确的指导。

与 WTO 的争端解决机制不同，作为反补贴程序的结果而采取的反补贴措施是《SCM 协定》授权的单边行动，因此采取反补贴措施时不再需要 WTO 的授权。采取反补贴措施的目标是保护 WTO 成员的国内工业免受来自 WTO 另一成员受补贴产品的损害。因此，只有进口成员调查当局证明所涉进口产品接受了补贴，补贴进口产品对其国内产业造成了损害或损害威胁，或对其国内产业的建立构成实质性阻碍，才能采取反补贴措施。《欧盟理事会 2009 年 6 月 11 日关于对来源于非欧洲共同体国家的补贴进口货物可采取的保护措施的第 597/2009 号条例》（经整理的版本）（以下简称《基本条例》）进一步规定，只有共同体利益或欧盟利益要求干预时，才能采取单边的反补贴措施。简单而言，按照《基本条例》，对第三国的受补贴产品采取反补贴措施，需要在调查中确定存在以下四个基本要素：（1）所涉进口产品受益于可抵消性补贴；（2）受补贴产品对生产同类产品的共同体产业造成损害或损害威胁，或对这类产业的建立构成实质性阻碍；（3）补贴进口产品与损害之间存在因果关系；（4）采取反补贴措施符合欧盟利益。本书将对上述要件及其相关问题进行阐述。

第一章　欧盟反补贴法概述

第一节　欧盟反补贴法的演变

在《欧洲联盟条约》（又称《马斯特里赫特条约》）生效以后、《里斯本条约》[①] 生效以前，欧盟由三根支柱构成，最初的三个共同体（欧洲煤钢共同体[②]、欧洲经济共同体和欧洲原子能共同体）构成第一根支柱，共同外交和安全事务构成第二根支柱，内政和司法事务构成第三根支柱。1993 年 11 月 1 日，《欧洲联盟条约》生效后，欧洲经济共同体改称为欧洲共同体，同时欧洲联盟成立。因此，欧共体的法律只是欧盟法律的最主要的构成部分[③]。《里斯本条约》2009 年 12 月生效以后，欧盟的三根支柱在名义上不复存在，欧盟与欧共体合二为一，统一使用"欧盟"的称谓，不再使用共同体这一术语，《欧洲共同体条约》也更名为《欧洲联盟运行条约》。[④]

欧盟的反补贴制度是随着欧洲一体化的进程产生、发展的。在欧共体建

---

① 《里斯本条约》的全称是《修改〈欧洲联盟条约〉以及〈欧共体条约〉的里斯本条约》。它是在原《欧盟宪法条约》的基础上修改而成，被视为"简版"的《欧盟宪法条约》。原《欧盟宪法条约》因遭到法国和荷兰全民公决否决而陷入僵局。为解决欧盟制宪危机，欧盟领导人 2007 年 12 月在葡萄牙首都里斯本正式签署《里斯本条约》，取代已经失败的《欧盟宪法条约》。《里斯本条约》已经在 2007 年 12 月 13 日为所有欧盟成员国签署，并于 2009 年 12 月 1 日正式生效。

② 欧洲煤钢共同体（European Coal and Steel Community（ECSC））于 1951 年 4 月 18 日通过《巴黎条约》成立并于 1952 年 7 月 23 日开始生效。根据条约规定，成员国可以不用交纳关税直接取得煤和钢作生产资料。欧洲煤钢共同体的缔约国有法国、联邦德国、意大利、比利时、荷兰和卢森堡，其生效期限为 50 年，因此，2002 年 7 月 23 日之后，欧洲煤钢共同体不再存在。

③ 蒋小红：《欧共体反补贴立法与实践》，《法学评论》2003 年第 1 期。

④ 陈卫东、李靖堃译：《欧洲联盟基础条约》（经《里斯本条约》修订），社会科学文献出版社 2010 年版，第 15、28 页。

立之前及其初期，各国有自己单独的反补贴法，它们内容各不相同，实体规则时有冲突，主要有比利时 1962 年颁布的《进出口和转口货物法》、意大利 1963 年《征收反倾销税反补贴税第 39 号法令》、卢森堡 1963 年《进出口和转口货物法》、荷兰 1963 年《进出口货物法》等。

1958 年的《罗马条约》是欧共体反补贴法的重要法律依据，该条约规定了海关同盟及针对第三国实施统一的关税税率（第 9.1 条），并在第 113 条中规定：在共同体形成以后，共同体有权根据统一原则制定共同贸易政策，包括反补贴、反倾销措施等。由于《罗马条约》规定了一个 12 年的过渡期，因而反补贴规则的统一化并未立即开始。但随着关税同盟逐渐形成，各国反补贴制度不统一对关税同盟将是一个直接威胁，原因如下：各成员国是关税同盟关系，货物可以在成员国间自由流动，这样，非欧共体的国家可将货物先出口到不对其采取反补贴措施的国家，并由此进入其他欧共体国家，从而避开反补贴调查。反补贴规则的不同为非欧共体国家规避某一成员国采取的反补贴措施提供了有利条件。

鉴于以上情况，欧共体委员会于 1965 年 5 月向欧共体部长理事会提出制定欧共体统一的反倾销、反补贴法的建议。1968 年 4 月 5 日，全称为《欧洲经济共同体关于防止来自非欧共体成员国的倾销与补贴进口产品的条例》的 4591/68 号条例得以公布，它也是欧共体第一部统一各成员国反补贴与反倾销的欧共体法。反补贴反倾销条例一经通过，便适用于欧共体的所有成员国，同时意味着各成员国的反补贴法不再适用。

由于第一部欧共体反补贴反倾销法还很不完善，对许多重大问题诸如执行机构等并未明确规定，另一方面由于欧共体自身不断地演变，其成员国不断增多，因此，欧共体反倾销法在其后的岁月中，经过多次修订。但是，如同东京回合反补贴守则那样，直到 2423/88 号条例都没有界定补贴的概念，尤其是在欧共体和美国的贸易之间引起了很大的冲突。长期以来，欧共体反补贴法和反倾销法一直规定在同一个条例中，并且条例明显侧重反倾销问题，有关补贴和反补贴的条款数量相对较少，这种立法结构一直未曾改变。[①]

1994 年底，欧盟反补贴立法经历了深刻的变化。为了履行乌拉圭回合谈

---

① 程卫东：《欧盟对华反倾销若干法律问题研究》，《国际法与比较法论丛》第 11 辑，中国方正出版社 2004 版。

判达成的《SCM 协定》，为了保证有关规则在欧共体具有更大的透明度和更有效的实施，使欧盟与 WTO 的立法结构保持一致，将反补贴规则和反倾销规则相分离，制定了欧盟第一部单独的反补贴条例，即 3284/94 号条例。由于乌拉圭回合《SCM 协定》与关贸总协定原有的规则在许多方面发生了许多重大的变化，因此，以履行新协定为宗旨的欧共体 3284/94 号条例在有关方面均对欧盟反补贴法原先的规则作了重大修正与补充。之后 1995 年，1285/95 号条例又对该条例作了修正。尽管如此，该条例在措辞上明显存在问题。1997 年 10 月 6 日，欧盟通过全新的反补贴条例，即第 2026/97 号条例，全称是《欧盟理事会 1997 年 10 月 6 日关于对来源于非欧洲共同体国家的补贴进口货物可采取的保护措施的第 2026/97 号条例》。该条例又被欧盟理事会 2002 年 11 月 5 日第 1973/2002 号条例和 2004 年 3 月 8 日第 461/2004 号条例小幅修改。该条例共 35 条和 4 个附件①。

值得注意的是，直到 2002 年 7 月 23 日，存在两种不同的产品类别：欧洲煤钢共同体产品（ECSC products）和欧共体产品（EC products），并受制于不同的贸易救济文件。造成上述区别是由于存在两个不同的条约：《欧洲煤钢共同体条约》和《欧共体条约》。对于欧洲煤钢共同体产品，反补贴调查和措施由委员会（ECSC）第 1889/98 号决议②支配。由于《欧洲煤钢共同体条约》于 2002 年 7 月 23 日终止，对原欧洲煤钢共同体产品提起的反补贴调查也根据依《欧共体条约》第 133 条制定的理事会（EC）第 2026/97 号条例进行。③

由于第 2026/97 号条例已经被实质性地修改几次，从清晰和合理的角度来说该条例应该被整理。因此，2009 年，欧盟理事会通过了《2009 年 6 月 11 日关于对来源于非欧洲共同体国家的补贴进口货物可采取的保护措施的第 597/2009 号条例》（经整理的版本）来取代第 2026/97 号条例。

---

① 参见欧福永、刘琳译：《欧盟理事会 1997 年 10 月 6 日关于对来源于非欧洲共同体国家的补贴进口货物可采取的保护措施的第 2026/97 号规则》（经 2004 年第 461/2004 号条例修改），《国际法与比较法论丛》2005 年第 16 辑，第 616～666 页。该译文也可参见欧福永等：《国际补贴与反补贴立法与实践比较研究》，中国方正出版社 2008 年版，第 408～455 页。

② Commission Decision No 1889/98/ECSC of 3 September 1998 on protection against subsidised imports from countries not members of the European Coal and Steel Community.

③ http://ec.europa.eu/trade/issues/respectrules/anti_ subsidy/legis/index _ en. htm，访问日期：2008 年 1 月 22 日。

需要指出的是，WTO《SCM 协定》不适用于农业补贴。例如《SCM 协定》第 3 条（禁止）第 1 款规定："除《农业协定》的规定外，下列属第 1 条范围内的补贴应予禁止……"《SCM 协定》第 5 条（不利影响）第 2 款规定："本条不适用于按《农业协定》第 13 条规定的对农产品维持的补贴。"《SCM 协定》第 6 条（严重侵害）第 9 款规定："本条不适用于按《农业协定》第 13 条规定对农产品维持的补贴。农业补贴由 WTO《农业协定》调整。"与 WTO《SCM 协定》不调整农业补贴一样，《基本条例》也不调整农业补贴问题。《基本条例》仅仅提及该条例附件 IV（是对《农业协定》附件 2 的复制）中列出的国内支持措施是不可抵消的。

欧盟反补贴法不断发展与演进，有以下几个原因：

第一，欧盟反补贴法的产生与修订，与欧盟经济一体化进程是联系在一起的。欧盟反补贴法本身是欧盟经济一体化的产物，尤其是关税同盟的一个直接结果。随着欧盟经济联系日趋紧密，内部统一的共同市场渐次形成，统一对外贸易政策、保护共同市场就成为必然；

第二，欧盟反补贴规则的多次重大变化与关贸总协定就反补贴问题所达成的协定密切相关，例如，现行的反补贴条例与 WTO《SCM 协定》内容基本相同；

第三，欧盟反补贴法的多次修订也反映了国际贸易关系日趋复杂的现实。在全球贸易自由化大潮及经济变革日趋加剧的情况下，国际贸易关系、贸易格局发生了深刻的变化，发达国家贸易在增长的同时，发展中国家作为一支重要的经济与贸易力量，也在崛起。由此，有些发达国家产生贸易保护主义的动机，但在关税减让及非关税措施日益受到限制的情况下，求之于关贸总协定与世贸组织的反补贴手段就是一种必然的选择，欧盟根据形势的变化不断修正其反补贴法正是基于此种变化的考虑；

第四，欧盟反补贴法的多次修订也是欧盟反补贴实践经验的总结。在欧盟最初的反补贴法中，在很多方面都是粗线条的规定，许多基本概念，如同类产品、国内产业、损害幅度的计算等都未作规定，实践中许多问题都赋予共同体委员会以相对较大的自由裁量权，而这种自由裁量权经常引起纠纷而诉诸欧洲法院及《单一欧洲法令》之后的初审法院，委员会的实践与欧洲法院的司法审查确立了很多规则，这些规则和原则陆续被纳入到修订的反补贴条例之中，使欧盟反补贴法日渐完善。①

值得注意的是，《基本条例》是针对非欧盟成员国适用的，并不适用于欧盟成员国。欧盟对其成员国的补贴有另外的一套特殊的规则加以规制。欧盟各成员国国内的政府补贴被称为"国家援助"，由竞争政策领域的规则进行调整。这方面的法律和政策被泛称为"国家援助法"。② 该法源于《欧盟运行条约》第107~108条（《欧共体条约》第87~88条）③，属于竞争法的调整范畴，不属于国际贸易法领域。它与《SCM协定》适用范围不同，但是所涵盖的范围却有交叉。④ 例如欧盟成员国所实施的某些国内补贴在欧盟国家援助法下可能被欧盟委员会批准，属于合法补贴，但是在《SCM协定》下可能具有可诉性，从而被其他WTO成员攻击。欧盟必须遵守其在WTO规则下的义务，欧盟委员会不能授权欧盟成员国实施任何《SCM协定》禁止的补贴。欧盟委员会曾通过国家援助法授权欧共体成员国实施属于《SCM协定》下不可诉范畴的补贴。但随着《SCM协定》下不可诉补贴的失效，在国家援助法下欧盟委员会授权的科研援助、落后地区支持、环境补贴等原属于不可诉补贴的范畴在《SCM协定》下成为了可诉补贴，但是国家援助法并没有做出修正。因为根据国家援助法，只有授予的补贴扭曲或威胁了竞争条件，违反了竞争法才能得以修正。从概念的角度来看，WTO中关于"补贴"的概念比要欧共体法中"援助"的概念要窄。从法律的管辖范围来看，国家援助法要广于《SCM协定》，《欧盟运行条约》第107.1条（《欧共体条约》第87.1条）不仅适用于货物贸易也适用于服务贸易，而WTO《服务贸易总协定》第15条仅规定，《服务贸易总协定》成员应该进行谈判以制定必要的多边纪律，避免

---

① 程卫东：《欧盟对华反倾销若干法律问题研究》，《国际法与比较法论丛》第11辑，中国方正出版社2004版。

② 甘瑛：《国际货物贸易中的补贴与反补贴法律问题研究》，法律出版社2005年版，第48页。

③ 第107条禁止由成员国给予或通过国家资源而给予的任何援助，不论其形式如何，凡是优待某些企业或某些产品的生产以致扭曲竞争或造成扭曲竞争的威胁，在其影响成员国之间的贸易的范围内，都应视为与共同市场不相容。凡符合该条的援助应当在执行前通知欧盟委员会。第108条规定，欧盟委员会须对所有已经存在于成员国的国家援助体系进行持续审查并决定是否予以废除或修改。欧盟委员会在监督、制定、执行国家援助政策中起核心作用，具体操作由竞争事务部负责。随着《单一欧洲法令》的签布，欧盟委员会颁布了许多指令加强对"国家援助"的规制，内容相当广泛。

④ 段爱群：《法律较量与政策权衡——WTO中补贴与反补贴规则的实证分析》，经济科学出版社2005年版，第122页。

补贴对贸易的扭曲作用。此外，国家援助法比《SCM 协定》在救济手段上更为严格，《欧盟运行条约》规定，欧共体成员国给予补贴必须提前通知欧盟委员会并获得其允许。如果没有履行此义务，欧盟委员会有权强迫要求成员国退还不合法的补贴，但在 WTO 项下，WTO 补贴与反补贴措施委员会没有如此的权力去强迫成员退还不合法的补贴。

第二节 欧盟与反补贴有关的机构和反补贴程序涉及的当事方

一、欧盟与反补贴有关的机构

欧盟的目标就是通过欧盟的机构在欧盟条约所规定的职权范围内行使各自的权利并相互合作、相互监督来实现。在欧盟反补贴法出台之后，如何具体实施这一法律就成为需要解决的重要问题。从《基本条例》用大量篇幅规定其具体实施就可以很好地说明这一点。况且，随着情势的变化，反补贴法规需要做出相应的修改。因此，有必要对在欧盟反补贴法实施过程中欧盟各机构的分工协作作一简要分析和介绍。在这一部分本节将着重分析欧盟委员会（European Commission，网址：ec. europa. eu/index_ en. htm）、欧盟理事会（Council of the EU，网址：http://www. consilium. europa. eu/homepage/）①、欧盟反补贴咨询委员会（EU Anti-subsidy Advisory Committee，网址：http://ec. europa. eu/trade/tackling-unfair-trade/trade-defence /advisory-committees/）三者在反补贴程序进行过程中是如何分工协作的。

（一）欧盟委员会

欧盟委员会是欧盟的一个常设执行结构，它的作用是反映欧盟利益，协调各国的政策，对新政策、新法规的出台提出动议。欧盟超国家的作用在委员会表现得最为明显。委员以个人能力当选，为欧盟的利益独立行使职权，

---

① 在《欧洲联盟条约》生效以前，理事会的全称是"欧洲共同体理事会"（Council of European Communities），通称为"部长理事会"（Council of Ministers）。现在的名称是考虑该机构根据《欧盟条约》在共同外交与安全政策和警察与刑事司法合作领域新添的职权后而命名的。

不接受任何成员国政府的指令。① 委员会主席与委员会其他组成人员的任期是5年，5年期终，整个委员会必须重新任命。② 欧盟委员会是欧盟超国家利益的代表，有权实施欧盟法律。目前，委员会由28个委员及下属庞大的执行机构组成，每一个成员国各有一个委员。③ 委员会的长期工作人员基本上在比利时的首都布鲁塞尔。委员会形式上是一个集体负责制机构，但实际上是每个委员负责一个或多个政策领域，并由一个办公室（Cabinet）辅助。在委员会之下是划分成负责具体领域的各司（Directorate-Generals），并由相应的司长负责。④ 每个总司都是由来自不同成员国的工作人员组成，尤其是司长同负责本司的委员应来自不同的国家，以免某一个国家的观点在某一部门中占据主导地位。每个司之下还有数个局（Directorates），由相应的主任（Directors）对司长负责。局下面还设有处（Division），每个处的处长对主任负责。此外，委员会还设有多个提供日常服务的机构。⑤

在对外贸易方面，委员会负责全面实施欧盟对外贸易法，有权对来自第三国的货物、服务采取贸易限制措施；按照国际协议解决与第三国的贸易争议；委员会也代表欧盟负责和参与与第三国的贸易谈判。目前，具体负责反补贴工作以及反倾销和保障措施及商业政策的是欧盟委员会贸易总司（The Directorate General for Trade，网址为 http://ec. europa. eu/trade/tackling-unfair-trade/trade-defence/）的贸易保护 H 局（Trade Defence Directorate H），其中补贴调查和产业损害调查分别有不同的业务部门负责。欧盟委员会是处理欧盟反补贴事务的主要执行部门，负责最终决定是否立案、调查案件、是否征收临时反补贴税、建议征收最终反补贴税、接受价格承诺、中止或终止案件以

---

① 刘涛，喻文婷：《欧盟活动综述（2004年1月-12月）》，《北大国际法与比较法评论》2005第11期，第152页。

② （德）马迪亚斯·赫蒂根 著，张恩民 译：《欧洲法》，法律出版社2003年版，第111页。

③ 《里斯本条约》规定，从2014年11月1日起，委员会委员应为成员国数量的2/3，除非欧洲理事会以一致通过的方式决定修改这个数目。由于爱尔兰人民在公投中对这一问题表示重大关切，欧盟为了解决爱尔兰公投危机，欧洲理事会在2008年已就此达成协议：只要《里斯本条约》生效，即根据必要的法律程序，通过一项决定，以使委员会继续包含每个成员国的各一名国民。

④ 这些司负责的事务划分为：企业、竞争、就业、农业、环境、研究、信息、渔业、地区市场、内部市场、关税同盟和国内税、教育和文化、健康与消费者保护、司法与内务、对外关系、贸易、欧盟扩大、人事与行政、预算、财政控制等。

⑤ 比如翻译部、法律部、统计部、委员会秘书处、共同体官方出版物事务部等。

及案件复审等一系列工作。除此之外，委员会还有权向欧盟部长理事会提出征收最终反补贴税的建议或者其他事项。委员会雇佣数百人处理欧盟贸易保护文件。

执行反补贴调查的欧盟委员会官员被称为"负责办案的工作人员"。如上所述，这些人经常被分成不同的两个小组，即补贴组和损害组。补贴组确定是否存在补贴以及补贴是不是可以采取反补贴措施。损害组关注的是补贴是否对共同休产业存在损害或损害威胁，并对损害是不是由受补贴进口产品引起作出决定，这个小组也对采取反补贴措施是否符合欧盟利益的问题做出决定。对同一产品平行实施反倾销和反补贴调查时，损害组是同样的。[①] 实践中，损害组和补贴组的组成人员并不是固定不变的，在某一案件负责补贴调查的人员在另一案件中可能会负责损害调查，有时候，甚至在某一案件中负责补贴调查的人员在另一案件中可能全都是负责损害调查的人员。

这些官员是欧洲国民的混合，他们操着不同的语言。委员会官员是中立的，没有政治和党派偏见，他们不代表其本国利益，为共同体服务，他们不应寻求或接受任何政府的指示，不得从事与其职责不相符的行为。成员国也承诺尊重这一原则，不试图影响委员会委员履行职责。[②] 委员会所使用的主要工作语言是英语，至少在反补贴调查中，涉及第三国出口商时，将一直用英语执行反补贴调查。委员会没有用出口商、第三国政府或其他非欧盟利害关系当事方所使用的语言提供文件的义务，如果共同体产业和最终使用者在早期阶段做出合适的请求，他们可以收到使用他们的语言制作的问卷和文件。这种制度是1958年确立的，[③] 在1994年又进行了一次修正。[④]

委员会负责大部分案件的管理工作，如果申请方提起的申请满足发起调查的标准，委员会将对申请作出初步审查。一旦发起调查，委员会将负责整

---

① Dr Konstantions Adamantopoulos & Maria J Pereyra-Friedrichsen, *EU Anti-subsidy Law and Practice*, Palladian Law Publishing Ltd. , 2001. p 157.

② 参见《欧盟运行条约》第 245 条。

③ See OJ 1958 L017/385.

④ See Act concerning the conditions of accession of the kingdom of Norway, the Republic of Austria, the Republic of Finland and the Kingdom of Sweden and the adjustments to the Treaties on which the European Union is founded, ANNEX I-List referred to in Article 29 of the Act of Accession-XVIII, MISCELLANEOUS（OJ 1994 C241/285）.

个反补贴调查的进展，直到理事会以条例的形式采取最终反补贴措施为止。无论如何，委员会负责起草理事会的任何条例。最后，在反补贴调查时，按照一定条件，委员会有权接受外国出口商和/或第三国政府的承诺。

(二) 咨询委员会

《基本条例》第 25(2) 条规定，在反补贴调查的不同阶段，委员会与咨询委员会开展定期和专门的磋商是有必要的。该咨询委员会应包括每一成员国的代表，并由委员会的一名代表担任主席。通常，出席咨询委员会会议的是成员国政府的专家和在布鲁塞尔的这些成员国常驻代表中相应的专家。[1] 实践中，这些人通常是出席商业问题团体和常驻代表委员会会议的欧盟部长理事会的代表。因此，咨询委员会实际上首先代表反补贴调查的成员国。咨询委员会大概每个月在布鲁塞尔举行一次会议。然而，应成员国的请求或在委员会的提议，磋商应立即举行。如果需要，可以以书面形式进行磋商或安排召开会议。当开始举行书面磋商时，委员会必须规定回答的期限，这个期限通常是 10 天。

在反补贴调查中，咨询委员会的作用是磋商。在调查过程中，委员会经常就有关事宜向咨询委员会咨询。对申请做出初步审查后，如果委员会认为有调查的充分理由，它将把申请提交给咨询委员会，然后咨询委员会表达其看法和评论。尽管成员国的建议对委员会没有拘束力，但是向咨询委员会寻求建议是委员会的法定义务。[2] 当调查证明存在可抵消的补贴时，按照咨询委员会的允许展开调查一般只是形式问题。但是，可能会有这样的情况，即补贴没有造成对共同体产业的损害或欧盟利益不要求干预；而成员国认为，对于存在上述情况的申请进行调查并没有坏处。然而，事实证明这是谬见。确实，在反补贴程序中，如果与委员会合作，需要的成本是很高的。当事方不仅要用大量的时间来回答复杂的问卷，而且还要花费大量的费用聘请律师，另外还有可能失去大量的欧盟顾客。事实已经证明，轻率地发起反补贴（或者反倾销）调查等同于扰乱贸易，因为即使从表面上看出口商似乎没有受到伤害，事实上他们将不得不遭受重大的损失并面临调查结果的不确定性所带

---

[1] 他们都是研究反补贴的专家，在处理反补贴事务方面具有丰富的经验。

[2] 《基本条例》第 10(11) 条。

来的损害，而且这种伤害是无法恢复的。①

准备做出临时决定时，委员会将用书面形式或会议形式与咨询委员会磋商。同样，在这里成员国的作用仍是磋商。然而，当咨询委员会中绝大多数成员国反对委员会的建议时，可以说服委员会改变其建议。如果已经初步证明存在补贴和损害，与咨询委员会磋商后，一般征收几周的临时反补贴税。当然，这也要以理事会条例的形式在《欧盟官方公报》上公告。

理事会在采取最终反补贴措施之前，必须再一次向咨询委员会咨询。在这个阶段，从技术上来讲，咨询委员会中成员国的作用仅仅是咨询性的。委员会采取最终反补贴措施的建议在咨询委员会达到简单多数后，下一步就是向理事会建议，理事会在实施这些措施时有决定权，当然也是形式上的。最后，基本上是征税或者是在成员国之间投票决定是否采取最终反补贴措施，每一个成员国有一个投票权，这种表决方式不同于加权表决制。②

咨询委员会的会议是秘密进行的，甚至在某种程度上，调查所涉出口商以及他们的诉讼代理人都不能参加这个会议。咨询委员会会议的备忘录也是保密的，这已经遭到一些利害关系当事方的质疑，但是私人当事方仍然不能获得咨询委员会备忘录的副本。也许 *Rothmans International BV v. Commission* 案会促使有关人士对这个问题进行讨论。③ 在该案中，申请方要求委员会把海关法委员会的备忘录移交给他们，而委员会拒绝这一要求。理由是 94/90 号④ 决定，要求备忘录作者批准，委员会认为，自己不是备忘录的作者，它不能裁决申请人请求获得备忘录的要求。委员会认为咨询委员会是作者，按照咨询委员会的内部条例，备忘录是保密的。法院的裁决是，拒绝提供许多共同体法实施特别委员会（comitology committee）的备忘录等于对获得文件的权利做了相当大的限制，法院（Court of Justice）证实了这一权利的重要性……那样的限制与获得这些文件的权利的目标是不相容的。同时，在该案中，委员

---

　　① Dr Konstantions Adamantopoulos & Maria J Pereyra-Friedrichsen, *EU Anti-subsidy Law and Practice*, Palladian Law Publishing Ltd. , 2001. p 159.

　　② 参见《欧盟运行条约》第 238 条。

　　③ Dr Konstantions Adamantopoulos & Maria J Pereyra-Friedrichsen, *EU Anti-subsidy Law and Practice*, Palladian Law Publishing Ltd. , 2001. p 160.

　　④ See Commission Decision of 8 February 1994 on public access to Commission documents（OJ 1994 L46/58）.

会无权援引 94/90 号决定拒绝把委员会备忘录给予当事人。①

（三） 欧盟理事会

理事会是欧盟的决策机构和主要立法机构，由成员国的部长级代表组成。理事会的成员代表各自成员国的利益行使职责，这些代表"有权作出对该成员国政府产生约束力的行为"。② 理事会设有主席，由成员国轮流担任，任期半年。一个成员国常驻代表组成的委员会（Committee of Permanent Representatives：COREPER）为理事会的工作进行准备，并负责完成理事会赋予的任务。COREPER 在欧盟的决策中具有重要作用，因为它要先考虑来自欧盟委员会的立法提案，并安排理事会的会议日程。③

理事会的职责是：制定和实施二级立法，二级立法的形式有条例（regulation）、指令（directive）、决定（decision）、建议和意见（recommendation and opinions）；促进成员国经济政策的合作，可通过有约束力的决定（decision）和没有约束力的决议（resolution）来实现；制定预算草案并提交欧洲议会；任命审计院、经济和社会委员会、地区委员会的人员；在对外关系方面，理事会有资格和权限与非成员国和其他国际组织签订国际协定。

理事会的决策程序是非常有特色的。理事会进行决策时，一般原则是多数通过。多数通过分为简单多数和加权多数。在简单多数（simple majority）程序下，理事会的成员国一国一票。加权多数（qualified majority）并非每个成员国一票，而是各成员国各自享有多于一票的票数，大国更多。加权多数只是适用于欧盟运行条约明确规定的事项，而非适用于全部的决策事项。

在反补贴领域，理事会有权根据委员会的建议决定征收最终反补贴税，命令临时反补贴税的最终征收，或者另行做出决定。但是，由于委员会负责整个反补贴调查，拥有"所有"事实。而理事会不涉及反补贴调查的具体事务，只能按委员会的建议行事。如果最终的事实证明，存在着可抵消的补贴及由此引起的损害，欧盟利益要求进行干预时，理事会应该向咨询委员会咨询后，根据委员会的建议，征收最终反补贴税。理事会应该通过该建议，除

---

① See Case T - 188/97 *Rothmans International BV v. Commission* ［1999］ECR Ⅱ - 2463.

② （德）马迪亚斯·赫蒂根 著，张恩民 译：《欧洲法》，法律出版社 2003 年版，第 94 页。

③ Dr Konstantions Adamantopoulos & Maria J Pereyra-Friedrichsen, *EU Anti-subsidy Law and Practice*, Palladian Law Publishing Ltd. , 2001. p 161.

非理事会在委员会提交该建议后 1 个月之内以简单多数决定不采取最终反补贴措施。委员会的建议在理事会的通过过程仅仅是一种形式，一旦在咨询委员会进行投票，采取最终的反补贴措施的建议就被发到商业问题组（Commercial Questions Group：CQG），它是理事会的特别工作组，由来自每个成员国的专家组成。[①] 实际上，CQG 和咨询委员会这两个机构的成员代表是同样的，CQG 研究了这个建议后，或者亲自或者采用书面形式，把该建议送到理事会常驻代表委员会（COPEPER），以便它能为下一次理事会会议准备文件，如果在常驻代表委员会达到特定多数，那么该建议将被送到部长理事会作为理事会议事日程上的第一项。这意味着无须进一步讨论就会采纳该建议，如果在常驻代表委员会没有达到特定多数，该建议将列为理事会议事日程的第二项并由部长们自己进行实质讨论，如果在《基本条例》规定的调查完成期限（从发起调查时 13 个月）里未做出最终决定，将不征收最终反补贴税。

总之，在欧盟反补贴主管机构中真正起作用的是欧盟委员会，这与美国不同，在美国由两个机构负责反补贴案件调查，即由商务部负责调查是否存在补贴、由国际贸易委员会负责调查是否造成损害或损害威胁，欧、美的做法形成鲜明的对比，前者是一种单轨运行机制，[②] 而后者则是双轨运行机制。欧盟单轨运行机制的特点是将补贴与损害的调查裁决权均赋予同一行政部门欧盟委员会负责，这既避免了设立多个部门的资源浪费，也避免了案件裁决中的实质性分歧，有利于提高案件调查和裁决的效率。但是，这种单轨运行机制使得欧盟委员会同时确定补贴和损害，使其在调查和裁决中缺乏制约和监督，容易导致自由裁量权的滥用，最终可能使反补贴案件裁决不公正的情况发生。

二、欧盟反补贴程序涉及的当事方

（一）利害关系当事方

事实上，《基本条例》并未对反补贴程序中的利害关系当事方这一概念进

---

① Dr Konstantions Adamantopoulos & Maria J Pereyra-Friedrichsen, *EU Anti-subsidy Law and Practice*, Palladian Law Publishing Ltd. , 2001. p 161.

② 当然，由于理事会和咨询委员会也起一定的作用，所以可以说这种机制是一种不完全的单轨运行机制。

行定义。一般来说，委员会认为，在调查结果中存在商业利益的就是利害关系当事方，而且他们要向委员会作出自我申报并在合理的期限内答复调查问卷。

反补贴程序的利害关系当事方如下：（1）共同体产业；（2）第三国政府；（3）出口商/进口商及任何与他们有关联的进口商；或（4）最终使用者及与出口商无关联的进口商。① 在反补贴调查过程中，获得合作地位的利害关系当事方享有几种程序性权利。没有合作的当事方则不享有这几种权利，但是对于他们提交的证据以及其他任何资料，委员会有权自由裁量是否给予考虑。在整个反补贴调查期间，委员会尊重利害关系当事方的权利，这是相当关键的。因为欧洲法院撤销最终反补贴措施时所使用的最为通常的理由就是缺乏对程序性权利的尊重。

利害关系当事方的权利一般包括下述几个方面：（1）在调查过程中提供的信息应该被考虑；（2）有权要求委员会举行听证；（3）提供的机密信息应受到保密对待；（4）有权查阅委员会的非机密文件；（5）有权要求委员会对临时和最终决定进行披露；（6）有权对采取的反补贴措施的合法性向欧洲法院提出质疑。② 另外利害关系当事方应该被告知，除了按照《基本条例》应该享有的程序性权利之外，委员会受欧盟运行条约的约束，将以此类条约的规定行事。

（二）申请方和共同体产业

征收反补贴税的目的是为了保护生产同类产品的共同体产业不受所涉进口产品的危害。如果调查最后发展到采取最终反补贴措施，欧盟或生产同类产品的"共同体产业"将因此获益。那么如何界定"共同体产业"呢？根据《基本条例》第9条的规定，共同体产业是共同体内同类产品的全体或生产产品的总量占第10（6）条定义的共同体内同类产品的主要部分的生产者；申请必须得到共同体产业中其总产量的50%以上的生产者的支持；或明确支持申请的生产者的总产量不低于共同体产业总产量的25%。

---

① Dr Konstantions Adamantopoulos & Maria J Pereyra-Friedrichsen, *EU Anti-subsidy Law and Practice*, Palladian Law Publishing Ltd. , 2001. p 151.

② Dr Konstantions Adamantopoulos & Maria J Pereyra-Friedrichsen, *EU Anti-subsidy Law and Practice*, Palladian Law Publishing Ltd. , 2001. p 152.

（三）出口商和进口商

尽管反补贴程序涉及第三国，但是这些国家的出口商和与其进行贸易的欧盟进口商是反补贴调查的最终承受损失方。因此，对这些出口商和进口商来说，最终反补贴措施的实施轻则无害但不方便，重则是退出市场。出口商和欧盟的进口商（不管这些进口商是否与出口商有关联），如果他们希望在调查中维护自己的利益就必须回答详细的调查问卷。对于出口商而言，这些问卷也以相当详细的问题审查补贴和每个出口商因补贴而受到的利益的数额。对调查问卷的详细回答对获得合作地位至关重要，对接受委员会负责办案的工作人员的实地核查同样重要。

（四）第三国政府

与反倾销案件不同，在反补贴案件中，受到补贴的商品的原产地国政府扮演着非常重要的作用。这是因为补贴反映了一国政府的政策，不同于私人企业的单独价格决策。在这种情况下，给予出口商补贴的第三国政府正在对其欧盟竞争者造成损害，导致损害发生的行为主要是由第三国政府实施的。这就牵涉到一定的政治外交问题及一些重要的程序性要求。[①]

反补贴调查涉及的第三国政府要像一个出口商一样答复调查问卷。在委员会的整个调查过程中要求第三国政府提供合作，该调查包括委员会负责办案的工作人员访问第三国政府的实地核查。这个"实地核查"的目的是协助委员会确定有关的措施（无论在本质上还是在实际实施时）是否就是可抵消的补贴。

在提出承诺之类的程序中，第三国政府也扮演着十分重要的作用。更不用说，没有第三国政府的授权，提出的价格承诺也不能被欧盟当局所接受。

（五）受调查产品的欧盟用户和使用者

受调查产品的最终使用者也在反补贴调查中具有重要作用。其作用主要关系到损害分析和欧盟利益。使用者可以评论实施反补贴措施的下游影响。一般情况下，如果受调查产品的大部分共同体使用者能够证明实施反补贴措施对他们会有负面影响，这种影响超过了受补贴产品对生产同类产品的共同体产业的损害，那么委员会可以决定实施最终反补贴措施不符合欧盟利益，

---

① 《基本条例》第10(7)条和第10(13)条。

并结束案件。

采取措施不符合欧盟利益的情况，在委员会的调查中还是很罕见的。更具有政治意义的并且能够影响程序最终结果的往往是最终使用者的主张，实施最终反补贴税要求征得理事会的同意，因此最终使用者有机会去游说成员国代表。

消费者协会也是利害关系当事方。最近几年，委员会才授予消费者协会利害关系当事方地位（调查所涉产品是消费品时，即该产品是零售的时），然而初审法院最近的判决却裁定即使调查所涉产品不是消费品，消费者协会也可能是利害关系当事方。例如，在欧盟消费者协会办公室（BEUC）① 诉委员会一案中，BEUC 要求撤销在未漂白棉反倾销案中因为所涉产品不是零售商品而否认 BEUC 的利害关系当事方地位的委员会决定。初审法院（CFI）认为，即使是中间产品，关于征收反倾销税对最终产品的影响，消费者组织也可能提出有用的信息，因而法院撤销了委员会的决定。初审法院裁决如下，所涉产品向公众销售之前已经被调查这一事实本身并不能确保委员会得出消费者协会不是利害关系当事方的结论；因此，如采取反倾销措施对被调查产品的价格产生影响或影响可获得的产品的种类，有关当局就应该考虑消费者协会的看法。②

---

① 即 the Bureau européen des unions des consommateurs，缩写为 BEUC.

② See Judgment of the Court of First Instance of 27 January 2000 in Case T‐256/97 BEUC v. Commission of the European Communities［2000］ECR（French ed）Ⅱ‐0101.

第二章 欧盟反补贴法中补贴之构成要件

《基本条例》第3条对补贴的含义进行了界定：补贴本质上是指原产国或出口国政府给予本国产业的财政资助、或者GATT1994第16条意义上的任何形式的收入或价格支持，并因此而授予利益。其中补贴提供者、财政资助和授予利益是补贴构成的三要件。①

第一节 补贴提供者

根据《基本条例》第1(3)条规定，补贴提供者是进口商品的原产国或出口国政府。出口国政府是指经由该国向欧盟出口原产国生产的产品并提供补贴的中介国政府。在该条例中，"政府"被定义为"原产国或出口国的政府或公共机构"。《基本条例》进一步地拓宽了"政府"一词的含义，使它包括那些被政府授权或受政府指导实施《基本条例》第2条含义内的财政资助的私人机构。因此，公共或者私人机构采取的措施，在适当的情况下都构成补贴。对于如何判断某一机构为公共机构存在许多标准，这些标准都基于一个假定：公共机构是被授权代表政府利益行事的机构，而私人机构典型依据其所有者的利益行事。判断某一机构是否为公共机构应当审查：该机构是否追求公共政策目标；政府对该机构的控制是否比仅仅是该机构的所有者更重要。

---

① 有人认为，"专向性"（specificity）也是补贴的构成要件。但是，根据WTO《SCM协定》第1条第1款、GATT1994第6条及第16条、《基本条例》第2条的规定，一国或地区的行为只要同时满足上述三个要件，就构成补贴。由此可见，专向性本身并非"法律意义上的补贴"的特征之一，也非补贴的法定构成要件之一。

在韩国动态随机存储器（*Dynamic Random Access Memories*，DRAMs）案中，欧盟委员会认为韩国发展银行是公共机构，因为韩国政府拥有该机构100%的股权，而且该银行扮演执行公共政策的角色，其有义务去执行政府制定的政策。因此，欧盟委员会认为韩国政府对本国电子产业存在补贴行为。[①]同样，在巴西大豆膳食（*Soya Meal*）案中，巴西中央银行也是一个被质疑的机构。欧盟委员会认为，以政府名义执行补贴计划的银行是政府或公共机构；银行与政府联系密切，政府任命关键的管理职位并拥有银行资本的大部分。而且，欧盟委员会指出国际货币基金组织认为巴西中央银行是国家金融机构的一部分，其贷款不是按自由市场规则运作。另外，对巴西公共账户的调查表明存在法律授权的财政资助。以政府名义执行该计划的银行通过中央银行以较低的利率获得再融资。同时，政府提供的金融便利被记录在巴西公共帐户上，并构成对大豆食品出口的补贴。因此，欧盟委员会认为巴西政府对本国的大豆产业给予补贴。[②]

在北冰洋大马哈鱼（*North Atlantic Salmon*）案中，欧共体产业（申请人）声称，因为一货物运输公司由挪威地方政府拥有部分所有权，挪威政府对该公司提供了财政资助。然而，欧盟委员会调查发现，该公司的货物运输服务不构成《基本条例》第2条中的补贴，因为该公司不符合条例第1(3)条对政府或公共机构的定义。尽管当地政府和国有公司持有其大多数股份，欧盟委员会无法证明这些持有者在公司的决策中施加了影响，该公司是私人机构。[③]

第二节　财　政　资　助

根据《基本条例》第2(1)(a)条的规定，财政资助由政府以下列任一种形式提供：（1）直接的资金转移（如赠款、贷款和投股）；潜在的资金或债务的直接转移（如贷款担保）；（2）放弃或未征收在其他情况下应征收的政府税款（如税收抵免之类的财政鼓励）；（3）政府提供除一般基础设施外的

---

① See Konstantinos Adamantopoulos, Maria J. Pereyra-Friedrichsen, *EU Anti-subsidy Law and Practice*, 2nd ed., 2007, p120.

② Commission Decision, *Soya Meal*（*Brazil*）［1985］OJ L106/19, recitals 5.3, 5.5.

③ Council Regulation, *Farmed Atlantic Salmon*（*Norway*）［1997］OJ L267/19.

货物或服务，或购买货物；（4）政府向一筹资机构付款，或委托指示一公共机构履行以上（1）到（3）分项列举的一种或多种通常应属于政府的职能，且此种做法与政府通常采用的做法并无实质差别。

一、直接或潜在的政府资金/债务转移

直接的资金转移是指政府给予的赠款、贷款、投股或退税。在上述情况下，公司从政府的财政资助中获益，这些资助或者不需要偿还（如赠款或退税），或者支付的利率比正常的商业利率要低。

墨西哥诉巴西活页夹和捆绳（*Binder and Baler Twine*）案是关于贷款计划的典型例子。在该案中，巴西政府启动了财政资助，使得出口商/生产商可在出口产品后根据中央银行的决定获得生产资金。优惠贷款额根据上一年度出口的产品的价值而定。欧盟委员会经过调查认为此类计划是《基本条例》第2条规定的补贴。贷款计划的另一案例是北冰洋大马哈鱼案。挪威工业和区域发展基金（SND）启动了包括此类贷款的计划。在调查期间，此类贷款利率接近于商业银行的利率。然而，在过去发放的贷款的利率低于商业利率。根据欧盟委员会的调查结果，该贷款构成财政支持。尤其是，贷款在以下三种情形下授予了利益：免除一年或者两年利息的贷款；利率低于私人银行的类似贷款；有时不需要偿还并由 SND 注销的贷款。

贷款担保也可以被看作是潜在的资金或债务转移。在北冰洋大马哈鱼案中，由于 SND 提供的贷款担保不是基于商业基础而授予了财政资助，其贷款被担保的大马哈鱼养殖户获得了利益。因此，该贷款担保计划构成补贴。然而，并非所有贷款担保计划都构成可抵消的补贴，该案中的另一贷款计划就是如此。出口信贷担保协会（GIEK）是挪威的一个政府部门，它负责向挪威出口商提供担保和发放出口信贷，它提供的担保被认为是《基本条例》第2(1)条定义的财政资助。然而，鉴于 GIEK 项目要求收回成本，并且在调查期间是盈利的，因此被认为没有授予被担保人或者借款人利益，该计划不构成可抵消的补贴。[①]

[①]　See Konstantinos Adamantopoulos, Maria J. Pereyra-Friedrichsen, *EU Anti-subsidy Law and Practice*, 2nd ed., 2007, pp. 128 – 130.

二、豁免或未征收应征收的政府税款

豁免或不征收应征收的税款是指税收抵免、减免和豁免之类的税收激励，生产商/出口商可因免税或减税而受益。WTO 上诉机构在美国销售公司案中对"在其他情况下应征收的税款的豁免"做了详尽解释："我们认为，放弃本应征收的税暗示政府已征收的税比在其他情况下征收的税收少。而且，'放弃'说明政府放弃了在其他情况下拥有的征税权力。因此，实际征收的税和在其他情况下应征的税可以进行对比，但是必须有一个明确的、规范的标准。我们同意专家组的观点：比较的根据必定是被讨论成员方实施的税收规则……"[①]

挪威政府在北冰洋大马哈鱼案中实施的"区别的社会保障资助"计划也属于此类补贴。申请方声称，该计划是对大马哈鱼行业的补贴，补贴是通过对不同地区的雇主适用不同的资助比率而实现的。根据 1996 年《国家保险法》，挪威实施有差别的雇主社会保障资助体制，根据工资总额的一定百分比计算资助标准，并依据雇员的居所来定该百分比。欧盟委员会认为，该资助构成《基本条例》第 2 条规定的补贴。由于该资助构成挪威政府放弃或未征收在其他情况下本应征收的税，雇主社会保障资助的降低或豁免构成政府的财政资助。在印度不锈钢条（*Stainless Steel Bars*）案中，欧盟委员会调查了所得税豁免计划。根据该计划，公司可以申请豁免出口销售利润所得税。欧盟委员会调查认为，因为印度政府通过放弃本应征收的直接税的方式对所涉公司给予财政资助，并且，如果公司不申请免除所得税，该直接税在其他情况下应该征收，所以所得税豁免计划构成补贴。欧盟委员会还得出结论，印度政府的赊欠账薄（Passbook，PBS）计划也属于此类补贴。由于赊欠账薄持有人可以使用其出口获得的信贷免税进口货物，这是政府放弃征收进口税，从而授予了利益，因而它构成补贴。[②]

---

① WT/DS108/AB/R, 24 February 2000, para. 90.

② See Konstantinos Adamantopoulos, Maria J. Pereyra-Friedrichsen, *EU Anti-subsidy Law and Practice*, 2nd ed., 2007, p135.

三、政府提供货物、服务或购买货物

上述《基本条例》第2(1)(a)(3)条规定的目的在于确定政府是否按照正常的市场条件提供或购买货物。根据《基本条例》第6(d)条，政府提供商品或服务，或政府采购货物不应视为授予利益，除非提供行为没有得到足够的补偿，或购买支出的对价大于合适的补偿水平。

四、政府向筹资机构或基金付款

迄今为止的反补贴调查中，涉及基金的数量非常多。北冰洋大马哈鱼案中的挪威工业和区域发展基金由挪威政府实施，具体由工业和能源部控制。在实践中，通过贷款和赠款的形式对项目提供支持。在聚脂合成纤维案（*Polyester Staple Fibres*）中，台湾的竞争和援助基金被认为构成补贴。上述基金提供赠款和无息贷款，由于负责这一计划的是经济部，该基金被认为构成台湾当局提供的财政资助。聚脂纤维（*Polyester Fibres and Yarns*）案中的资源利用支持基金旨在资助利用国内资源生产出口产品。根据土耳其政府计划部门颁发的出口激励证书，政府向出口商提供相当于其出口获得的净外汇收入2% ~ 4%的奖励。①

五、任何形式的收入或价格支持

政府财政资助的另一形式是《基本条例》第2(1)(b)条规定的"存在GATT1994第16条意义上的任何形式的收入或价格支持"。GATT第10(1)条规定："如任何缔约方给予或维持任何补贴，包括任何形式的收入或价格支持，以直接或间接增加自其领土出口的任何产品或减少向其领土进口的任何产品的方式实施，则该缔约方应将该补贴的范围和性质、该补贴对自其领土出口、向其领土进口的受影响产品的数量所产生的预计影响以及使该补贴成为必要的情况向缔约方全体做出书面通知……"

---

① See Konstantinos Adamantopoulos, Maria J. Pereyra-Friedrichsen, *EU Anti-subsidy Law and Practice*, 2nd ed. , 2007, p139.

第三节　授　予　利　益

政府提供的财政资助未授予接受者利益时，该资助就不是《基本条例》定义的补贴。然而，《基本条例》未对什么是利益进行规定，而仅在其第6条（接受者所获利益的计算）中规定了如何确定几种财政资助是否授予利益：在接受者所获利益的计算方面，应适用以下几项原则：（a）政府提供股本的行为不应视为授予利益，除非该项投资行为与出口国或原产国私人投资者的行为（包括提供风险资本）不一致。（b）政府的贷款不应视为授予利益，除非接受贷款的公司为政府贷款支付的对价与同等条件下，为可比商业贷款支付的对价存在差异，这种情形下，这两个数量的差额就是所获利益。（c）由政府提供担保的贷款也不能视为授予利益，除非接受政府贷款担保的公司支付的费用与该公司从市场上接受可比的贷款担保的费用间存在差异。这种情形下，经过费用调整后的两个数额之差就是获益。（d）政府提供商品或服务，或政府采购货物不应视为授予利益，除非提供行为没有得到足够的补偿，或购买支出的对价大于合适的补偿水平，补偿的适当水平应视该国该种产品或服务的市场普遍条件而定（包括价格、数量、可得到性、适销性，交通运输及购买或销售的其他条件）。这些规则是对 WTO《SCM 协定》第 14 条的反映。

在加拿大民用飞机（*Canada-Civil Aircraft*）案中，WTO 上诉机构对"授予利益"进行了有用的解释。上诉机构首先看"利益"在词典中的含义，并与专家组一样，认为"利益"的通常含义显然包括一些形式的好处（advantage）。而且，此类"利益"不是抽象地存在，而是接受者接受并享受了该利益。逻辑上讲，"利益"只能在自然人、法人或团体实际上得到了一些东西时出现。因此，"利益"一词暗示必定存在接受者。在美国热轧铅条钢材（*Hot Rolled Lead Bars*）案中，上诉机构重申利益应当被授予接受者，并且接受者应该是自然人或法人。

同样，在加拿大民用飞机案中，上诉机构认为："《SCM 协定》第 1.1（b）条（对应的是《基本条例》第 2(2) 条）中'利益'一词暗示了进行某种比较。事实确实如此，因为除非财政资助使接受者的状况比它没有接受资助时的情况更好，否则接受者不可能被授予了'利益'。我们认为，确定是否授予利益的合适基准是市场，因为通过确定接受者是否已得到了比从市场上可获得的'财政资助'更有利的'财政资助'，可以确认'财政资助'对贸易的潜在破坏。"[1] 但是，WTO 的解释在实践中还没有得到欧盟的赞同。

在美国热轧铅条钢材案中，还对接受非重复出现的（non-recurring）补贴的公司私有化之后，补贴授予的利益是否转移进行了分析[2]。在该案中，欧盟认为，美国在 1995、1996、1997 年反补贴复审之后对联合工程钢材有限公司和英国钢铁股份有限公司/英国工程钢材公司生产的铅条的进口征收反补贴税的行为与其根据《SCM 协定》承担的义务不符，尤其不符合协定第 1.1（b）条、第 10 条、第 14 条和第 19(4)条的规定。欧盟提出如下两个主要抗辩支持其主张：（1）在该案中，美国商务部被请求调查英国国有钢铁公司接受的财政资助是否持续给后来私有化产生的新公司：联合工程钢材有限公司和/或英国钢铁股份有限公司/英国工程钢材公司带来利益。（2）鉴于美国商务部自己的调查结论，向联合工程钢材有限公司出售资产和英国国有钢铁公司的私有化是一种无关联的公平市场交易行为，欧盟认为联合工程钢材有限公司或英国钢材股份有限公司/英国工程钢材公司不可能获得利益。在中期复审调查时，调查者有义务审查当事人提交的是否已经返还、撤回了财政资助或利益不再发生的积极信息。根据对利害关系当事方提交的信息的评定，以及其他与复审期间有关的信息，调查当局必须确定是否需要继续征收反补贴税。美国商务部坚持其立场，辩称不必确定继受公司是否享有利益，因为存在"不可辩驳的假定"，即非重复出现的"财政资助"继续授予利益，即使在所有权改变之后也依然如此。

专家组不同意美国的观点，认为："'利益'继续存在的假定是可以辩驳的，因为由于所有权的变更，导致产生了联合工程钢材有限公司和英国钢材股份有限公司/英国工程钢材公司。在这种情况下，必须要有证据证明'利益'继续惠及上述三公司。"根据这些事实，专家组裁决，对于政府补贴所授予的利益能否继承问题，关键在于上述三公司在继承英国国有钢铁公司时是

---

① *Canada-Civil Aircraft*, WT/DS/AB/R, adopted 20 August 1999, para. 156.

② See Konstantinos Adamantopoulos, Maria J. Pereyra-Friedrichsen, *EU Anti-subsidy Law and Practice*, 2001, p66.

否支付了相应的市场对价。① 因为资产出售是按照无关联交易原则进行的，私有化之前授予英国国有钢材公司的补贴并未授予新公司"利益"；美国征收反补贴税违反了《SCM 协定》第 10 条，损害了欧共体的利益。专家组建议美国使上述措施与《SCM 协定》一致，并应采取适当的措施，包括修改其行政做法，预防将来出现上述违反。② 其后，上诉机构也维持该决定。

① 朱榄叶：《世界贸易组织国际贸易纠纷案例》，法律出版社 2004 年版，第 560 页。
② 韩立余编著：《WTO 案例及评析》（2000），中国人民大学出版社 2001 年版，第 402 页。

第三章 欧盟反补贴法中的专向性标准

第一节 欧盟反补贴法中专向性的定义

"补贴"是个含义十分广泛的概念，它涉及政府活动的方方面面，有许多补贴兼顾经济与社会福利乃至文化等各种非经济因素。[①] 例如，对贫穷落后地区的"扶贫补助"，为拯救民族文化的补贴，对残废人的补贴，各国政府为维护社会安定而建立和实施的社会失业救济、医疗卫生补贴。又如，各国一般均对为扩大一般科学和技术知识的基础科学研究活动进行补贴，这种补贴对全人类的文明和进步都具有十分重要的意义。再如，许多国家，特别是经济发达国家，为保持整个国家的经济活力，避免由于垄断窒息经济发展，对中小企业给予各种形式的税收减免、加速折旧、使用公共设施的优惠条件等；为解决残废人就业，对于雇用残废人的企业给予税收减免等。如果允许各国对他国的此类补贴采取反补贴措施，显然不合理，会影响各国内含公平与效率的政治、经济秩序的建立，也悖于建立 WTO 的根本宗旨[②]。国际贸易法律制度并不试图管理一切补贴行为，而只管理那些会给国际贸易带来不利影响的补贴措施。因此，必须设法将上述各类补贴排除出反补贴措施的适用范围。另外，建立 WTO 的宗旨在于促进国际贸易的健康、有序发展，而各种形式的补贴对国际贸易的影响程度是各不相同的。对于那些严重扭曲国际贸易关系的补贴，适宜规定较为严格的纪律，而对于那些虽对国际贸易有扭曲作用，但程度并不一定十分严重的补贴，则需适用较为灵活的办法，以便在各个国

---

① 赵维田：《世贸组织（WTO）的法律制度》，吉林人民出版社 2000 年版，第 311 页。
② 王贺军：《SCM 协定》，WTO 知识普及培训班学习材料七。

家的政策需要与整个国际贸易秩序之间取得适当的平衡。因此，《SCM 协定》和《基本条例》引入了专向性（specificity）标准规定，补贴只有具有专向性时，才可对该补贴采取反补贴措施。

专向性概念背后的理性是在一个经济区内扭曲资源分配的补贴应该受到规制。[①]它的核心是一项补贴计划是否可采取反补贴措施，且涉及补贴的有限获得性。有学者这样定义之："识别潜在的'不公平'国内补贴的标准，它调查政府计划是否指向特定的产业或一组产业。"[②] 这一概念非常重要，因为即使一项措施是《SCM 协定》意义下的补贴，也不见得就可以采取反补贴措施，或受《基本条例》规制，除非该措施专门给予一个企业或产业或一类企业或产业。

专向性标准在补贴认定中有着极其重要的意义，是采取反补贴措施的前提条件。通过专向性标准对补贴进行过滤筛选，既对补贴进行规制，同时也对反补贴措施进行限制。一方面，我们通过对投向特定企业或行业的补贴征收反补贴税，避免因补贴而带来的资源配置扭曲；另一方面，我们又不能对所有的补贴都征收反补贴税，因为不是所有的补贴都对资源配置带来了扭曲作用。而专向性标准恰恰为我们提供了这样一个判断的尺度，在一定程度上限制了反补贴申请的数量，并可以避免各国因频繁过度地运用反补贴而引发激烈的贸易战。

《SCM 协定》和《基本条例》中的"专向性"包括以下几种类型：（1）企业专向性，即政府向某些特殊公司或某一特殊公司提供的补贴；（2）产业专向性，即政府向某一特殊行业或某些特殊行业提供补贴；（3）地区专向性，即政府向其领域的特定地区的生产商提供补贴。（4）禁止性补贴，即政府向出口货物或使用国产投入物的货物提供补贴。这些补贴本质上具有专向性。

---

① 专向性检验标准是建立在一定的经济学理论基础之上的，其理论前提是竞争性自由市场。在这样的市场上，稀缺资源通过供给和需求的力量被提供给能最有效使用者。而政府的专向性补贴使资源人为地向特定接受者转移，产生少数优先于多数的局面，并导致接收者获得了本应该由效率更高的使用者获得的资源，从而扭曲市场的资源配置，导致低效率生产；但如果政府的补贴不具有歧视性而可以被所有市场参与者获取，则扭曲效应就不会发生。这就是所谓"扭曲经济理论"。

② Jackson Davey and Sykes, *Legal Problems of International Economic Relations-Case*, *Materials and Text* (1995), p. 761.

第二节　欧盟反补贴调查中专向性的确定

一、企业和产业专向性

《基本条例》规定了两个基本原则，用来确定一项补贴计划是否具有企业和产业专向性：有限的准入（限制准入）标准和客观标准。

（一）有限准入标准

根据《基本条例》第4(2)(a)条规定，如果授予机关或其运作所依据的立法将补贴的获得明确限于某类企业，则此种补贴应属专向性补贴。为了做出评价，我们需要考虑授予机关权限范围内经济活动的多样化程度，以及已经实施补贴计划的持续时间。

《基本条例》第4(2)条把"某些企业"定义为：某一企业，某一产业，一类企业，一类产业。

一般来说，专业术语"企业"意指公司。然而，在确定某一产业或一类产业的补贴的专向性问题比较困难，因为在《基本条例》第4条中对专业术语"产业"的广义和狭义解释没有任何指导性的规定。在美国软木案中，WTO上诉机构承认了这种棘手性：

"在实践中，专业术语'产业'可被定义为'生产劳动的特定形式或部门；一种行业、一制造业'等等。然而，法律条文中没有提供任何技术性定义，也没有如何区分广义或狭义产业的详细说明……不过，我们相信某一产业或一类产业一般还是可以根据企业生产的产品来决定的。对我们来说，产业的概念与特定产品的生产者有关联。产业概念的范围在特定案例中可由几个因素决定……《基本条例》第2条（2009年《基本条例》第4条）使用的普通措辞暗示专向性是一个一般概念，它的宽度和广度不受严格的量化指标的影响。补贴是否具有专向性只能根据具体案例情况进行具体分析。"①

在欧盟的实践中，一般都是从广义上解释"产业"的。例如，在 *Polyester Staple Fibers*（*PSF*）（澳大利亚和中国台湾聚酯纤维）案中，澳大利亚和台湾在对公司进口的本地不能生产的机器和设备免税，但这些机器和设备只能用

---

① WT/DS267/R，paras 7.1140 - 7.1142.

于研发、新产品开发、质量提升、增加产量、能源节约、促进产品循环使用、生产工艺改善这些方面。欧盟委员会认为这项豁免计划具有专向性，因为该计划只有台湾产业中的有限几个部门利用，投资于特定设备，换句话说，该计划只用于进口特定机械的几个部门，不用于当地市场的全部部门。①

在 *Farmed Atlantic Salmon*（北冰洋大马哈鱼）案中，欧盟委员会发现，以大马哈鱼养殖企业为接受人的挪威社会保障制度给予有差别的社会保障特别税，构成《基本条例》第3(2)(a)条（2009年《基本条例》第4(2)(a)条）下的专向性补贴。挪威社会保障制度是根据雇员所在地的不同对雇主征收适用不同的特别税率以提供补贴。为了确定社会保障特别税率，挪威被分成5个区，雇员位于2~5区的企业比位于1区的企业向政府缴纳的社会保障税款要低很多。1区是唯一没有给予社会保障税款补贴的区域；因此，该补贴计划仅限于对雇员位于2~5区的企业授予利益。②

在 *Styrene-butadiene-styrene Thermoplastic Rubber Originating in Taiwan*（台湾丁苯热塑性橡胶）案中，欧盟委员会对进口税豁免计划进行了调查，其坚持认为："进口税豁免构成专向性补贴，因为实际上只有在特定设备上投资的台湾产业才能使用计划，只有购买在当地市场上无法获得的机器的新设备的公司才能获得进口豁免税；关于防污染设备，事实上只有某些特定产业才使用这一特定设备，因此该计划是事实上限于某些部门。"③

在 *Polyethylene Terephalate (PET) Film*（聚对苯二甲酸乙二醇酯）案中，欧盟委员会经过调查，认定该案中的补贴计划具有专向性，因为只有印度政府管辖范围内的指定地域内的特定公司才能利用这项计划。④

在 *Certain Flat Rolled Products of Iron or Non-alloy Steel (India and Taiwan)*（某些铁或非合金钢的平面压辊）案（印度和台湾）中，可利用该税收抵免计划的是购买政府指定的某些以技术为依托的重点企业或重要的投资企业发行的注册债券的投资者。欧盟委员会认定该计划为专向性补贴，因为政府仅仅将该

---

① Council Regulation, *Polyester Staple Fibers (PSF)* [2000] OJ L16/3, recitals 96, 97. See also recitals 64, 103 – 104, 112.

② Council Regulation, *Farmed Atlantioc Salmon (Norway)* [1997] OJ L267/19, recital 19.

③ Council Regulation (EC), 1092/2000 (fn 8), recital 51.

④ Council Regulation, *Polyethylene Terephalate (PET) Film (India)* [2006] OJ L68/15, recital 118.

项补贴计划用于进行了特定投资的企业，实行的是有限准入制度。①

（二）客观标准

根据《基本条例》第4(2)(b)条之规定，若授予机关或其运作所依据的立法制定了适用于获得补贴资格和补贴数量的客观标准或条件，则该补贴不具有专向性。然而，其必须满足以下需要：（1）该资格必须是自动的；（2）获得该资格的客观标准或条件必须是中立的，不使某些企业优先于另一些企业，且本质上是经济性的、适用上是公平的（比如公司规模或雇员数量）；（3）获得该资格的标准或条件必须在法律、法规或其他官方文件中明确说明，以便能够进行核实；（4）获得该资格的标准和条件得到受益者的严格遵守。若一项补贴计划不符合以上四个条件，就应该推定其具有专向性。

二、事实专向性

确实，《基本条例》第4(2)(c)条还规定了确立补贴专向性的其他因素，尽管因适用上面的原则而表现为非专向性补贴，但是仍有理由相信补贴事实上具有专向性，这些因素是：（1）有限数量的某些企业使用补贴计划；（2）某些企业主要使用补贴；（3）给予某些企业不成比例的大量补贴；（4）授予机关在作出给予补贴的决定时行使决定权的方式。在考虑上述因素时，应考虑授予机关管辖范围内经济活动的多样性程度，及已经实施补贴计划的持续时间。

三、地区专向性

除以上原则和因素外，《基本条例》第4(3)条还规定，如果一项补贴限于授予机关管辖范围内指定地理区域的某些企业，那么这样的补贴就具有专向性。然而，不得将各级政府所采取的确定或改变普遍适用的税率的行动视为专向性补贴。

---

① Commission Decision, *Certain Flat Rolled Products of Iron or Non-alloy Steel* (*India and Taiwan*) [2000] OJ L31/44, recital 86. See Konstantinos Adamantopoulos, Maria J. Pereyra-Friedrichsen, *EU Anti-subsidy Law and Practice*, 2nd ed., 2007, pp. 158 – 160.

四、禁止性补贴

《基本条例》第4(4)条规定，尽管有第2、3款的规定，下列补贴应视为具有专向性：

（a）在法律上或事实上，以出口实绩为条件，无论该条件是单独的或与其它条件并存的，包括附录Ⅰ中列举的补贴。

当授予补贴事实上与实际的或预期的出口或出口收入相联系，而并非法律规定授予补贴取决于出口实绩时，补贴应被视为事实上以出口实绩为基础。给出口企业以补贴，单单这一事实不构成本条意义中的出口补贴。

（b）以本国货物替代出口货物的情况为唯一条件或多种其他条件之一而给予的补贴。

在 WTO 框架下，这些补贴就其本身而言，不但具有专向性，而且具有禁止性。① 因此，没有必要证明这些补贴的"专向性"，不管他们是否可以普遍获得。相应地，如果欧盟当局已经确立某一政府的措施构成《基本条例》第4(4)条范围内的补贴，它们将不会进一步调查，而是自动裁决其存在专向性和可抵消性。

最后，欧盟对专向性的确定必须是"依据肯定性证据明确证明"。②

---

① 《SCM 协定》第2、3条。
② 《基本条例》第4(5)条。

第四章　补贴的分类

《基本条例》把补贴分为"可抵消"（countervailing）和"不可抵消"（non-countervailing）补贴，鉴于只有对那些从有害的可抵消补贴中受益的进口产品才能采取反补贴措施，所以这种区分是相当重要的。

《SCM 协定》把补贴划分为禁止性补贴（红灯类），可诉补贴（黄灯类）和不可诉补贴（绿灯类）三类。然而《基本条例》并未采用这一分类方法。但是，《SCM 协定》的禁止性补贴和可诉补贴正是《基本条例》规定的可抵消补贴，在反补贴程序中，必须证明此类补贴造成损害才能采取反补贴措施；欧盟的不可抵消补贴相当于 WTO 的绿灯补贴。

第一节　可抵消补贴

《基本条例》第4(1)条规定构成可抵消补贴必须具有专向性。然而，"可抵消补贴"涵盖了《SCM 协定》的禁止性和可诉补贴。禁止性或红灯类补贴是出口补贴或进口替代补贴（又称为当地成分补贴），这些补贴要求接受者满足一定的出口目标或符合当地成分，这些红灯类补贴本身就具有专向性，所以《基本条例》第4(4)条包括了专向性的推定。可诉或黄灯类补贴是那些尽管不属于红灯类补贴并因而具有专向性，但却可能满足专向性规定的条件而被认为具有专向性。

一、出口补贴

关于出口补贴，《基本条例》第 4(4)(a)条重述了《SCM 协定》第 3.1 (a)条对其的定义，即是"法律或事实上视出口实绩为唯一条件或多种其他条件之一而给予的补贴"。

（一）法律上视出口实绩而给予的补贴

法律上视出口实绩而给予的补贴是指补贴国的法律规定了给予补贴的条件。例如，如果公司出口一定份额的产品，公司可以根据法律获得激励（如免税期）。在美国外销公司案中，措施之一就是所谓的外销公司的外贸收入可以免税。按照《美国国内岁入法》第921－927条的规定，符合该具体规定的公司是那些成立并住所在符合条件的外国或美国关税领土之外的领地的外销公司。专家组得出结论认为：此类措施是《SCM 协定》第3.1（a）条规定的视出口实绩给予的专向性补贴，因为此补贴仅适用于"外贸收入"；外贸收入来自于销售或出租"出口财产"或者来自于提供与"出口财产"的销售或租赁有关的服务；而且"出口财产"仅局限于在美国生产、制造、生长并旨在美国之外使用、消费或处理的货物。因此，只有出口美国货物的收入或提供与此类出口有关的服务的收入才享有补贴。①

在 Polyethylene Terephthalate（PET）Film（聚乙烯对笨二酸酯胶片）案（印度）中，豁免进口税的出口定向计划和退还销售税被欧盟委员会认定为法律上视出口实绩而给予的补贴，因为法律上规定的该计划的出口目标是获得该补贴的必要条件。②

在 Synthetic Fibres of Polyester（聚酯纤维）案中，澳大利亚政府辩称，认为出口是1981年《经济发展法》的目标之一的裁决是不正确的且没有以事实为依据；因此，该争议中的计划不是视出口实绩而给予的补贴。欧盟理事会认为该法虽然没有特别提到出口总量的应增加额，但是却对出口强加了更多的一般性条件；虽然如此，理事会还是反对澳大利亚政府的主张，认为视出口实绩而给予的补贴在一定程度上是基于工业和劳动部部长在讨论该计划时的陈述："受扶持的项目必须给予维多利亚州巨大的净收益，出口和投资应该集中在外向型重点产业部门，优先支持出口和进口竞争企业。"③

---

① WT/DS 108/R，para 7.108.

② Coucil Regulation，*Polyethylene Terephthalate（PET）Film（India）*［2006］OJ L68/15，recital 79.

③ Council Regulation，*Synthetic Fibres of Polyester（Australia, Indonesia and Taiwan）*［2000］OJ L113/1，recital 37，38. See Konstantinos Adamantopoulos，Maria J. Pereyra-Friedrichsen，*EU Anti-subsidy Law and Practice*，2nd ed.，2007，p 170.

（二）事实上视出口实绩而给予的补贴

另外，一项补贴也许不是法律上视出口实绩给予的，但是很有可能是事实上视出口实绩给予的。《SCM 协定》脚注 4 和《基本条例》第 4（4）（a）条规定了确定补贴是"事实上视出口实绩"给予的标准："当给予补贴事实上与实际的或预期的出口或出口收入相联系，而并非法律规定给予补贴取决于出口实绩时，补贴应被视为事实上以出口实绩为基础。给出口企业以补贴，单单这一事实不构成本条意义中的出口补贴。"因此，补贴是否是事实上视出口实绩而定取决于所授予的补贴与实际出口量或预期出口量或出口收入的关联程度。

在 *Canada-Civil Aircraft*（加拿大民用飞机）案中，上诉机构聚焦于事实上视出口实绩的含义，并提到引入事实上视出口实绩的背景是乌拉圭回合谈判中为了防止规避对法律上视出口实绩的补贴的禁止。上诉机构裁决如下：单词"视……而定"与事实上或法律上"视……而定"所表达的法律标准是一样的。然而，不同的是用什么证据证明补贴是视出口而定的。证明法律上视出口实绩的依据是有关的立法、规则或其他法律文件的措辞，证明事实上视出口实绩是更难的任务。表面上看，单一法律文件不能证明一项补贴是事实上视出口实绩的。相反，要从构成和围绕补贴给予的事实之总体环境中推断出补贴和出口实绩之间关系。任何其中事实之一本身都不太可能在任何案例中起决定作用。[①] 上诉机构得出结论认为："事实上视出口实绩必定可以用事实来证明。我们同意专家组的观点，即在一个特定的案件中应该考虑的事实依那个案件的情况而定。我们也同意专家组的关于必须考虑什么事实这一问题没有一般规则。我们注意到，《SCM 协定》脚注 4 规定的事实上视出口实绩的标准是三个不同的实质要素：首先给予补贴；其次，与……有关；最后，实际上或预期的出口量或出口收入。"[②]

在 *Polyester Staple Fibres*（聚脂合成纤维）案中，欧盟委员会认为，澳大利亚的出口市场开发资助计划（以下简称 EMDG），是事实上视出口实绩的补贴，因为事实上该计划与预期出口收入有关。根据这一评估，欧盟委员会经

---

① *Canada-Civil Aircraft*（fn 48），para 167.

② WT/DS70/AB/RW，para. 48.

调查认为，EMDG 采用的"资助项目入门测试"要求申请人证明他已经有了表面上看可达到的出口收入。因此，除非有出口收入的预期，不会授予符合 EMDG 计划的资助。欧盟委员会进一步说明资助项目与测试的目的无关。澳大利亚政府声称，EDMG 计划不是视出口实绩的，因为资助是退还一定比例的促销支出，与产品销售无关。然而，欧盟委员会认为，根据《基本条例》第 3(4)(b)条，补贴金额的计算与 EDMG 补贴在性质上构成事实上视出口实绩无关。①

（三）出口补贴示例清单

与《SCM 协定》一样，《基本条例》附件一中也有"出口补贴详单"，该清单采取列举方式，并未穷尽出口补贴的类型。在实践中，所有这些例举的类型都被视为视出口实绩而定的补贴，其本身具有专向性。该详单包括以下几种补贴类型：

1. 提供的直接出口补贴

政府视出口实绩对一公司或一产业提供的直接补贴。毫无疑问，这是最公然的出口补贴类型。

2. 货币保留

涉及出口奖励的货币保留方案或任何类似做法。可以理解为那些出口商可以因此获得比在市场上更优惠的兑换率。②

3. 更优的出口运输条件

政府提供或授权的对出口装运货物征收的内部运输和货运费用，条件优于给予国内装运货物的条件。在北冰洋大马哈鱼案中，欧共体认为，返还45% 的长途运输费用是对大马哈鱼生产商或出口商的一种补贴，授予了利益。③

4. 政府提供产品或服务

由政府或其代理机构直接或间接通过政府授权的方案提供在生产出口货

---

① Commission Regulation, *Polyester Staple Fibres* (*PSF*) (*Australia and Taiwan*) [2000] OJ L16/3, recitals 17 - 18. See Konstantinos Adamantopoulos, Maria J. Pereyra-Friedrichsen, *EU Anti-subsidy Law and Practice*, 2nd ed. , 2007, p173.

② Beseler and Williams, *Anti-Dumping and Anti-Subsidy Law: The European Communities* (1986) p. 130.

③ Commission Regulation, *Farmed Atlantic Salmon* (*Norway*) [1997] OJ L267/19, recital 50.

物中使用的进口或国产品或服务，条款或条件优于给予为生产供国内消费货物所提供的同类或直接竞争产品或服务的条款或条件，如（就产品而言）此类条款或条件优于其出口商在世界市场中商业上可获得的[①]条款或条件。在泰国滚珠案中，泰国电业部门为出口商的电费提供折扣。生产商必须向电业当局（省电力局 PEA）申请，这样电业当局就可根据申请计算单位产品用电量，并且在扣除需要扣除的折扣以后向生产商收取电费，电费折扣大约是其成本的20%，欧盟委员会发现："显然，该计划构成视出口实绩的补贴，因此，其具有可抵消性。"[②]

5. 直接税免除

全部或部分免除、减免或递延工业或商业企业已付或应付的、专门与出口产品有关的直接税[③]或社会福利费用[④]。根据印度广谱抗生素复审调查所得税免除计划（ITES），印度允许出口销售利润所得免除所得税。欧盟委员会得出结论认为该计划是可抵消性补贴，因为它免除出口直接税。[⑤]

6. 特殊直接税扣除

在计算直接税的征税基础时，与出口产品或出口实绩直接相关的特殊扣除备抵超过给予供国内消费的生产的特殊扣除备抵。

7. 间接税免除

对于出口产品的生产和分销，间接税的免除或减免超过对于销售供国内

---

① "商为上可获得的"这一术语是指不限制在进口产品和国内产品之间进行选择，只凭借商业上的考虑。

② Commission Decision，Ball bearings（Thailand）［1990］OJ L152/59，recital 31.

③ 就本条例而言：

——"直接税"这一术语是指对工资、利润、利息、租金、版税和其他收入形式，及对不动产所有权征收的税。

——"进口费用"指对进口货物征收的关税、消费税及其它财政性收费。

——"间接税"这一术语是指销售税、消费税、营业税、增值税、特许权税、印花税、转让税、存货税、设备税、边境税及除直接税和进口费用以外的其他税种。

——"前阶段"间接税是指对直接或间接用于制造产品的货物和服务征收的税。

——"累积"间接税是指在某一生产阶段应征税的货物或服务用于下一生产阶段的情况下，在缺乏后续计税机制时征收的多级税。

——"税款减免"包括退税。

——"免除或退税"包括全部或部分免除或延缓交付进口费用。

④ 如果收取适当的利息，迟缓交付税款不应视为出口补贴。

⑤ Commission Regulation，*Certain Broad Spectrum Antibiotics*（*India*）［1998］OJ L166/17，recital 60，61.

消费的同类产品的生产和分销所征收的间接税。这里的关键是"超过"这一概念。的确，根据《SCM 协定》第 1.1（a）条和第 1.1（b）条脚注 1 之规定，对一出口产品免征其同类产品供国内消费时所负担的关税或国内税，或免除此类关税或国内税的数量不超过增加的数量，不得视为一种补贴。

8. 间接税折扣计划

对用于生产出口产品的货物或服务所征收的前阶段累积间接税的免除、减免或递延超过对用于生产国内消费的同类产品的货物或服务所征收的前阶段累积间接税的免除、减免或递延；但是如前阶段累积间接税是对生产出口产品过程中消耗的投入物所征收的（扣除正常损耗）①，则即使当同类产品销售供国内消费时前阶段累积间接税不予免除、减免或递延，对出口产品征收的前阶段累积间接税也可予免除、减免或递延。本项应依照附件 II 中关于生产过程中投入物消耗的准则予以解释。

9. 退税制度

对进口费用的减免或退还超过对生产出口产品过程中消耗的进口投入物所收取的进口费用（扣除正常损耗）；但是，在特殊情况下，如进口和相应的出口营业发生在不超过两年的合理期限内，则一公司为从本规定中获益，可使用与进口投入物的数量、质量和特点均相同的国内市场投入物作为替代。此点应依照附件 II 中关于生产过程中投入物消耗的准则和附件 III 中关于确定替代退税制度为出口补贴的准则予以解释。

确定欧共体的替代退税制度，参照附件一第 i 条、附件二和附件三是相当重要的。首先，对生产出口产品过程中消耗的进口投入物或国内同类投入物的征税是获得退税资格的绝对条件。例如，在 *Polyester staple fibers*（*PSF*）（聚酯纤维）（澳大利亚、印度尼西亚和台湾）案中，印度尼西亚 BKMP 计划对进口的主要货物和原材料的进口税提供救济或豁免。欧盟委员会对这一计划进行了分析，经调查发现，该计划不被视为是附件二规定的退税计划。因为，主要货物没有在生产过程中消耗，而且含有原材料的成品也没有出口的义

---

① （h）款不适用于增值税和代替增值税的边境调节税；对增值税的超额减免问题全部涵盖在（g）款的规定中。

务。① 同样，在印度广谱抗生素案中，欧盟委员会的裁决是，印度政府的赊欠账薄（Passbook，PBS）计划不是替代退税计划。欧盟委员会经调查发现，该计划的进口货物给予免税，这些进口货物不在生产出口货物的过程中使用。根据附件一i款，替代退税制度满足以下累积条件：（1）制造商必须使用"国内市场的投入物，且此类投入物与被替代的进口投入物在数量、质量和特点方面均相同"。（2）进口和相应的出口年限必须发生在"不超过两年的合理期限内。"附件二和附件三的替代退税制度为欧共体分析退税制度提供了行动准则：（1）欧共体必须首先确定"出口国政府是否已建立和实施了确定生产出口产品过程中消耗的投入物的制度或程序。"（2）如果此类制度或程序已实施，则欧共体随后必须审查核实程序，以确定其是否"合理、是否对预定目的有效以及是否依据出口国普遍接受的商业做法。"如确定该程序符合此检查标准且有效实施，则不应认为存在补贴。（3）如认为有必要，欧盟可能依照《基本条例》第26(2)条的规定进行实地核查，以便检验进口商、出口商、贸易商、代理商、生产商、商业协会及组织的记录，借以核实所提供的有关补贴及损害的信息。（4）如不存在核实程序，或此类程序不合理，或被视为未实施或虽实施但无效，在这种情况下，需要出口国依据所涉及的实际投入物进行进一步审查，以便确定是否发生了超额支付。关于退税制度的实质，欧盟认为存在合理的核查程序是相当关键的。如果没有或者核查程序未得到有效实施，出口国政府必须依据实际涉及的投入物进行进一步审查。

在聚脂合成纤维（*Polyester Staple Fibres*）（澳大利亚、印度尼西亚、台湾）案中，印度尼西亚 Bapeksta 计划包括进口税豁免或退还、不征收增值税和奢侈品销售税或进一步处理的供出口货物的进口税。印度尼西亚政府声称其退税制度是不违反国际交易，并且任何谋求超额退税或免除的对该制度的滥用都将面临惩罚；还声称实施了计算机系统以匹配进出口交易，而且该计算机系统可以用来证实生产出口产品的过程中消耗了什么投入物以及投入物数额。然而，欧盟委员会最后认为，印尼政府不能提供充分的证据证明存在有效的核实程序："欧共体第 2026/97 号条例的附件二第二部分第 5 条与附件三第二部分第 3 条规定，如确定出口国政府没有实施此类程序，在这种情况

---

① Council Regulation, *Synthetic Fibers of Polyester*（*Australia*, *Indonesia and Taiwan*）[2000] OJ L113/1, recital 67.

下，需要出口国依据所涉及的实际投入物或交易进行进一步审查，以确定是否发生超额支付。印度尼西亚政府不做此类审查。因此，欧盟委员会不审查是否对生产出口产品过程消耗的投入物进口税事实上违反超过原来征收的费用。"①

《基本条例》的附件三第二部分第1条对替代退税制度的核实程序进行再次强调："核实制度或程序的存在很重要，因为这样可使出口成员政府能够保证和证明要求退税的投入物数量不超过类似产品的出口数量，且无论以何种形式，对进口费用的退税不超过原来对所涉进口投入物征收的费用。"

欧盟委员会确定退税制度的方法常常遭到批评，尤其被置疑的是，欧盟委员会不考虑该计划是否实际上超额退税。的确，一旦欧盟委员会决定政府核实制度欠缺，且没有进行进一步审查，它就不再调查出口商是怎样申请该计划的。这对发展中国家是不利的，因为发展中国家明显缺乏建立一个确切可靠证实其退税制度功能的计算机系统的手段。然而，在热压钢卷案中，欧盟委员会第一次认识到了其以往实践的缺陷，尽管其调查结果是出口国政府没有核实制度且没有进一步审查的体制，欧盟委员会认为："在该次调查中使用该计划的印度唯一出口商向欧盟委员会提供证据证明了其没有获得超额利益。该公司能够证实调查期按照关税授权账簿（Duty Entitlement Passbook，DEPB）出口前计划获得的所有利益全部被在成品出口产品消耗的投入物支付的税收抵消了。因此没有授予该公司补贴。"②

欧盟委员会在反补贴和反倾销案中处理退税制度的方法并不一致。在不锈钢丝案（印度）中，四个印度出口商辩称，实践中实施的信贷计划是合法的退税制度，且在反倾销领域，欧盟委员会已经证明在信贷计划情况下允许对其正常价值进行调整。然而，欧盟委员会指出，只有被证明已付进口税的材料在物理上被包含在国内市场上销售的所涉产品内，且出口到欧共体的产品没有被征收进口税或返还了进口税时，才授予补贴。欧盟委员会坚持认为，当此类补贴最终缩减了倾销幅度时，它就与反补贴调整无关，就像根据欧共

① Council Regulation, *Synthetic Fibers of Polyester* (*Australia, Indonesia and Taiwan*) ［2000］OJ L113/1, recital 86.

② See Commission Decision, *Flat Rolled Products of Iron or Non-alloy Steel, of a width of 600 mm or more, not clad, plated or coated, in coils, not further worked than hot-rolled* (*India and Taiwan*) ［2000］OJ L31/44, recitals 33 - 34.

体第 2026/97 号条例的规定已经证明信贷计划具有可抵消性一样，"一旦发现存在此类可抵消补贴，接受方获得的利益就是在所有进口交易中未付的进口税的总额。在这一方面，欧盟委员会不曾重新利用印度政府的赊欠账薄（PBS）计划，以便确定哪一种产品在物理上含有哪一种不含有。"①

10. 信贷担保或保险计划

政府（或政府控制的特殊机构）提供的出口信贷担保或保险计划、针对出口产品成本增加或外汇风险计划的保险或担保计划，保险费率不足以弥补长期营业成本和计划的亏损。

在确定一出口担保或保险计划是否是出口补贴的问题上，关键要素要看保险费率是否适当。担保和保险计划中提供者所提供费用优惠的基准的决定权在于政府。在美国高原棉（US‐Upland Cotton）案中，专家组认为："一般说来，确定是否满足 J 款取决于政府的成本净额，服务提供者在提供服务时，出口信贷担保计划如何确定也适用之。为了识别政府的总成本，J 款要求检查争议中的出口信贷担保计划之保险费率是否不适当地涉及长期的生产成本和计划亏损。除此之外，J 款没有规定，要求我们在进行检查过程中，使用任何一种特殊的方法论或费用计算程序包。因此，我们也不需要很精确地量化成本以及超过保险费率的损失。"②

这种决定需要考虑财务检查措施，诸如，当局必须检查提供服务的政府机构的财务行为。在美国高原棉（US‐Upland Cotton）案中，上诉机构主张："我们认为 J 款所制定的检查制度从本质上来说是财政性的，因为它需要专家组去审计出口信贷计划中的财政行为，即，保险费总收入、长期生产成本以及计划亏损。"③

在美国高原棉（US‐Upland Cotton）案中，上诉机构支持专家组的观点，根据附录一 J 款，认为美国的出口信贷担保计划本身构成出口补贴，且指出专家组已经对美国的出口信贷计划做了财政分析。专家组在对该计划进行财政检查过程中指出，每年政府都会有一种积极的"信贷担保补贴"，如果政府的行政开支由此增加，每年美国政府的总开支大约会增加 3900 万美元；而出

---

①　Council Regulation, *Stainless Steel Wires*（*India*）［1999］OL L189/26, Recital 17.

②　WT/DS267/R, para. 7.84.

③　WT/DS267/AB/R, para. 667.

口信贷担保的总收入与开支则不同，在 1993—2002 年间，在保险费与长期成本、损失间存在 10 亿美元的差入。专家组也仔细研究了该计划的框架、设计和运转过程，最后总结出，该计划的设计目的不是为了逃避政府的净额成本，其保险优惠也不是为确保其合适地惠及于长期的生产成本与亏损。①

11. 出口信贷

政府（或政府控制的和/或根据政府授权活动的特殊机构）给予的出口信贷，利率低于它们使用该项资金所实际应付的利率（或如果它们为获得相同偿还期和相同的其他信贷条件且与出口信贷货币相同的资金，而从国际资本市场借入时所应付的利率），或它们支付出口商或其他金融机构为获得信贷所产生的全部或部分费用，只要这些费用保证在出口信贷方面能获得实质性的优势。但是，如一 WTO 成员属一官方出口信贷的国际承诺的参加方，且截至 1979 年 1 月 1 日至少有 12 个本协定创始成员属该国际承诺（或创始成员所通过的后续承诺）的参加方，或如果一 WTO 成员实施相关承诺的利率条款，则符合这些条款的出口信贷做法不得视为本协定所禁止的出口补贴。

在巴西航空器（*Brazil-Aircraft*）案中，上诉机构认为政府是否把支付用于保护实质优势的目的的决定性因素是需要比较讨论中的出口信贷这一专业术语和适当的市场基准。大意是，上诉机构认为"商业参考利率"（CIRR）包含于《官方支持出口信贷准则协定》（"经合组织"安排），其应被看成适当的基准，虽然其他因素也应该被考虑。② 商业参考利率代表的是政府授予的最低利率，其比在经合组织安排下的出口信贷交易中官方给予借贷者的利率都要低。在确定"商业参考利率"作为适当的市场基准之后，上诉机构认为："我们认为，做适当的比较主要在于确定该支付是否用于保护实质优势的目的，在附件一 k 款意义下，其主要是在特定的出口销售交易中减去政府的支付（净利率）后适当的实际利率与有关的商业参考利率之间的比较。"③

因此，若商业参考利率被看成是一个市场基准，那么确定政府的支付是否用于保护实质优势取决于争议中的措施中的净利率正是或高于相关的商业

---

① See e. g. *US – Upland Cotton*，WT/DS267/R，para 7. 857 – 7. 866.

② In *Brazil-Aircraft*，WT/DS46/AB/RW，paras 61，64.

③ WT/DS46/AB/R. para181.

参考利率。① 然而，如上所说，商业参考利率不是唯一的基准，因此，出口国也可能证明当局的支付不是用于保护实质优势，甚至该利率是低于商业参考利率；② 这样，出口国将需选择其他的等于或高于净利率的适当基准。③

根据附件—k 款之规定，与国际承诺的官方出口信贷规定相符合的出口信贷不被视为出口补贴。因此，若 WTO 成员为国际承诺的官方出口信贷中的出口国，或其出口实践符合相关承诺条款的利率，④ 在《基本条例》意义下，该项出口信贷实践不被视为出口补贴。但受益于该项豁免的出口信贷实践不但要符合最低利率条款（参考商业利率），而且要符合经合组织计划中的其他相关规定。例如，在北冰洋大马哈鱼（North Atlantic Salmon）案中，欧盟委员会认为，挪威的出口信贷计划符合经合组织国家支持的出口信贷指导方针，且该计划考虑到了经合组织规定的利率，因此欧盟委员会未对挪威计划采取反措施。⑤

在加拿大航空器（Canada-Aircraft）案中，我们可以从经合组织规定中看出一些细节，专家组认为欧共体第 2026/97 号条例附件—k 款只可用于以直接的信贷/融资、再融资、两年或两年以上还款期中固定利率支持的利率形式出现的出口信贷实践。例如，在韩国不锈钢丝（Stainless Steel Wires）（Korea）案中，欧盟委员会认为："只有持续的两年或两年以上的出口融资才可能被称之为该条款下的一般意义上的出口信贷，因为这是经合组织计划中《官方支持出口信贷准则协定》的定义。"⑥

在加拿大航空器（Canada-Aircraft）案中，专家组认为，在 k 款意义下，确定出口信贷需要符合以下几个条件：（1）该交易是否以直接的信贷/融资、再融资、两年或两年以上还款期中固定利率支持的利率形式出现，且因此受经合组织计划或商业参考利率影响；（2）利率是否等于或超过商业参考利率；（3）协定中的其他加强最低利率规则是否适用于该交易；（4）交易是否遵循

---

① *Brazil-Aircraft*，WT/DS46/AB/RW，para 67；WT/DS46/AB/R，para 181.

② *Brazil-Aircraft*，WT/DS46/AB/RW，para 62.

③ *Brazil-Aircraft*，WT/DS46/AB/RW，para 67.

④ In *Brazil-Aircraft*，WT/DS46/RW/2，para 5. 135.

⑤ Council Regulation，*Farmed Atlantic Salmon*（*Norway*）［1999］OJ L267/19，recital 75.

⑥ Commission Regulation，*Stainless Steel Wires*（*Korea*）［1999］OJ L79/25，recital 130.

这些所有额外条款，且不包括任何减损或减损匹配。[①]

12. 其他的种类

这一类包括由公共账户支付的、构成 GATT1994 第 16 条意义上的出口补贴的任何其他费用。

二、进口替代补贴

进口替代补贴是视使用国产货物而非进口货物的情况为唯一条件或多种其他条件之一而给予的补贴。[②] 这种补贴类型本身具有专向性。在印度尼西亚汽车案中，对该类禁止性补贴的范围进行了阐述，专家组指出《SCM 协定》禁止视使用国产货物的情况而给予补贴。[③] 专家组进一步澄清，如果 WTO 成员被裁决存在与《SCM 协定》第 1.1(b)条不一致的措施，该裁决能够通过消除补贴来补救，即使当地成分要求仍然实施。[④]

在 *Synthetic Fibers of Polyester*（聚脂合成纤维）案中，由于实质上只有澳大利亚原产货物才能获得补贴（当地成分要求达到 50% ~ 75%），澳大利亚出口市场开发资助计划（EMDGS）被认为是视使用国产货物而非进口货物的情况而给予的补贴，除非可以确定澳大利亚从出口中抽取了相当的净利益。[⑤] 在同样的程序中，欧盟委员会认为，给予购买为国产产品和进口产品均可使用的自动和污染装置的税收信贷是进口替代补贴，因为给予购买国产装置的补贴是双倍的。

在 *Hot Rolled Coil*（热压钢卷）案中，台湾税收信贷计划被认为是视使用国产货物而非进口货物的情况而给予的补贴。欧盟委员会发现："尽管该计划对购买进口设备和国产设备都提供税收信贷，但该计划对购买国产装置的补贴是双倍的，因此对购买台湾制造的装置直接提供了激励。实地调查揭示，台湾当局意欲借助于提供差别利益水平（国内设备的 20%，进口设备 10%）

---

① WT/DS70/RW, para 5.127.

② 《SCM 协定》第 3.1(b)条，《基本条例》第 4(4)(b)条。

③ WT/DS54/R, WT/DS55/R, WT/DS59/R, WT/DS64/R, para. 14.50.

④ WT/DS54/R, WT/DS55/R, WT/DS59/R, para. 14.51.

⑤ Council Regulation, *Synthetic Fibers of Polyester* (*Australia, Indonesia and Taiwan*) [2000] OJ L113/1, recital 20.

对购买国内制造设备而非进口设备提供优惠。"①

在 *Stainless Steel Wire Having a Diameter of* 1 *mm or More*（直径 1 毫米以上的不锈钢丝）案中，欧盟委员会发现，韩国"对 SME 提供的基础结构贷款"构成重要的进口替代补贴。根据该计划，提供贷款的条件之一是只有购买国内制造的机器和生产进口替代原料和零部件的生产设备才能提供贷款。②

第二节　不可抵消补贴

与《SCM 协定》一样，欧盟 1997 年第 2026/97 号条例对不可抵消补贴也作了界定。但是由于 WTO 成员在规定期限内未授权延期，《SCM 协议》规定的不可诉补贴已于 1999 年年底暂时终止。因此，欧盟理事会 2002 年第 1973/2002 号条例在修改第 2026/97 号条例时废止了第 4 条等关于不可抵消补贴的规定，第 597/2009 号条例也没有关于不可抵消补贴的规定，此处仅作为历史问题讨论。

第 2026/97 号条例规定不可抵消补贴包括两类，一类是非专向性的补贴，另一类是虽为专向性的，但是国家为执行其社会经济发展政策所必需，因此，在遵守条例所规定的具体的定量和定性要求的前提下，也属于不可抵消补贴。这一类补贴主要包括三类：第一类研究与开发补贴；第二类是落后地区补贴；第三类是环境补贴。

一、研究与开发补贴

第 2026/97 号条例第 4(2)条对研究与开发所提供的补贴规定如下：

对公司进行研究活动的援助或对高等教育机构与公司签约进行研究活动的援助不应视为"可抵消补贴"。条件是：该补贴涵盖不超过工业研究成本的75%，或竞争前开发活动成本的50%；且此种补贴只限于：（1）人事成本（研究活动中专门雇佣的研究人员，技术人员和其他辅助人员）；（2）专门和永久（在商业基础上处理时除外）用于研究活动的仪器、设备、土地和建筑

---

① Council Regulation, No. 1891/97（fn9），recital 75.

② Commission Regulation, *Stainless Steel Wire*（*India and Korea*）［1999］OJ L79/25, recitals 71.

物的成本；（3）专门用于研究活动的咨询和等效服务的费用，包括外购研究成果，技术知识、专利等费用；（4）因研究活动而直接发生的额外间接成本；（5）因研究活动而直接发生的其他日常费用（如材料、供应品和同类物品的费用）。

随后，第 2026/97 号条例第 4(2) 条对此作了细化的解释：（1）可允许的补贴水平应通过参与单个项目整个持续时间所发生的合理费用加以确定；（2）如果项目涵盖"工业研究"和"预先竞争性发展活动"两阶段，可允许的不可抵消补贴水平不应超过分别运用于以上两类活动不可抵消补贴的平均水平，计算的基础是 1 至 5 小段中列举的全部合理费用；（3）"工业研究"这一术语指有计划的研究或有针对性的调查，目的是发现新知识。主观标准是这类知识能用于开发新产品，数据分理服务或能使现存的产品、生产过程或服务发生显著改善；（4）"竞争前开发活动"这一术语指将工业研究的结果转化为新的或改善的产品、生产过程或服务的计划、蓝图或设计，而不论其目的是为销售还是使用，包括创制第一个可供商业用途的标本。进一步讲，它也可包括对产品、生产过程或服务的替代物形成概念及设计，也包括初始性展示及先驱性工程，条件是这类工程不能转化为工业用途或商业性开发，或不能在工业应用或商业性用途中加以利用，它不包括对现存产品、生产线、生产过程、服务及其他商业运作进行例行的、定期的改变，而不论其是否有所改善。

在台湾聚脂合成纤维案中，欧共体拒绝接受台湾当局根据《基本条例》第 4(2) 条声称其补贴是绿色补贴的主张，理由是不能证明涉及的援助资金满足研究与开发补贴这一不可抵消补贴的标准。

二、落后地区补贴

对落后地区补贴，第 2026/97 号条例第 4(3) 条规定如下：按照地区发展框架对一成员领土内落后地区的援助，且在符合条件的地区内属非专向性，但条件是：（1）每一落后地区必须是一个明确的毗连地理区域，具有可确定的经济或行政特征；（2）该地区依中性和客观的标准被视为属落后地区，表明该地区的困难不是因临时情况产生的；此类标准必须在法律、法规或其他官方文件中明确说明，以便能够进行核实；（3）标准应包括对经济发展的测算，此种测算应依据下列至少一个因素：人均收入或人均家庭收入二者取其一，或人均国内生产总值，均不得高于有关地区平均水平的85%；失业率，必须至少相当于有关地区平均水平的110%；以上均按三年期测算，但是该测算可以是综合的并可包括其他因素。①

上文中，"地区发展总体框架"意指地区性补贴计划是内在一致、广泛适用的地区发展政策的一部分，而且该地区发展补贴不授予对地区发展没有或事实上无影响力的单一地点；"中性和客观的标准"意指该标准在地区发展政策的框架下，在消除或减少地区差异方面，没有对某一地区超过合适程度的优惠，这一方面，地区补贴计划应设定对某一受补贴项目在数量上的上限，这种上限应按可得到补贴地区的不同的经济发展水平分别设定，并且以投资成本或工作创造成本的形式表现出来。在这种设定的上限中，补贴的发放范围应尽可能的广，避免某种类型企业获得超常数量或不成比例的大量补贴。

在北冰洋大马哈鱼案中，欧盟委员会审查了产业和区域发展基金计划，挪威政府声称该补贴计划是被豁免的区域援助，例如该计划采取投资援助和商业开发援助的形式对地区进行援助。尽管欧盟委员会的调查结果是，这些援助是根据区域援助总体框架授予的，并且在挪威区域发展计划范围内，另外第2026/97号条例也有所规定，但是欧盟委员会仍然认为这些补贴具有专向性。在这一点上，尽管事实上是中央政府主要授予援助，但是地方当局也有选择接受方和受援助地区的权利。选择合格企业的标准被认为是主观的，因此导致了地区之间授予的援助不同。另外，某些利益被不成比例地授予鱼类养殖产业。因为所有合格地区的援助都具有专向性，它们都没资格要求被豁免。②

在聚脂合成纤维案中，台湾当局辩称，根据第2026/97号条例第4(3)条之规定，给予自然资源缺乏地区的投资的税收信贷满足落后地区不可抵消补贴的标准，因而是绿色补贴。然而，欧盟委员会拒绝了这一抗辩，因为它没有可核实的证据给予证明。③

---

① Council Regulation（EC）No.2026/97, Article4（1）, *Oficial Journal* L288, 21/10/1997.
② Council Regulation, *Farmed Atlantic Salmon（Norway）*［1997］OJ L267/19, recital 36.
③ Dr Konstantions Adamantopoulos & Maria J Pereyra-Friedrichsen, *EU Anti-subsidy Law and Practice*, Palladian Law Publishing Ltd., 2001, p 91

三、环境补贴

对环境补贴，第 2026/97 号条例第 4(4) 条规定如下：

为促进现有设施适应法律和/或法规实行的新的环境要求而提供的援助，这些要求对公司产生更多的约束和财政负担，针对这类补贴不应采取反补贴措施，只要这种补贴是：（1）一次性的临时措施；且（2）限于适应所需费用的 20%；且（3）不包括替代和实施受援投资的费用，这些费用应全部由公司负担；且（4）与公司计划减少废弃物和污染有直接联系且成比例，不包括任何可实现的对制造成本的节省；（5）能够采用新设备和/或生产工艺的公司均可获得。其中，"现存设备"意指，当新的环境标准推行时，应运行至少两年的设备。

第五章　补贴幅度的计算

从《基本条例》可以看出，某些补贴只有在满足条例规定的具体的定性、定量的前提下，才可以采取反补贴措施。那么如何计算补贴的数额呢？

《基本条例》第5条规定了如何为合作的出口商计算单独补贴幅度：可抵消补贴金额的确定应按补贴调查期间补贴接受者被授予的利益计算。这个规定推翻了传统上欧共体所遵循的"政府所花费的补贴"的原则。对于"调查期间"，第5条作了规定，通常情况，这一时间段为受益人的最近的一个会计年度，如果可获得可靠的财务及相关数据，也可以是发起调查前至少6个月的任何期间。

《基本条例》第6条对补贴计划是否授予利益作了规定，第7条为有关补贴金额计算的一般规定。《反补贴调查中计算补贴金额的指南》[①] 对《基本条例》第5条的规定进行了进一步的扩展，进一步细化了条例第5到7条规定。

实践中，确定单个补贴幅度的过程可分四个阶段：确定是否授予利益；确定补贴金额；补贴金额可归因于调查期间；为补贴金额的分配选择合适的分母。

第一节　授　予　利　益

对于补贴计划是否授予利益，《基本条例》第6条作了规定（这些规则是对《SCM协定》第14条的反映）：

在接受者所获利益的计算方面，应适用以下几项原则：

---

① *Guidelines for the Calculation of the Amount of Subsidy in Countervailing Duty Investigations* [1998] OJ C 394/6。

（a）政府提供股本的行为不应视为授予利益，除非该项投资行为与原产国或出口国的私人投资者的通常投资行为（包括提供风险资本）不一致。

（b）政府的贷款不应视为授予利益，除非接受贷款的公司为政府贷款支付的对价与同等条件下，为可比商业贷款支付的对价存在差异，这种情形下，这两个数量的差额就是所获利益。

（c）由政府提供担保的贷款也不能视为授予利益，除非接受政府贷款担保的公司支付的费用与该公司从市场上接受可比的贷款担保的费用间存在差异。这种情形下，经过费用调整后的两个数额之差就是获益。

（d）政府提供商品或服务，或政府采购货物不应视为授予利益，除非提供行为没有得到足够的补偿，或购买支出的对价大于合适的补偿水平，补偿的适当水平应视该国该种产品或服务的市场普遍条件而定（包括价格、数量、可得到性、适销性、交通运输及购买或销售的其他条件）。

如果在服务提供国或者商品购买国没有上述商品或服务的普遍标准或者条件可作为适当的基准，将适用下面的条例：

（i）根据该国的实际费用、价格和其他因素，上述商品或服务的普遍标准或者条件可以被反映正常市场标准或条件的适当数额调整；或者

（ii）在适当的时候，应当采用适合商品或服务接受者的另一国家市场或者世界市场上普遍的标准和条件。

第二节　补贴金额的确定

《基本条例》第7条（有关计算的一般规定）补贴金额的确定作了如下规定：

1. 可抵消补贴的金额按出口到共同体的受补贴产品的每一单位确定。

在确定补贴金额时，以下数额应从补贴总额中扣除：

（a）任何申请费用，或为取得或有资格获得补贴而发生的必要的费用；

（b）为抵消出口到共同体产品上的补贴而收取的出口税或其他费用。

当有关利益方要求扣除时，它必须证明这项扣除是合理的。

2. 当补贴不是按制造、生产、出口或运输数量确定时，可抵消补贴的金额应通过以下方式确定：如果适当的话，将全部补贴的总价值，按补贴调查

期间该产品的生产、销售或出口的水平分摊计算。

3. 当该补贴与获得或未来获得固定资产相关时，可抵消补贴的金额应按该产业中此类资产的折旧年限平均计算。

如此计算后得出的、可归因于调查期间的数额，包括其来由可追溯到此期间之前得到的固定资产的数额，应按第 2 款描述的方法分摊。

当该资产不能折旧时，该补贴按无息贷款估价，再按第 6(b)条项处理。

4. 当补贴与获得固定资产无关时，调查期间所获益的数额原则上应归于该期间，并按第 2 款所描述的方法分摊，除非出现特别情形，而应将该获益归于其他期间。

第六章 损害的确定

第一节 损　害

《基本条例》第2(d)条项规定了损害的三种形态：对共同体产业造成实质损害；对共同体产业构成实质损害威胁；或对共同体产业的建立构成实质性阻碍。

一、实质损害的确定

与《SCM 协定》第15.1条的规定一样，《基本条例》第8(1)条规定：对损害的确定应根据肯定性证据，并应包括对以下内容的客观审查：（a）补贴进口产品的数量和补贴进口产品对国内市场同类产品价格的影响；（b）这些进口产品随后对共同体工业的影响。

任何关于共同体产业是否已经遭受实质损害的决定必须基于肯定性证据。因此，这种审查要求可核实的证据。实质损害裁决需要参照一定的期间作出。确定实质性损害存在的审查期间不同于确定补贴的调查期间。委员会通常对发起反补贴调查前3年时间的期间内的许多损害因素进行分析。[①] 然而，计算损害幅度的依据是与补贴调查期间（通常是发起调查前的1年时间）有关的

---

① 共同体法院的裁决已经确认，《基本条例》授予欧盟委员会在确定损害时对期间的考虑有很大的自由裁量权，该期间可能比反补贴调查期间长很多。*Epicheiriseon Metalleftikon v. Council*（121/86）[1990] E. C. R. 3919 at 20；*Nakajima All Precision v. Council*（C‑69/89）[1991] E. C. R. I‑2069 at 86‑87；*Moser Baer India Ltd. v. Council*（T‑300/03）unreported, October 4, 2006, CFI at 161‑162. See Konstantinos Adamantopoulos, Maria J. Pereyra‑Friedrichsen, *EU Anti‑subsidy Law and Practice*, 2nd ed., 2007, p240.

可核实数据。损害指数的分析一般以一年为基础，但也可能按季度分析。此外，根据以往实践，委员会还会分析调查阶段结束后一段期间的数据。

（一）补贴进口产品的数量

关于补贴进口产品的数量，条例要求欧盟委员会考虑补贴进口产品的绝对数量或相对于共同体生产或消费的数量是否大幅增加。

在实施该审查时，调查机关通常依据：（1）官方的贸易统计数据（比如欧盟官方统计局是欧盟统计局官方进出口数据银行，它所依据的数据由各成员国的海关搜集），或（2）来自出口商和进口商所提供的调查问卷的信息。依据条例，补贴进口产品的数量的增长必须符合：（1）条例中所定义的"补贴进口产品"，以及（2）显著性。因此，WTO 专家组在共同体在 *EC - Countervailing Measures on DRAMs Chips*（动态随机存储器反补贴）案作了如下表述：

"根据我们的观点，《SCM 协定》第 15.2 条中'补贴进口产品'是指该进口产品是在原产地已获补贴。即补贴进口产品不是指从韩国（所涉进口国）到共同体的进口产品总量的增长，而是指进口产品特定的来源（在来源地已获得补贴）"。[1] 专家组同样认为"大幅"就是"'重大'，'显著'，'主要'，而不仅仅是名义上的或微小的增长。"[2] 在动态随机存储器案（申请方：韩国）中，欧盟当局在审议期间发现来自 Hynix 公司的进口产品增长速度很快，达到 361%。因此，欧盟委员会裁决："Hynix 公司的补贴进口产品的数量和他们所占市场份额在调查期间是'十分重大'的，包括对共同体市场的不利影响，特别是对共同体产业的价格影响。"[3]

根据条例第 8(2)条：补贴进口产品的数量增加，包括绝对数量和相对数量，对于损害的确定未必能是决定性的指导。因此，即使进口产品数量（无论是在绝对数量和/或相对数量）减少，也不能阻止作出共同体产业受损的裁决。在 *Bedlinen* 案中，来自印度的进口产品在绝对数量和相对数量上都已经减少，但欧盟委员会仍裁决此进口产品导致了共同体产业的损害："原产

---

① WT/DS 299/R, para. 7.302.

② *EC - Countervailing Measures on DRAMs Chips*, WT/DS 299/R, para. 7.306.

③ Council Regulation, *DRAMs (Dynamic Random Access Memories) (Koreas)* [2003] OJ L 212/1, recitals 173 - 177, 191.

于印度的进口产品已经减少。但诸多因素所引起的因果联系如下：第一，在调查期间，这些进口产品分别被征收 10.2%（直到 2001 年的 12 月）和 9.6%（从 2002 年 1 月起）的关税，同时来自最大的供应商的原产于巴基斯坦的进口产品从 2002 年 1 月起免缴关税。第二，至于市场份额的大小，关键性问题不是一个市场份额相对较小和较大，而是该市场份额是否足够大到可能导致实质损害。据此，大量的进口产品以低廉的补贴价格削减了共同体产业的价格。根据调查发现，进口产品与共同体产业所遭受的损害在时间上是一致的。所有这些因素充分地得出一个结论……即进口产品已经导致了实质损害。"①

在 *Certain Broad Spectrum Antibiotics*（*India*）（广谱抗生素，印度）案中，调查当局认为："目前已发现进口产品的数量在调查期间前已经达到峰值。相反的主张认为，这不足以削弱在补贴进口产品和共同体产业所遭受的损害之间的因果联系；进口产品量的持续增长不是作出损害是由这些进口产品所导致的决定的先决条件"②

1. 进口产品的绝对数量

在调查期间，对进口产品是否存在绝对数量上的增长的审查包括一个简单的评估，即进口产品的数量在一个期间是否比上一个期间有增长（包括调查期间）。在该问题上，依据不同的产业种类，此评估可能是以年度、季度或以月为基础进行。

2. 进口产品的相对数量——市场份额

在确定"进口产品相对增长"时，欧盟委员会比照了进口产品的发展和共同体产品销售的发展。"相对增长"意味着进口产品的市场份额增长，与之相比较的是共同体产品的市场份额。很明显，在进口产品的增长是以高比率超过共同体产品的销售量时，此处的进口产品增长包括绝对增长和相对增长。但是，当共同体产品的销售大量减少时，进口产品的相对增长可能停滞或甚至降低。此情况下，进口产品的绝对增长将停止，而"仅"可能存在相对增长的情况。

在确定进口产品对于共同体产品的销售是否存在相对增长时，欧盟委员

---

① Council Regulation, *Cotton-type Bedline*（*India*）[2004] OJ L 12/1, recitals 178.

② Council Decision, [2000] OJ L 31/44, recital 178.

会将比较市场份额。因此，共同体产品的生产和消费必须首先被确定。根据共同体的实践，共同体的消费量或明显消费量通常是相对值。共同体消费量由总销售（进口产品加共同体产品的销售）构成。基于此，必须慎重考虑，共同体销售是在垄断市场还是自由市场上进行。垄断市场的销售是由共同体生产者为国内消费目的向关联公司的销售，它不是共同体消费的一部分。"垄断市场"不仅关系到共同体消费量的确定，还关系到与共同体产业境况有关的不同经济指标的确定，这些经济指标与共同体产业损害的确定有关。因此，在 *Certain Flat Rolled Products of Iron or Non-alloy Steel（India and Taiwan）*（某些铁或非合金钢的平面压辊，印度和台湾）案中，"从各种经济指标比如生产、销售、市场份额和收益的发展来判断的共同体产业的情势，是参照自由市场审查的。"①

　　共同体产业的市场份额的下降（即使是相对较小的下降）可能成为损害的标志。在 *Polyethylene Terephthalate（PET）Film*（聚对苯二甲酸乙二酯膜，印度）案中，共同体产品的销售已经下降了七个百分点，这是由于印度出口者所占有的市场份额在调查期间急剧增加的原因。进口产品的绝对数量或者相对数量的增长或者降低是一个相关的因素，但不能阻止共同体作出损害裁决。在 *Cotton-type Bedlinen（India）*（棉亚麻床单制品案，印度）案中，欧盟理事会指出："虽然，来自印度的进口产品在调查期间丧失了一部分市场份额，……但是这些进口产品的重要性同样被用来与共同体产业的市场份额作比较。原产于印度的进口产品的市场份额总量比共同体产业的市场份额要多出 1/3。"②

（二）补贴进口产品对共同体市场上同类产品的价格影响

　　为了评估补贴进口产品对价格的影响，欧盟委员会将考虑与共同体同类产品的价格相比，补贴进口产品是否大幅削低价格，或此类进口产品的影响是否是大幅压低价格，或是否在很大程度上抑制在其他情况下本应发生的价格增加。这些因素的一个或多个均未必能够给予决定性的指导。因此，即使被证实存在价格削低并且补贴进口产品的数量已经增加，但损害存在的结论

　　① Council Decision，［2000］OJ L 31/44，recital 142.

　　② Council Regulation，*Cotton-type Bedline（India）*［2004］OJ L 12/1，recitals 142. See Konstantinos Adamantopoulos，Maria J. Pereyra-Friedrichsen，*EU Anti-subsidy Law and Practice*，2nd ed.，2007，p247.

也不一定成立。

欧盟委员会将审查调查程序所涉国产品的平均进口价格。著名的市场研究机构的市场报告在分析损害时同样非常有用。欧盟委员会将为每个合作的生产者计算单独削价和低价销售的幅度。两种幅度的计算将基于两种补贴进口产品的出口价格和共同体产业的同类产品的销售价格。这些价格隶属于调查发起直到补贴金额得以确定这段时间。如下文所述，分析各种经济因素的调查期间的长短关系到共同体产业的情况，以及补贴进口产品的数量和价值，该期间更长，通常包括提起调查前三年。

1. 价格削低（price undercutting）

如上所述，关于补贴进口产品是否已经削低共同体价格问题的确定，在于补贴进口产品的销售价格是否低于欧盟内同类产品的销售价格。根据《基本条例》第8(2)条，任何此类价格削低必须是大幅削低。

在价格比较中，欧盟调查机关通常适用加权平均对加权平均法，即对出口生产商销售产品时销售的平均价格与共同体产业在共同体内销售同类产品时销售的平均价格之间进行比较。为保证价格之间的公平比较，比较必须是在相同的贸易水平上进行，并且对退税和折扣的调整要适当。

按照《基本条例》，任何价格比较必须是同类产品之间的比较。同类产品的确定对于损害的确定至关重要，同样，它对于欧盟产业和补贴进口产品的影响的确定也很重要。在一项削价评估中，有争议的产品可能被分组或分类来进行比较。因此，调查机关并非是考虑所有产品的类型，在全面的基础上进行比较，而是根据产品类别或者根据交易对交易进行比较。《基本条例》的第8(2)条没有规定确定价格削低的任何具体方法；由此，调查机关可以使用除了加权平均法以外的其他方式予以确定。例如在动态随机存储器案中，理事会就驳回了如下主张：价格削低必须以加权平均法确定，因此价格削低是否发生与某个具体的交易不相关联。

2. 价格压低（price depression）或价格抑制（price suppression）

价格压低是指补贴产品是否存在大幅压低共同体产品价格。为了确定是否存在这种效果，将审查调查期间内共同体同类产品的价格趋势。如果价格降低被确认，此时就必须确认是否是由补贴进口产品所引起。价格抑制是指补贴进口产品是否存在大幅度阻碍同类产品在共同体市场内的价格增长。这有时会涉及复杂的、以事实为基础的分析。

在确定价格压低或抑制过程中，调查机关尤其注意共同体产业是否遭遇：（1）长时间的亏损；（2）投资收益不足；并且/或（3）扩张计划的不可避免延期。当调查机关已经确立补贴进口产品存在绝对值或相对值的大幅度增加时，调查机关通常会确立共同体价格是否出现压低或抑制的情况。同样，当查明存在大幅削价时，共同体价格的降低也似乎被证实。但是，无论进口产品数量保持稳定或者下降都不能阻碍调查机关调查损害是否已经发生。在 *Certain Broad Spectrum Antibiotics*（*India*）（广谱抗生素，印度）案中，理事会指出：即使进口产品呈稳定或下降的趋势，但以侵略性价格所进行的交易仍然能够导致损害。在调查期间，所审查的补贴进口产品无论进口数量的趋势如何，对共同体产业都存在实质性的消极影响。"①

（三）补贴进口产品对共同体产业的影响

《基本条例》第8(4)条包括一系列的因素和指数清单，为了评估补贴进口产品对共同体产业的影响，欧盟委员会必须分析这些因素和指数。这份清单几乎是对《SCM 协定》第15.4条的照搬，其内容包括描述共同体产业状况的如下经济因素和经济指数：共同体产业仍处于由过去补贴或倾销所产生影响的恢复过程的事实（《SCM 协定》第15.4条没有列举此项）；可抵消补贴的范围（《SCM 协定》第15.4条没有列举此项）；销售、利润、产量、欧盟生产者和补贴进口产品各自的市场份额、生产力、共同体产业的投资收益、设备和设备利用率实际的或潜在的下降；影响共同体价格的所有相关因素；对现金流动、库存、就业、工资、增长、筹集资金或投资能力的实际或潜在的消极影响，对于农业，则为是否给政府支持计划增加了负担。上述清单不是详尽无遗的，这些因素中的一个或多个均未必能够给予决定性的指导。

WTO 专家组澄清了《基本条例》第8(4)条第2句话的含义，即"这些因素中的一个或多个均未能给予决定性的指导"，并得出如下结论："在某一案件中，以上因素可能比其他因素更具有相关性，并且对于不同的案件，这些因素所产生影响的比重也会不同。此外，可能还存在一些其他需要考虑的

---

① Council Regulation, *Certain Broad Spectrum Antibiotics*（*India*）［1998］OJ L 273/1, recital 56.

经济因素。"①

此清单的诸因素已被视为具有强制性，比如清单中的每个因素都必须评估，而不论其与所分析的补贴进口产品对欧盟产业的影响是否有关联。在泰国的 H 型钢案中，上诉机构同意专家组的分析，并作如下表述："专家组得出的结论是要作全面的分析，强调 'WTO《反倾销协定》第 3.4 条（《基本条例》第 8(4) 条）中所例举的强制性因素清单所包含的十五个单独因素必须由调查机关进行评估……我们同意专家组对此的整体分析，并且也同意专家组就《反倾销协定》第 3.4 条所提及的因素具有强制性的解释。"② 因此，欧盟委员会为了确立补贴进口产品对共同体产业的影响，不得不分析《基本条例》第 8(4) 条中所涉及的每一个因素（这些因素同样存在于《SCM 协定》第 15.4 条中）。

专家组在这个案例中同样考虑了调查机关需要分析相关因素并在最终裁决中反映上述分析以及披露给所涉当事各方的程度。专家组还提醒当事各方注意，根据《反倾销协定》第 3.4 条（相当于《SCM 协定》第 15.1 条和《基本条例》第 8(1) 条内容），调查机关必须基于肯定性证据而进行客观的审查。因此，分析清单中每一项因素的责任不能仅仅采用"检查清单"的办法来完成。此外，专家组认为对清单中所有因素的强制性评估必须明晰地体现在调查机关的裁决中。但这不意味着主管机关需要把清单中每一因素的评估做成独立的报告，因为一个因素可能在其他因素的分析中被含蓄地审查。③

最后，上述因素中的一些没有表明补贴进口产品对欧盟内产业已导致损害，但这一事实并不妨碍调查机关作出存在损害的结论，因为：根据已决的判例法，共同体产业是否已遭受损害，如果存在损害的话此损害是否是由补贴进口产品所引起的问题，……以及损害可否归因于其他国家的进口产品的问题，涉及对一些复杂经济事项的评估，在此方面共同体机构享有很大的自由裁量权。

---

① *Thailand - H - Beams*，WT/DS122/R，Para. 7. 225.

② *Thailand - H - Beams*，WT/DS122/R，Para. 125.

③ See Konstantinos Adamantopoulos, Maria J. Pereyra-Friedrichsen, *EU Anti-subsidy Law and Practice*, 2nd ed. , 2007, p257.

二、实质损害威胁

实质损害威胁，是指在调查期内受补贴产品尚未对进口国国内产业造成实质损害，但有证据表明如果不采取措施将导致国内产业实质损害发生的、明显可预见和迫近的情形。在反补贴调查中，除了裁决只存在实质损害或者实质损害威胁①以外，调查当局有时同时认定存在实质损害和/或实质损害威胁②。

（一）WTO 的相关立法与实践

《SCM 协定》第 15 条规定了反补贴调查中损害的确定。其中第 15.7 条和第 15.8 条是对实质损害威胁认定的特别规定。③

1.《SCM 协定》第 15.7 条

虽然大多数反补贴调查仅涉及补贴进口当前对国内产业造成的损害的指控，《SCM 协定》第 15 条仍详细规定了补贴进口将来对国内产业构成损害威胁的指控。东京回合《补贴守则》没有特别规定作出损害威胁决定时需要考虑的因素，但是乌拉圭回合达成的《SCM 协定》对此作了与 WTO《反倾销协定》类似的补充规定。其中《SCM 协定》第 15.7 条的规定为：

"15.7 对实质损害威胁的确定应依据事实，而不是仅依据指控、推测或极小的可能性。补贴将造成损害发生的情形变化必须是能够明显预见且迫近的。在作出有关存在实质损害威胁的裁决时，除了其他事实和情形以外，主管机关应特别考虑下列因素：

（i）所涉一项或几项补贴的性质和因此可能产生的贸易影响；

（ii）补贴进口产品进入国内市场的大幅增长率，表明进口实质增加的可能性；

---

① 例如加拿大 2007 年对中国提起的无缝钢制油气套管"双反"调查，欧共体对 *Women's Shoes* (*Brazil*) 和 *Binder and Baler Twine* (*Brazil and Mexico*) 提起的反补贴调查，美国 2009 年对中国提起的预应力混凝土结构用钢绞线"双反"调查和钢格板"双反"调查以及带织边窄幅织带"双反"调查。

② 例如，美国和欧盟经常作出外国补贴（或者倾销）进口对其产业造成实质损害和/或实质损害威胁的裁决，如下文列举的欧盟对华提起的反倾销调查。

③ 2008 年 12 月 19 日，WTO 规则谈判组的主席 Amb. Guillermo Valles Galmés 散发的反倾销和反补贴规则的新的主席修订草案（*New Draft Consolidated Chair Texts of the AD and SCM Agreements*, TN/RL/W/236）对《SCM 协定》第 15.7 条和第 15.8 条未作修改。http://www.wto.org/english/tratop_ e/rule-sneg_ e/rules_ dec08_ e.doc, visited on February 3, 2010.

（iii）出口商可充分自由使用的或即将实质增加的生产能力，表明补贴出口产品进入进口成员市场实质增加的可能性，同时考虑吸收任何额外出口的其他出口市场的可获性；

（iv）进口产品是否以将对国内价格产生大幅度压低或抑制影响的价格进入，是否会增加对更多进口产品的需求；以及

（v）被调查产品的库存情况。

这些因素中的任何一个本身都未必能够给予决定性的指导，但被考虑因素作为整体必须得出如下结论，即更多补贴产品的出口是迫近的，且除非采取保护性行动，否则实质损害将会发生。"

可见，《SCM 协定》第 15.7 条规定了调查当局应依据事实并特别考虑五方面因素来确定是否存在实质损害威胁。但对"明显预见""迫近的""大幅增长率""充分自由使用的""实质增加的可能性""大幅度压低或抑制""库存情况"等的具体界定，具有较大的随意性和不确定性，各国主管当局往往会根据本国的经济利益和对外政策的需要作出对自己有利的解释，致使各国在实践中作出实质损害威胁裁决时，产生较大的偏差。因此，有必要对《SCM 协定》第 15.7 条的规定进行详细解读。

（1）高的证据标准

"实质损害威胁"与"实质损害"相比更难以判断，因为后者已是既成事实，而前者是一种尚未成为现实的情势，调查主管机构的分析带有更大程度的主观性。因此，考虑到 WTO 成员当局会对可能的将来问题进行推测，并太容易裁决存在损害威胁的风险，为了尽量阻止这种滥用，《SCM 协定》第 15.7 条第 1 款第一句规定：对实质损害威胁的确定应依据事实，而不是仅依据指控、推测或极小的可能性。

（2）预见的明显性和比较短的时间界限

《SCM 协定》第 15.7 条的第 2 句要求补贴将造成损害发生的情形变化必须是能够明显预见且迫近的（imminent）。在 *Mexico-Corn Syrup*（*Article 21.5 - US*）案中，上诉机构把"明显预见的和迫近的"标准归类为要求高的标准："在我们看来，调查当局对事实的'确立（establishment）'包括对调查期间内发生的事件的肯定性裁决，也包括调查当局在分析过程中作出的与上述事件有关的推测。在裁决存在实质损害威胁时，调查当局将必须对将来的事件的

发生作出推测，因为此类事件绝不可能被事实明确地证明。尽管存在这种内在的不确定性，在裁决存在实质损害威胁时，事实的适当确立必须基于那些目前还没有发生的、但却是能够明显预见且迫近的事件"。①

情形变化是"迫近的"这一要件对于 WTO 成员当局如何证明其损害威胁裁决是正当的来说是一个重要的限制。两年或者三年后将产生的问题不符合情形变化是"迫近的"这一要件。《SCM 协定》第 15.7 条的第 2 句把将造成损害发生的任何情形变化与"迫近的"联系起来，《SCM 协定》第 15.7 条的最后一句强调补贴出口产品数量"迫近的"增加。不像 WTO《反倾销协定》②，《SCM 协定》没有在脚注中举例说明"迫近的"的含义。WTO 的一个专家组表示，在评估实质损害威胁时，调查当局必须评估将来与刚刚的过去有什么不同，以致在不采取措施的情况下，目前不存在实质损害的情形在迫近的将来将转变为实质损害的情形。③

（3）应该特别考虑的五个因素

根据《SCM 协定》第 15.7 条规定，在作出有关存在实质损害威胁的裁决时，主管机关应特别考虑五个因素。

第一个因素是所涉一项或几项补贴的性质和因此可能产生的贸易影响。一项补贴的影响可以非常深远，超出对于价格决策的影响，而影响到现金流量、广告活动、研发活动以及在财务、管理及生产制造等领域的其他决策。要对于补贴的影响进行详细调查，具体衡量出补贴对于贸易产生的影响，在有限的调查期限中是难以实现的。但如果仅仅将"补贴的性质和可能的影响"作为众多应衡量的信息中应考虑的因素之一，对分析"实质损害威胁"是有帮助的。国际上普遍认为，出口补贴是最容易对国际贸易造成扭曲的补贴，因此《SCM 协定》将出口补贴作为禁止性补贴之一予以严厉规制。那么，在涉及"实质损害威胁"的案件中，如果涉案补贴是出口补贴，调查当局认为其"比其他补贴更可能造成损害威胁"是合理的。④

---

① WT/DS132/AB/RW, paras 85, 100. Konstantinos Adamantopoulos & María J. Pereyra, *EU Anti-sub-sidy Law and Practice*, London：Sweet & Maxwell, 2nd ed. , 2007, p 269.

② 《反倾销协定》脚注 10 规定："例如，但并不是只有此例，存在令人信服的理由使人相信在不久的将来，该产品以倾销的价格的进口将会实质增加"。

③ *US‑Softwood Lumber VI*, WT/DS227/R, para 7.58.

④ 甘瑛：《国际货物贸易中的补贴与反补贴法律问题研究》，法律出版社 2005 年版，第 214 页。

其他四个因素是关于进口数量是否增加的根本性关切，与 WTO《反倾销协定》第 3.7 条列举的四个因素平行。在实践中，大部分认定存在损害威胁的裁决是基于日益增加的进口的担心，虽然进口的增加不是损害性的，却处于正成为损害性的临界点上。在出现第二个因素的情况下，国内产业在国内市场上所占的份额极有可能被挤占。在出现第三个因素的情况下，受补贴进口产品虽然还未以大幅的增长率进入进口国市场，但被调查进口产品出口商在其国内已收购足够数量的相同产品准备出口，或者出口国生产企业的相同补贴产品的生产能力或现有未使用的生产能力的明显增强，以及出口国新出现生产该产品的未利用的生产能力、潜在的产品转换能力，乃至出口国企业拥有或控制的能用于生产受调查产品的生产设备的大量增加等。不过，这种实质性的出口增长能力并不一定必然导致该产品对进口国的出口增加，也可能是向任何第三国增加出口的需要。因此"同时考虑吸收任何额外出口的其他出口市场的可获性"十分必要。在第四个因素中，进口产品对国内价格的影响，只能是大幅度抑制或压低的，而且只能是一种现实趋势与充分的可能性，尚未成为事实；同时应对这种趋势是否会进一步增加补贴进口产品的需求情况予以考虑。如果对该进口产品的需求是明显增加的，则有助于作出肯定性结论。第五个因素中所指的库存，是指在进口国进口商处的库存情况。如果在进口国进口商处囤积大量的产品，伺机低价抛售抢占进口国市场，那么对进口国的打击将是致命的。如果补贴进口产品源源不断地通过进口国海关，但补贴进口产品在进口国的销售数量并没有明显变化甚至还可能有所下降，这将有助于判断其库存产品是否存在明显增加的事实。日本在 20 世纪 80 年代就采取了这样的方式，在短短的 18 个月内抢占了美国彩电市场 50% 的份额，迫使很多美国生产商被日本企业兼并或转让其电视生产权。①

像《SCM 协定》中其他许多条文一样，《SCM 协定》第 15.7 条要求避免使任一因素成为决定性因素，而是要求 WTO 成员当局在作出决定时考虑各因素的整体情形。US - Softwood Lumber VI 案的专家组原则上同意美国国际贸易委员会的意见，认为 WTO《反倾销协定》第 3.7 条或者《SCM 协定》第 15.7 条并不要求调查当局确定其中的一个因素使目前没有损害的情形改变为

---

① 叶蓁：《产业损害的构成因素及其认定方法》，《环球法律评论》2008 年第 4 期。

将来有损害的情形，各种情形的发展总体上足够满足《反倾销协定》或者《SCM 协定》的要求就够了。

此外，《SCM 协定》第 15.7 条仅仅要求 WTO 成员当局"应当（should）"[①]考虑它列举的五个因素。考虑到这种措辞，*US - Softwood Lumber VI* 案的专家组裁决："在 WTO《反倾销协定》第 3.7 条和《SCM 协定》第 15.7 条使用'应当（should）'这个词表明：不像 WTO《反倾销协定》第 3.4 条[②]，对 WTO《反倾销协定》第 3.7 条和《SCM 协定》第 15.7 条列举的每一个因素进行考虑不是强制性的。因此，根本没有考虑或者没有充分考虑其中的一个因素，并不必然表明违反了该规定。是否违反了该规定，取决于案件的特定事实、被考虑的各个因素的整体和调查当局提出的解释"。[③] 因此，当局并不必然需要全部考虑上述五个因素，也没有必要对考虑过的每一特定因素在裁决中单独作出说明。[④]

（4）应该考虑的其他事实和情形

虽然《SCM 协定》第 15.7 条具体列举了有关进口增加的因素，但是造成损害威胁的情形变化可以包括一系列广泛的因素。*US - Softwood Lumber VI* 案的专家组已经确认了对情形变化可进行宽泛的解释，它可以是单一事项，一系列事项或者影响国内产业的其他新发展情况。[⑤]

在 WTO 反倾销实践中，*Mexico - Corn Syrup* 案的专家组已经确认在裁决实质损害威胁时，必须考虑 WTO《反倾销协定》第 3.4 条（与《SCM 协定》第 15.4 条的规定基本相同）列举的有关国内产业状况的所有因素；[⑥] 虽然某些因素可能不具备证明力，因此与最终确定损害无关，但对每一因素的分析必

---

① 法律文体翻译时须注意 shall 和 should 等情态动词之间的区别以及在使用上的特殊要求。shall 表示所规定的事项具有法律义务，在法律文本中属于"强制性规范"。而 should 主要表明一种道义上责任或义务，没有法律上的强制性，在法律文本中属于"提倡性规范"，一般译为"应该"。参见陈建平："法律文体翻译的基本原则探索"，载《法律语言学说》2007 创刊号。

② WTO《反倾销协定》第 3.4 条使用的词是 shall 而不是 should. 另外，《SCM 协定》第 15.4 条使用的词也是 shall. 此注释为笔者补充。

③ *US - Softwood Lumber VI*, WT/DS227/R, para 7.68.

④ *US - Softwood Lumber VI*, WT/DS227/R, para 7.67.

⑤ *US - softwood Lumber VI*, WT/DS227/R, paras 7.45 - 7.60.

⑥ *Mexico - Corn Syrup*, WT/DS132/R, para. 7.131. 尽管没有直接说明，上诉机构似乎也同意这种解释。也可参见张亮：《反倾销法损害确定问题研究》，法律出版社 2006 年版，第 75 页。

须清楚地在最终报告中公布。在得出上述结论的时候，该专家组注意到，WTO《反倾销协定》第3条（与《SCM协定》第15条相似）作为整体是规定损害确定的，而损害被定义为实质损害、实质损害威胁和对国内产业建立的实质阻碍。因此，在裁决实质损害威胁时，如果不考虑与进口对国内产业的影响有关的因素（即与国内产业的一般状况和运作有关的因素：产量、销售、利润、市场份额和生产力，等等），就不可能确定进口产品对国内产业的影响，调查当局也就不可能在公正客观的基础上得出如果不采取措施损害就会发生的合理结论。在专家组看来，为了确立一个背景，使调查当局在该背景的基础上评估迫近的、进一步的倾销进口是否会在缺乏保护措施时对国内产业造成实质损害，对上述因素进行考虑是必要的（即使WTO《反倾销协定》的文本没有明确提出这样的要求）。① 就本案来说，专家组断定，由于墨西哥作出的实质损害威胁最终裁决没有反映对许多因素（例如墨西哥糖产业的利润、产量、生产力、设备利用率、就业、工资、增长和筹措资金的能力）进行了有意义的分析，该裁决是违反WTO规定的。该专家组因而表示，根据特定国内产业的状况，存在实质损害威胁的结论必须反映更多的进口对该特定国内产业的预计影响。为了断定存在对国内产业的明显的实质损害威胁而非现实的实质损害，有必要以对国内产业目前状况的了解作为前提。如果国内产业的状况很好，或者有其他因素在起作用，仅仅是倾销进口将增加并具有负面的价格影响这个事实本身，并不会导致国内产业将受到实质损害威胁的结论。专家组进一步注意到，调查当局断定对倾销产品的需求预计将大幅增加并将导致糖的价格下滑，但是调查当局没有讨论墨西哥生产的糖或者倾销进口的糖的价格变动，也就是没有讨论糖的价格是否在调查期间就被迫下滑了。因此，专家组断定，仅仅是倾销进口产品的价格很可能继续低于国内产品的价格，并不必然会导致存在实质损害威胁的结论。如果国内产品的价格水平产生了足够的税收和利润，似乎不太可能发生损害。②

　　US - Softwood Lumber VI 案的专家组同意上述 *Mexico - Corn Syrup* 案的专家

---

　　① *Mexico - Corn Syrup*, WT/DS132/R, paras. 7. 132 - 7. 133.

　　② *Mexico - Corn Syrup*, WT/DS132/R, paras. 7. 140 - 7. 142. 关于 *Mexico - Corn Syrup* 案的专家组报告，可参见朱榄叶编著：《世界贸易组织国际贸易纠纷案例评析1995—2002》（上册），法律出版社2004年版，第276~298页；韩立余编著：《WTO案例及评析（2000）》，中国人民大学出版社2001年版，第185~234页。

组意见，认为在裁决实质损害威胁时，除了评估有关实质损害威胁的特别因素以外，还需要根据 WTO《反倾销协定》第 3.4 条或者《SCM 协定》第15.4 条评估国内产业的状况。*US - Softwood Lumber VI* 案的专家组还进一步指出，不需要对 WTO《反倾销协定》第 3.4 条或者《SCM 协定》第 15.4 条列举的有关国内产业状况的因素进行预见性的（predictive）分析，但是可以把这些因素作为评估迫近的、进一步的倾销或补贴进口是否会在缺乏保护措施时对国内产业造成实质损害的背景。[①] 同时，如果 WTO《反倾销协定》第 3.4条或者《SCM 协定》第 15.4 条列举的因素在实质损害调查中已经被考虑过，则无需在实质损害威胁调查中对这些因素重新进行考虑。[②]

此外，《SCM 协定》第 15.3 条关于损害累积评估的规定也适用于实质损害威胁的认定。

（5）合理严格的审查标准

在处理美国对 *US - Softwood Lumber VI* 案专家组作出的建议的执行方式案中，专家组表示，当实质损害裁决与实质损害威胁裁决基于相同层次的证据时，与审查实质损害裁决相比，专家组在审查实质损害威胁裁决时将表现出对调查当局更多的顺从。但是，该案的上诉机构认为上述观点是错误的。[③] 迄今的实践也表明 WTO 专家组没有过度地顺从 WTO 成员当局作出的裁决。WTO 专家组已经两次裁决，根据不充分的事实和推理作出的损害威胁裁决违反了《SCM 协定》第 15.7 条。

在 *US - Softwood Lumber VI* 这个非常有特色的案件中，WTO 专家组裁决：美国作出的来自加拿大软木的进口威胁了美国产业的裁决违反了《SCM 协定》第 15.7 条，因为美国所依赖的证据顶多可以支持如下结论：软木的进口将按历史的水平继续，或许进口会随着需求的增加并与历史上的模式相一致

[①] WT/DS227/R, paras 7.107, 7.109 - 7.110. 值得欣慰的是，2008 年 12 月 19 日，WTO 规则谈判组的主席 Amb. Guillermo Valles Galmés 散发的反倾销和反补贴规则的新的主席修订草案和 2011 年4 月 21 日散发的反倾销规则修订草案对《反倾销协定》第 3.7 条作了如下补充规定：调查当局应当考虑调查期间国内产业的状况，包括根据本条第 4 款审查倾销进口对国内产业的影响，以便确立评估实质损害威胁的背景。

[②] *US - Softwood Lumber VI*, WT/DS227/R, paras 7.105 - 7.112. 也可参见单一：《WTO 框架下补贴与反补贴法律制度与实务》，法律出版社 2009 年版，第 249 页。

[③] Petros C. Mavroidis, Patrick A. Messerlin, Jasper M. Wauters, *The Law of Economics of Contingent Protection in the WTO*, Edward Elgar, 2008, p 116.

的方式增加一些。专家组发现案件的事实并不支持美国当局得出的从加拿大进口的软木即将大量增加的结论。专家组主要注意到：（1）在调查期间，倾销或者补贴进口从绝对和相对数量上来看已经处于相当的水平；（2）美国没有依赖调查期间重要的进口增长率来支持来自加拿大的进口将会大量增加的结论；（3）美国所依赖的加拿大产业向美国市场的出口导向理由没有得到所提交的数据的支持，该数据表明加拿大出口到美国的产品数量没有明显变化，而仅仅是历史上出口模式的继续。此外，专家组表示：加拿大的生产能力预计在 2002 年增加不超过 1%，在 2003 年预计增加 0.83%；这当然不支持生产能力将实质性增加的结论。①

在上述 *Mexico - Corn Syrup* 案中，WTO 专家组以及后来的上诉机构裁决，墨西哥没有充分分析事实就得出了从美国进口的高果糖玉米糖浆的数量将增加的结论②。

上述两个案例表明，WTO 专家组和上诉机构在对认定存在损害威胁的裁决进行复审时遵守了合理严格的审查标准。

2.《SCM 协定》第 15.8 条

《SCM 协定》第 15.8 条规定，对于补贴进口威胁造成损害的情况，实施反补贴措施的考虑和决定应特别慎重。东京回合的《补贴守则》没有此规定，但是《SCM 协定》对此作了与 WTO《反倾销协定》类似的补充规定。《SCM 协定》第 15.8 条的要义在于强调 WTO 成员当局在裁决存在损害威胁时必须特别留意，并保持特别慎重的较高的审查标准。但是对于"特别慎重"的含义是什么，《SCM 协定》没有作出说明。*US - Softwood Lumber VI* 案的专家组认为，"特别慎重"意指对于涉及实质损害威胁的案件，要求调查当局保持比所有反倾销反补贴税的实质损害调查案件更高的注意程度；同时，"特别慎

---

① *US - Softwood Lumber VI*, WT/DS227/R, paras 7.88 - 7.96. 本案的历史很复杂。美国国际贸易委员会对该案作出了重新裁决，WTO 同一专家组于是裁决该重新裁决符合 WTO《反倾销协定》第 3.7 条的规定。但是，WTO 上诉机构推翻了专家组的裁决，认为该裁决过度并不适当地顺从了美国国际贸易委员会，违反了适当的复审标准。Appellate Body Report, *US - Softwood Lumber VI*, WT/DS227/AB/RW, paras 89 - 161. 由于上述机构得出结论认为它不能完成对案件的分析，该马拉松式的软木贸易争议一直持续到 2006 年两国达成和解。

② WT/DS132/R, paras 7.163 - 7.178. WT/DS132/RW, paras 6.6 - 6.36. WT/DS132/AB/RW, paras 77 - 101. Rüdiger Wolfrum, Peter-Tobias Stoll, Michael Koebele, *WTO - Trade Remedies*, Leiden: Martinus Nijhoff Publishers, 2008, p 625.

重"义务既适用于调查过程中确定是否存在适用反倾销反补贴措施的先决条件，也适用于采取反倾销反补贴措施的最终裁决作出之后。①

有学者主张，"特别慎重"要参考《SCM 协定》第 15.7 条规定的更具体的义务；很难想象在 WTO 成员当局遵守了第 15.7 条规定的情况下，而被裁决违反《SCM 协定》第 15.8 条的规定。② *US - Softwood Lumber VI* 案的专家组也认为，适当的做法是：只有在考虑违反具体规定的指控以后，才考虑违反WTO《反倾销协定》第 3.8 条或者《SCM 协定》第 15.8 条的指控。③

（二）欧盟的相关立法与实践

1. 欧盟的相关立法

对于实质损害威胁的认定，除对个别措辞作了更容易理解的调整外，《基本条例》第 8(8) 条作了与《SCM 协定》协定第 15.7 条基本相同的规定：

对实质损害威胁的确定应依据事实，而不是仅依据指控、推测或极小的可能性。补贴将造成损害发生的情形变化必须是能够明显预见且迫近的，在作出有关存在实质损害威胁的裁定时，应特别考虑下列因素：

（a）所涉一项或几项补贴的性质和因此可能产生的贸易影响；

（b）所涉进口产品进入共同体市场的大幅增长率，表明进口实质增加的可能性；

（c）出口商可充分自由使用的，或即将实质增加的能力，表明补贴出口产品进入进口共同体市场实质增加的可能性，同时考虑吸收任何额外出口的其他市场的可获性；

（d）进口产品是否以对国内价格产生大幅度抑制或压低影响的价格进入，是否会增加对更多进口产品的需求；以及

（e）被调查产品的库存情况。

这些因素中的任何一个本身都未必能够给予决定性的指导，但被考虑因素作为整体必须得出以下结论，即更多的补贴出口产品是迫近的，且除非采取保护性行动，否则实质损害将会发生。

---

① *US - Softwood Lumber VI*, WT/DS227/R, para. 7.33.

② Rüdiger Wolfrum, Peter-Tobias Stoll, Michael Koebele, *WTO - Trade Remedies*, Leiden：Martinus Nijhoff Publishers, 2008, p 626.

③ *US - Softwood Lumber VI*, WT/DS227/R, para. 7.33

不同的是，基本条例缺乏与《SCM 协定》协定第 15.8 条对应的规定。

《基本条例》第 8 条关于损害累计评估的规定与《SCM 协定》协定第 15.3 条的规定相同。

2. 欧盟有关实质损害威胁认定的实践

在欧盟的反补贴和反倾销实践中，在包括 1997 年对中国皮革包反倾销案等多个案例中进行了实质损害威胁的认定。

在 *Women's Shoes*（*Brazil*）案中，申请方声称，从巴西进口的女鞋受到补贴，且对共同体产业造成了实质损害威胁。但是，巴西政府通过征收出口税消除了补贴计划的影响。因此，欧共体委员会裁决对共同体产业的损害威胁被巴西征收的出口税抵消。因此结束了该案的调查程序。①

在 *Binder and Baler Twine*（*Brazil and Mexico*）案中，在复审调查的框架下，欧共体委员会审查了现存措施的终止是否将导致损害威胁。调查发现，巴西进口产品已经显著增加，调查所涉的巴西出口商/生产商有很强的富余生产能力，另一公司已经开始制造并向欧盟出口包扎压捆绳。对于原产于墨西哥的进口产品，欧共体委员会裁决，墨西哥生产商过去向共同体大量出口，并且被认为能够继续大量出口。这些因素使得欧盟委员会得出这样一个结论，即现存措施的终止将会再次导致损害或实质损害威胁，因此为了共同体的利益需要继续实施反补贴措施。②

在 2008 年欧盟对华无缝钢管反倾销案中，欧盟仅以损害威胁为由发起调查并于 2009 年仅以损害威胁为由征收临时反倾销税。对此，中国商务部明确反对欧盟委员会随意使用损害威胁标准进行贸易救济调查。商务部公平贸易局负责人表示，市场需求决定供给。如果中国产品对欧出口在某一时期呈现一定的增长态势，也主要是市场需求决定的，不能归咎于中国产品的倾销。在调查期内，欧盟产业整体经营状况良好，根本没有所谓的损害，也谈不上损害威胁。2008 年以来特别是在国际金融危机发生后，欧盟对中国产品需求下降，订单明显减少，中国对欧涉案产品出口呈现明显下降趋势。2008 年全

---

① Commission Decision, *Certain Kinds of Women's Shoes*（*Brazil*）[1981] OJ L 327/39, Recitals 1, 9, 11. Konstantinos Adamantopoulos & María J. Pereyra, *EU Anti-subsidy Law and Practice*, London: Sweet & Maxwell, 2nd ed., 2007, p 272.

② Council Decision, *Binder and Baler Twine*（*Brazil and Mexico*）[1987] OJ L 34/55, recitals 32, 33, 35.

年，我涉案产品对欧出口数量同比下降 13.18%，金额上升 14.5%；2009 年 1~2 月份，我涉案产品出口数量同比下降 43.48%，金额下降 29.1%。另一方面，中国国内市场需求较大，在当前救市措施的作用下，国内市场对无缝钢管的需求更加旺盛，中国对欧出口并不会对欧盟产业构成威胁。希望欧盟调查机关能基于案件事实，并结合近一年多来的相关数据及市场情形变化情况，尊重世贸规则，尽快终止对华无缝钢管的反倾销调查。[①]

在 1982 年民主德国和罗马尼亚输欧甲胺（反倾销）案中，欧共体委员会裁定，除存在实质性损害外还存在实质性损害威胁。理由是：（1）倾销产品向欧共体的出口继续高速增长；（2）原产国较高的生产能力没有被充分利用；（3）由于不可克服的海上运输困难，原产国的甲胺不可能向欧洲以外的国家出口，而且事实表明，也不会向欧共体以外的欧洲国家出口。[②]

在 *Ammonium Nitrate*（反倾销）案中，申请方声称从白俄罗斯、格鲁吉亚、土库曼斯坦、乌克兰和乌兹别克斯坦进口的产品造成了损害威胁。申请方辩称这些国家有可观的生产能力，与东欧市场上该产品的价格一道，可能导致对欧盟产业的损害威胁。欧盟委员会认为，没有任何关于迫近的情形变化的证据能够证明从所涉国家进口的倾销产品的大量涌入。[③]

在 *Thin Polyester Film（Korea）*（反倾销）案中，申请方也声称韩国出口商品的价格政策，加上它们的巨大生产能力，以及美国对韩国产品征收的反倾销税，对欧共体产业构成严重的实质损害威胁。欧共体委员会发现从韩国进口产品的价格水平一般高于那些共同体产业的产品价格，而且所涉产品的出口量也没有因为需求的增加而增加。韩国出口产品仅占其总产量的 3%，至于最后的生产增加，欧共体委员会"没有收到未来出口到共同体的不同类型PET 薄膜的相对数量的重大改变的证据。"对于美国当局对原产于韩国的所有PET 薄膜的进口征收反倾销税的这一意见并不足以证明存在实质损害威胁，欧共体委员会发现由于所征税的低税率以及韩国出口商更偏爱美国市场而非共同体市场的这一事实，"目前这种状况不会造成韩国出口产品从美国转向共

---

① http://www.gov.cn/gzdt/2009－04/10/content_ 1281998. htm，2009 年 8 月 24 日访问。
② 刘瑞荣：《反倾销法中损害的确定》，四川大学 2006 年法律硕士学位论文，第 36~37 页。
③ Decision 94/293，[1994] OJ L 129/24, recitals 91.

同体的严重威胁。"①

在 *NTN Corp and Koyo Seiko Co v. Council*（反倾销）案②中，欧盟理事会声称由于日本生产商已经扩大了他们当地的生产规模，而共同体的消费没有增加，可以推测如果没有有效的措施，日本向共同体的出口销售预期将增加。欧盟法院驳回了欧盟理事会的抗辩，认为日本生产者增加生产数量可能是由于日本市场或者其他非共同体市场对涉案产品的消费增加的缘故。因此，只有在确认生产数量的增加没有反映日本市场或者其他第三国市场对涉案产品的消费增加时，才可能说日本日益增加的对共同体市场出口的风险。如果日本生产商为它们的剩余产品寻求出口市场，且其他国家没有足够的需求，则可以说日本生产商试图通过倾销扩大向共同体的出口。

（三）对中国的启示

1. 重视对相关案例的研究

由于《SCM 协定》对补贴规定了双轨制的救济措施，即通过 WTO 争端解决机制或者通过 WTO 成员自己的反补贴法律程序获得救济，加之 WTO 规则的原则性和各成员规定的差异使各成员具有较大的自由裁量权，导致了损害确定的实践中存在不同的做法。WTO 司法实践证明，原属普通法系的先例原则，实际上正在 WTO 法律制度中生根发芽，③ 事实上的遵循先例原则已经在 WTO 的司法实践中得到确立。因此，需要重视研究 WTO 和反补贴调查主要发起者的相关立法与案例，做好积极应对国外提起的反补贴调查的理论准备，并借鉴它们的经验，在不违反 WTO 规则的前提下完善我国相关立法与实践。

在 2007 年加拿大对中国无缝钢制油气套管"双反"调查中，加拿大国际贸易法庭的产业损害终裁裁定，涉案产品的倾销和补贴行为对加拿大国内产业没有造成实质损害但是造成了实质损害威胁④；欧共体在 1981 年对 *Women's Shoes*（*Brazil*）和 1987 年对 *Binder and Baler Twine*（*Brazil and Mexico*）提起的

---

① Commission Decision, *Thin Polyester Film*（*Korea*）[1991] OJ L 151/89, Recitals 18, 19.

② *TN Corp and Koyo Seiko Co v. Council*（*T*-163 & *T*-165/94），[1995] E. C. R. II-1381 at [107] - [110].

③ 赵维田：《美国——对某些虾及虾制品的进口限制案》，上海人民出版社 2003 年版，第 1048 页。

④ http://www. citt-tcce. gc. ca/dumping/inquirie/findings/nq2h001 _ e. aspJHJP395 _ 75747, visited on February 3, 2010.

反补贴调查中也认定存在实质损害威胁[①]；在美国 2009 年对中国预应力混凝土结构用钢绞线"双反"调查的初裁[②]、2009 年对中国钢格板"双反"调查的初裁[③]、2009 年对中国带织边窄幅织带"双反"调查的初裁和终裁[④]中，美国国际贸易委员会的 6 位委员一致认定，有合理迹象表明，我国输美涉案产品的倾销和补贴出口对美国国内产业造成了实质损害威胁。

在 *Shop Towers of Cotton from the People's Republic of China*（反倾销）案[⑤]中，美国国际贸易委员会作出了有代表性的实质损害威胁初步裁决，它引证了进口日益增加的趋势、进口商对对象商品毛巾的库存增加了三倍、进口造成的降价销售和价格抑制的迹象和已经确认的销售损失，并把它们作为充分的理由根据关税法作出了损害的真实可能性构成了损害威胁的裁决。[⑥]

在美国对中国可锻铸铁管附件发起的反倾销调查中，国际贸易委员会认定，调查期的相关调查数据显示，被调查产品的进口数量大幅增加。在中国相关产品库存、产量、产能和剩余产能的增加，以及相关产品的出口导向、美国市场的重要地位、其他市场对中国出口产品设定的种种限制等综合强化了它认定的来自中国的进口管件产品将实质性大幅增加的可能性。调查结果显示，被调查产品长期以非常显著低于美国国内可替代产品的价格销售，日益扩大的价格差异将很有可能刺激美国国内对被调查产品的进口需求，从而进一步提升被调查产品的市场占有率。国际贸易委员会已经就进口产品对美国国内产业当前在发展和生产方面付出的诸多努力所造成的实际和潜在的负面影响进行了充分考虑。美国国内全部生产商均报告了进口产品对其造成的实际的和潜在的负面影响，国内产业的产量、产能、产能利用率以及生产水平在 2002 年调查期均跌落到最低水平。因此，2003 年 12 月国际贸易委员会作出了产业损害终裁：美国的国内产业尚未受到实质损害，但是却受到了实

---

① 参见甘瑛：《国际货物贸易中的补贴与反补贴法律问题研究》，法律出版社 2005 年版，第 213 页。

② http://gpj. mofcom. gov. cn/aarticle/d/e/f/g/200907/20090706395186. html，2010 年 2 月 2 日访问。

③ http://www. cacs. gov. cn/anjian/anjianshow. aspx? str1 =7&articleId =56950，2010 年 2 月 2 日访问。

④ http://www. cacs. gov. cn/anjian/anjianshow. aspx? str1 =7&articleId =58830，2010 年 2 月 2 日访问。

⑤ *Shop Towers of Cotton from the People's Republic of China*, 47 Fed. Reg. 46, 777 (1982).

⑥ *Shop Towers of Cotton from the People's Republic of China*, 47 Fed. Reg. 46, 777 (1982). See also *Extruded Rubber Thread from Indonesia ITC Inv.* No. 731 - TA - 787 (1999).

质损害威胁。①

美国 2007 年对中国薄壁矩形钢管"双反"调查的初裁②、2008 年对中国不锈钢焊接压力管"双反"调查的初裁③、在 2008 年对中国环形碳素管线管"双反"调查的终裁④、2008 年对中国柠檬酸及柠檬酸盐"双反"调查的终裁⑤、2008 年对中国后拖式草地维护设备及相关零部件"双反"调查的终裁⑥、2009 年对中国碳镁砖"双反"调查的初裁⑦、2009 年对中国石油管材"双反"调查的终裁⑧、2009 年对中国钾磷酸盐和钠磷酸盐"双反"调查的初裁⑨、2007 年对中国钢钉反倾销案的初裁⑩、2009 年对中国钢制螺杆反倾销案的终裁⑪均认定中国涉案产品的倾销和/或补贴出口给美国国内产业造成了实质损害和/或实质损害威胁。

2. 完善中国的相关立法

中国 2001 年《反补贴条例》（2004 年修订）第 8 条对损害的认定作了规定。它与《SCM 协定》在总体上规定损害认定应审查的内容后，强调实质损害威胁认定应特别考虑的因素不同，《反补贴条例》第 8 条列举了确定损害应当审查的 6 个事项，整合了《SCM 协定》第 15 条第 2、第 4 和第 7 款列举的内容，将实质损害与实质损害威胁两类不同损害形态的审查因素混合为一，而没有分别规定具体的审查因素，这可能增加申请人和审查机关的困难，其

① 参见中国贸易救济信息网：《美国对华可锻铸铁管附件反倾销案》，《中国贸易救济》2008 年第 11 期，第 34 ~ 35 页。

② 中国贸易救济信息网：《薄壁矩形钢管（反倾销和反补贴，美国)》，《中国贸易救济》2007 年第 9 期，第 18 页。

③ http://www. cacs. gov. cn/anjian/anjianshow. aspx? str1 = 7&articleId = 38147，2010 年 1 月 6 日访问。

④ http://www. cacs. gov. cn/anjian/anjianshow. aspx? str1 = 7&articleId = 47885，2010 年 1 月 6 日访问。

⑤ 中国贸易救济信息网：《柠檬酸及柠檬酸盐（反补贴，美国)》，《中国贸易救济》2009 年第 7 期，第 51 页。

⑥ http://www. cacs. gov. cn/anjian/anjianshow. aspx? str1 = 7&articleId = 58135，2010 年 1 月 6 日访问。

⑦ http://www. cacs. gov. cn/anjian/anjianshow. aspx? str1 = 2&articleId = 59802，2010 年 1 月 6 日访问。

⑧ http://www. cacs. gov. cn/cacs/anjian/anjianshow. aspx? str1 = 7&articleId = 64609，2010 年 2 月 1 日访问。

⑨ http://www. cacs. gov. cn/cacs/anjian/anjianshow. aspx? str1 = 7&articleId = 62121，2010 年 2 月 1 日访问。

⑩ 中国贸易救济信息网：《钢钉（反倾销，美国)》，《中国贸易救济》2007 年第 9 期，第 18 页。

⑪ http://acs. mofcom. gov. cn/sites/aqzn/jrywnry. jsp? contentId = 2501626746309，2010 年 1 月 6 日访问。

至导致违法裁决。因而，从可操作性的角度出发，我国应参照《SCM 协定》对不同损害形态分别确定认定标准。

为弥补上述不足，2003 年商务部《反补贴产业损害调查规定》第 8 条对实质损害威胁的认定作了补充规定："实质损害威胁应当根据明显可预见和迫近的情形来判断，并且如果不采取措施，实质损害将会发生。对实质损害威胁的确定，应当依据事实，不得仅依据指控、推测或者极小的可能性。

确定实质损害威胁，还应审查但不限于以下因素：（一）补贴的性质及可能对贸易造成的影响；（二）表明进口很可能发生实质增长的补贴产品进口的大幅增长率；（三）表明进口很可能发生实质增长的补贴进口产品生产者生产能力的增长。在采用这一指标时应考虑其他国家（地区）市场可能吸收的增加的出口量；（四）进口产品是否正以将大幅压低或抑制国内同类产品价格的价格进口，并且将很可能导致对进口产品需求的增加；（五）被调查产品的库存情况。"

但是，《反补贴产业损害调查规定》对《SCM 协定》的如下关键性措辞没有采纳："这些因素中的任何一个本身都未必能够给予决定性的指导，但被考虑因素作为整体必须得出如下结论，即更多的补贴出口产品是迫近的"。加之，根据《SCM 协定》的立法和实践，在损害确定应考虑哪些因素上，调查当局有较大的自由裁量权，不必审查《SCM 协定》第 15.7 条列举的全部因素。所以，有必要把《反补贴产业损害调查规定》第 8 条修改为：

"对实质损害威胁的确定，应当依据事实，不得仅依据指控、推测或者极小的可能性。

"……

"对上述每一个因素进行考虑不是强制性的，这些因素中的任何一个本身都未必能够给予决定性的指导，但被考虑因素作为整体必须得出如下结论，即更多的补贴出口产品是迫近的，且除非采取保护性行动，否则实质损害将会发生。"

另外，应尽快根据上述修改意见，对《反补贴条例》第 8 条进行修改。同时，《反补贴条例》缺乏与《SCM 协定》第 15.8 条对应的规定，也应当在修订时作相应补充。

3. 积极谨慎地利用实质损害威胁这一损害标准

我国还没有在反补贴调查和反倾销调查中认定单独存在实质损害威胁的

实践，但是在反倾销调查中裁定过同时存在实质损害和实质损害威胁。例如在1999年中国诉日本和韩国不锈钢冷轧薄板反倾销案中，国家经贸委的损害初裁和终裁认定，日本和韩国向中国大量低价倾销出口的不锈钢冷轧薄板，对中国不锈钢冷轧薄板产业造成了实质损害，并继续存在实质损害的威胁。[①]在1999年中国对原产于日本、美国和德国的进口丙烯酸酯反倾销案中，国家经贸委在损害终裁中认定，在调查期内，原产于日本和美国大量低价出口到中国的丙烯酸酯，造成了中国丙烯酸酯产业实质损害，损害程度严重，并继续存在实质损害的威胁。[②]

（1）积极利用实质损害威胁这一损害标准

中国作为发展中国家，国内很多产业处于起步阶段，基础比较薄弱，容易遭受来自国外产品的冲击。加之国内产业和企业利用贸易救济措施保护自己合法权益的意识也不强，在已经发生实质损害和面临生存危机之时才提出反补贴调查申请，会导致一些损害无法恢复或者需要更大的成本。因此，很有必要像其他国家一样，考虑在实质损害威胁阶段及时提出申请和采取保护措施。

（2）把握实质损害威胁认定需考虑的关键要点

如前所述，《SCM协定》为实质损害威胁认定规定了高的证据标准等关键要点，我国在实践中需要特别留心，同时中国政府和涉案企业要密切关注外国调查当局是否严格遵守了这些要求。另外，并不需要全部考虑《SCM协定》第15.7条列举的五个因素，也没有必要对考虑过的每一特定因素在裁决中单独作出说明，以免增加作出肯定性结论的难度。

此外，外国对实质损害威胁的考察因素多集中在对被调查产品的潜在的生产能力和出口能力以及对国内价格的影响上。因此，为避免被认定存在实质损害威胁，应诉企业在回答调查问卷中这方面的问题时应小心谨慎，不要夸大企业业绩和经营能力以及不适当透露自身发展方向和开拓海外市场的计划。[③]

---

① 国际经贸委反倾销反补贴办公室编：《反倾销反补贴保障措施知识读本》，中国经济出版社2002年版，第258、260页。

② 宋和平主编：《反倾销法律制度概论》，中国检察出版社2001年版，第330页。

③ 参见李静冰：《中国产品美国反倾销应诉中的损害和倾销确定》，中华全国律师协会WTO专门委员会2004年年会会议手册，第117～118页。

三、实质阻碍共同体产业的建立

在反倾销程序中，很少有主张此种损害形态的申请，而在反补贴程序中，直到现在也未曾出现此类申请主张。在对 *DRAMs*（*Japan*）（日本动态随机存储器反倾销）案中，欧盟委员会作出的损害裁决部分基于的事实是，日本的动态随机存储器对共同体产业在此领域的建立造成了实质性阻碍。为了确定是否存在实质性阻碍，欧盟委员会首先需要确定该新兴产业是否已经建立或正处在建立过程中。在对日本动态随机存储器反倾销案中，欧盟委员会作如下陈述："一个产业要有必备的生产设备，专业技术知识，尽管不是用于商业用途但已经在生产动态存储器，这样就应认定该产业已经建立。依据这些条件，应审查是否有实质损害的存在或损害威胁。另一方面，如果商业生产是决定产业建立的必要条件，那么欧盟委员会将考虑申请公司是否已创建了一个新兴的产业。在此情况下，应予以审查存在通过实质阻碍所造成的损害。"①

在审查新兴产业的问题上，欧盟委员会裁决：这些申请企业为开始商业化的动态存储器生产，一些申请公司已制定详细的投资、生产和成本计划。由此，欧盟委员会得出结论："由于重要的动态存储器产品的生产迟延或临时停产，他们遭受了重大的经济损失。并且，该生产计划的投资没有获得任何收益或者在后期的投资中收益更少。此外，有两家申请企业由于动态存储器的临时停产而不得不裁员或者限制员工数量。因此，我们可以认为共同体的动态存储器产业已遭受实质性阻碍。"②

与损害威胁一样，《基本条例》第16（2）条仅规定只有最终裁决共同体产业的建立遭受了实质阻碍才能征收反补贴税，除非如不采取临时性措施，这一状况将发展为实质损害。

---

① Konstantinos Adamantopoulos & María J. Pereyra, *EU Anti-subsidy Law and Practice*, Sweet & Maxwell, 2nd ed. , 2007, p 273.

② Council Regulation, *DRAMs*（*Dynamic Random Access Memories*）（*Japan*）, [1990] OJ L20/5, recitals 87, 93.

第二节　同类产品和共同体产业

一、同类产品

（一）同类产品的定义

对于"同类产品"，《SCM 协定》规定，同类产品是指相同（identical）的产品，即与考虑中的产品在各方面都相同（alike in all respects）的产品，或如果没有此类产品，则为尽管并非在各方面都相同（although not alike in all respects），但具有与考虑中的产品极为相似的特征（has characteristics closely resembling）的另一种产品。[①]《基本条例》第 2(c) 条关于"同类产品"的定义与《SCM 协定》的定义是完全一致的。

（二）同类产品的审查因素

1. 基本相似的物理、技术和化学特征

实践中，识别同类产品时，欧盟委员会的通常做法是综合审查产品的物理、技术和化学等方面的基本特性（basic physical, technical and chemical characteristics）以及产品的最终用途（end-use of the products）这两个基本要素，另外在适当情况下也会加入诸如生产工艺技术、所使用的投入物等考虑因素。不过产品的基本特性和最终用途才是起决定作用的，即其他要素的差异本身并不足以确定产品之间是否相似，即使不同的生产工艺可能导致产品质量的差异，但只要产品可作相同的运用，就不能确定它们是非同类产品。就基本要素中的"产品特性"来看，如果一种产品的某种特性导致相对于另一种产品的"重大改变"（substantial change），欧盟委员会就会予以慎重考虑。如果所审查的产品与进口产品在进行比较时，具有其他的特征且其他特征可得出"重大改变"的结论，那么欧盟委员会可能不认为这两种产品为同类产品。但欧盟委员会往往认为微小的、对产品的基本技术特点和基本功能没有影响的、消费者无法察觉的物理差异，不影响将产品认定为"同类产品"。[②] 例如在印度、中国台湾和南非热压钢卷案中，所涉出口商强调其出口的产品与共同体

---

① 《SCM 协定》脚注 46。

② 甘瑛：《反补贴中的"同类产品"法律探悉》，《国际经济法学刊》2005 年第 12 期，第 321 页。

生产的该产品不具可替换性和可比较性，与欧盟的相关产品在生产工艺和技术上不同，以至于导致产品质量上的差异，因而其出口产品具有较低的市场价值，而共同体产业生产者所制造的是高质量的产品，两者不是同类产品。但是，欧盟委员会认为，从总体上来看，欧盟生产商生产的产品和进口产品之间具有完全相同的物理特性和用途，即使产品之间不是完全相同，如工艺、质量、价格方面的细小差异不影响对于同类产品的认定。①

2. 产品的最终用途

欧盟委员会特别注重考虑相关产品的基本用途和功能，以确定两种产品是否存在相似或相同的性能。就产品的"最终用途"来看，欧盟委员会通常审查有关产品的基本用途，以确定所涉产品是否具有相似或同等的功能。

欧盟委员会对于产品之间消费的可替代性也给予相当的重视。产品的消费可替代性，即产品在消费者眼中的可替代性及其可替代程度，可以成为判断产品相似性的一个重要指标。即使产品不具有完全相同的物理组成或技术规格，但如果它们在消费者看来具有可替代性，也可能构成同类产品。② 另外，欧盟委员会对产品的是否具有可替换性的分析还将考虑相关市场的产品以及所审查产品之间存在的竞争关系。③ 即使从产品的物理角度来看是相似的，但产品投向的市场领域如果不同，也可能被认定为"非同类产品"。在2009年欧共体理事会对原产于美国的生物柴油进口征收最终反补贴税与临时税的第598/2009号条例关于同类产品的确定中，所审查的产品涉及纯生物柴油（B100）和生物柴油含量20%以上的混合物的认定。虽然一方当事人主张这种产品属非同类产品，但委员会认为，纯生物柴油（B100）和高于B20的混合物，即使在原材料、生产工艺上可能有所不同，但它们都有着相同或非常相似的基本物理、化学与技术特征并有相同的用途。

---

① See Commission Decision 284/2000/ECSC of 4 February 2000 imposing a definitive countervailing duty on imports of certain flat rolled products of iron or non-alloy steel, of a width of 600mm or more, not clad, plated or coated, in coils, not further worked than hot-rolled, originating in India and Taiwan and accepting undertakings offered by certain exporting producers and terminating the proceeding concerning imports originating in South Africa, recital 347 (OJ 2000 L31/44).

② 甘瑛:《反补贴中的"同类产品"法律探悉》,《国际经济法学刊》2005年第12期,第322页。

③ Joined Cases 294/86 & 77/87, *Technointorg v. Commission & Council*, (1988) E. C. R. 6077, para: 39.

3. 其他审查因素

欧盟委员会一般通过累积使用上述两种标准来作出决定，此外还将适当的作一些额外的审查，如对产品生产过程的审查，对价格和市场划分（市场分析）的审查，对质量差异以及成品的审查。但对这些因素的审查主要是建立在对物理特征以及最终用途两项审查因素之上的，例如在产品质量的审查上，即使欧盟调查主管机关已经确定产品之间存在质量差异，只要所涉产品被认为存在相同或相似的物理特征或用途，欧盟委员会也将决定所审查产品为同类产品，典型的案例有上述印度、台湾热压钢卷案。欧盟也采用市场分析法对同类产品进行审查，即通过对产品在市场中的划分，在一定程度上可证明该产品是否属于同类产品，但任何产品的划分标准必须是明确合理的。而市场划分的具体的标准欧盟却未作规定。在聚酯变形长丝（PTY）案中，欧盟委员会认为印度（申请方）无证据可提供或没有证据证明其出口产品与共同体生产产品存在明确的市场分界线，因此认定原产印度的 PTY 与共同体产业所生产的 PTY 属同类产品。①

二、共同体产业

征收反补贴税的目的是为了保护生产同类产品的共同体产业不受所涉进口产品的危害。如果调查最后发展到采取最终反补贴措施，欧盟或生产同类产品的"共同体产业"将因此获益。那么如何界定"共同体产业"呢？根据《基本条例》第9条的规定，共同体产业是共同体内同类产品的全体或生产产品的总量占第10(6)条定义的共同体内同类产品的主要部分的生产者：如申请得到其总产量构成共同体产业中表示支持或反对申请的共同体同类产品生产者生产的同类产品总产量的50%以上的生产者的支持，则该申请应被视为"由共同体产业或代表国内产业提出"。但是，如表示支持申请的共同体生产者的产量不足共同体产业生产的同类产品总产量的25%，则不得发起调查。

然而，"申请方""共同体产业""所有的共同体生产者"三者之间有着重大的不同。"共同体产业"是《基本条例》中的特别用语，在委员会调查

---

① Council Regulation, *Polyester Textured Filament Yarn（PTY）（India）*［2002］OJ L323/21, recitals: 10 - 11.

中，损害仅与"共同体产业"有关，并不是与"所有的共同体生产者"有关。条例第9(1)条和第10(6)条对"共同体产业"进行了定义，一般来讲，"共同体产业"包括调查中与委员会合作的，且支持申请的生产被控产品的共同体生产商。因此，从广义上讲，"共同体产业"包括支持初步申请的生产商。然而有时候申请方退出调查，或者是不合作，或者是撤诉。在这种情况下，这些共同体生产商在技术目的方面就不再被认为是"共同体产业"的一部分。这对共同体产业的整个利益可能有些影响，也可能没有影响。

如上所述，重要的是证明"共同体产业"在任何时候都必须充分代表所涉产品的共同体生产商，否则必须结束调查。当然，"共同体产业"不必是生产上述产品的产量占共同体境内生产该产品总产量的主要部分的欧盟生产商。然而，共同体产品数量满足最低代表性要求时，委员会就可以对共同体产业损害进行调查，并且这足以征收最终反补贴税。当然，对进口产品征收最终反补贴税不仅有利于申请方，而且有利于所有生产相关产品的其他共同体生产商，不管他们在调查中是否与委员会合作都被视为"共同体产业"。

对申请方而言，提交申请只是反补贴调查的第一步。一旦开始调查，申请方就得完成他们声称的由于进口产品而受到损害的详细调查问卷。作为进口商，申请方在调查中要与委员会合作，包括实地核查访问，不合作的申请方将不计入"共同体产业"。

《基本条例》第9(1)(a)条规定，反补贴调查中，在一些例外情况下，某些共同体生产商被认为不是整个共同体产业的一部分（鉴于共同体产业代表性标准是否满足的目的考虑），或者不是"共同体产业"中的积极申请方，该条款提到了欧盟生产商被排除的两种情况如下：（1）当生产商与出口商有关联或与被控受到补贴的产品的进口商有关联；或者（2）他们自己进口受到补贴的产品时。对于这两种排除情况的解释，委员会有自由裁量权，并且运用这一自由裁量权的实践在反倾销领域已有相当多的判例，其中1995年《欧盟反倾销基本条例》第9(1)(a)条的条文就是一个反映。① 例如，在 *Ricoh v. Council* 一案中，委员会认为，由于他们与进口商有关联、或者他们自己就

---

① 即欧洲共同体理事会第384/96号条例，全称为"1995年12月22日欧共体理事会关于抵制非欧共体成员国倾销进口的第384/96号条例"，该条例是1995年12月22日通过的。欧盟现行反倾销条例是2009年通过的第1225/2009号条例。

是倾销产品的进口商,他们就不是共同体产业的组成部分,对此类问题欧盟委员会有自由裁量权。① 委员会的实践证明当欧盟生产商拥有目标出口商的整个附属公司时,他们将被排除出"共同体产业"之外,因为此类附属公司的行为被认为是依赖于其母公司的指示的(母公司是相关申请的对象)。例如,在日本无格纸影印机一案中,一个欧日联合企业就被认为不是欧盟产业的组成部分,对待此类联合企业(尤其是电子行业比较盛行)委员会的基本做法是联合企业必须完全独立于其母公司。事实上,在该案中,日本母公司在该联合企业中拥有不到一半的股份,欧盟母公司不生产也不销售此类产品。总之,委员会认为该联合企业与欧盟其他生产商不同。②

当欧盟生产商已经进口了声称被补贴的产品,该生产商如果不想被排除出共同体产业,它必须向委员会证明此类进口的数量是可以忽略不计的,否则该生产商就会被认为不是共同体产业。例如在不锈钢紧固件(SSF)一案中,委员会认为,在调查期间,一些提起申请的共同体生产商通过共同体以外的各种渠道购买不锈钢紧固件,包括从调查所涉国购买,但是,由于购买量较少,不到总量的2%,可以忽略不计,所以认为这些购买行为是生产商的一般商业实践,他们因为自身产品不足,不得不购买少量的不锈钢紧固件。③

值得注意的是,当生产商与出口商有关联或与被控受到补贴的产品的进口商有关联,并不必然被排除在共同体产业之外,而只是可以予以排除。换句话说就是,是否予以排除由调查机关自由裁量。之所以如此,是因为导致这种关联关系的原因复杂多样,不能一概而论。比如,在上面提到的不锈钢紧固件(SSF)一案中,如果生产者进口所涉产品是为了自保,欧盟委员会在界定共同体产业时不会将该生产商从共同体产业中予以排除,换言之,申请方进口被诉产品是合法的商业自保行为,这些生产商是在受到外界影响的情况下,为了维护自身的合法利益而作出进口所涉产品的决策的。如果生产商进口所涉产品,决定是否予以排除的另一判断指标是,如果生产商的大部分经营活动是制造或装配,进口只是附带性的,则在界定共同体产业时不能排

---

① See Case C - 174/87 *Ricoh v. Council* [1992] ECR I - 1335.

② See Council Regulation (EC) 2380/95 of 2 October 1995 imposing a definitive anti-dumping duty on imports of plain paper photocopiers originating in Japan, recitals 24 - 25 (OJ 1995 L244/1).

③ See Commission Regulation (EC) 618/2000 imposing provisional countervailing duties on imports of stainless steel fasteners originating in Malaysia and the Philippines, recital 130 (OJ 2000 L75/18).

除；如果该生产商侧重于进口，或干脆停止生产，则应予以排除。如果该生产商通过进口补贴产品已经使其免受补贴的影响，或有证据证明该生产者从中牟取了不当利益，则应予以排除。因此，可以看出，欧盟委员会十分注重个案的实际情况。这一点和各国的实践相似，在反补贴案件中都认可权力当局的自由裁量权。对此，笔者认为，我国也应当建立相应的自由裁量权体系，以适合各个案件的不同情势，作出相应裁定。

第三节　损害的累计评估

累积评估，是指进口国主管机构在审查补贴或倾销进口产品对进口国国内产业的影响时，如果补贴或倾销进口产品来自两个以上不同国家和地区，进口国反补贴调查机关在确定补贴与损害之间的因果关系时应累积计算所有不同来源的补贴产品的影响，也即可以把来自不同国家（地区）进口产品对国内产业造成的影响作为一个整体进行综合评估。因为在反补贴或反倾销实践中，许多案件被诉成员方不只一个，如果对每个出口成员方补贴或倾销进口产品对国内产业的影响进行单独评估，在实践中会出现许多困难而且可能会得出截然相反的结果。

损害确定中累积评估的方法最早由美国提出并在实践中采用，后被世界贸易组织在《SCM 协定》所接受。《SCM 协定》将其作为一个新设条款规定下来，旨在逐步统一各国做法并将累积原则限制在一定范围之内。[1] 目前，累积评估已经成为各国反补贴法和反倾销法中的重要制度，在对损害进行审查时被广泛地应用。

在绝大多数案件中，欧盟委员会都进行了累积评估，只要进口有不同的来源，欧盟都会将其作为一个整体来累积评估。为了对损害进行确定，《基本条例》第 8(3) 条对来自被调查国家的进口产品的影响的累积评估作了规定。

累积评估须要满足以下条件：（1）来自两个以上国家的进口产品同时接受反补贴调查。（2）来自任一第三国可抵消补贴的补贴幅度都必须高于微量

---

① 陈为民：《国际反补贴法之比较研究》，大连海事大学 2002 年硕士学位论文，第 29 页。

水平（对发达国家为从价金额1%以上或对发展中国家或最不发达国家则为从价金额2%以上）。（3）从每一国家的进口量并非可忽略不计。（4）根据被调查进口产品和欧盟内同类产品之间的竞争条件，进行累积评估是适当的。

以上四个条件都须满足，由于对发展中国家有高标准（如下图所示），因此对于有关国家是否为发展中国家必须特别考虑。[①]

	发达国家	发展中国家
补贴金额	1%以上	2%以上
进口数量	1%以上或总体3%以上	4%以上或总体9%以上

根据第四个条件，《基本条例》既没有对"适当的"措词作解释，也没有为确定累积评估的适当性而对竞争条件所需考虑的因素作出规定。根据欧盟的实践，是把以下几方面作为考虑因素的：①产品的相似度，也即产品之间是否可替代。②进口产品的数量。例如，在不锈钢紧固件案中，马来西亚不赞成累积影响，因为进口产品的数量比起原产于菲律宾的进口紧固件只有较低的增加率，并且进口产品的进口价格的降低是由于原材料价格的降低引起的。③进口产品的价格水平和价格变化，并且该价格是否削低了欧盟产业的同类产品的价格。④有着相同的分销渠道。[②]

第四节　补贴与损害之间的因果关系

由于国内产业遭受损害可能是由受补贴进口产品或非受补贴进口产品以及其他因素造成的，因此，纵然调查主管机关确定了补贴和损害的事实客观存在，也不能据此推论两者间存在因果关系。主管机关还必须审查损害是否确实是由受补贴进口产品造成的，从而确定补贴与损害之间是否存在因果关系。

---

　　① Konstantinos Adamantopoulos & María J. Pereyra, *EU Anti-subsidy Law and Practice*, Sweet & Maxwell, 2nd ed., 2007, pp. 283 - 284.

　　② Konstantinos Adamantopoulos & María J. Pereyra, *EU Anti-subsidy Law and Practice*, Sweet & Maxwell, 2nd ed., 2007, pp. 285 - 286.

《基本条例》第8(5)条和第8(6)条对补贴与损害之间因果关系的认定作了规定：

"5. 第2款提及的所有相关证据必须能证明受补贴的进口产品正在造成损害，具体来说，这需要证明第2款中列举的数量和/或价格水平对共同体产业造成了第4款中列举的影响，该影响程度大得足以将之称为实质性的影响。

6. 还应审查除补贴进口产品以外的，同时正在损害共同体产业的任何已知因素，以确保根据第5款这些其他因素造成的损害不得归因于补贴进口产品。这方面的可能的有关因素特别包括未接受补贴的所涉产品的进口数量和价格，需求的减少或消费模式的变化，外国和共同体生产者的限制性贸易做法及它们之间的竞争、技术发展以及共同体产业的出口实绩和生产率。"

一、补贴进口产品导致的实质损害

由条例第8(5)条可知，补贴产品引起实质损害的分析主要是审查补贴进口产品的数量和价格因素。

关于补贴进口产品的数量审查，实践中欧盟主管机关一般将数量作为反映价格的一种因素予以考虑。在广谱抗生素案中，理事会认为据以证实进口产品在调查期间之前就已经达到其峰值，提出相反的主张本身不足以中断补贴进口产品和共同体所遭受损害之间的因果关系；另外，进口产品的数量持续增长并不是这些进口产品造成损害决定的先决条件。[①]

关于价格因素，欧盟调查主管机关只要确定补贴进口产品对共同体产业的价格形成消极影响，则可能认定补贴进口产品与共同体产业的实质损害存在因果关系，而不论进口产品数量的变化趋势。同样在广谱抗生素案中，欧盟理事会指出：即使进口产品的数量保持稳定或下降趋势，但其价格是一种掠夺性的定价，因此仍可以造成损害。典型表现形式为：损害大多是与价格以及压价的形式有关，这种压价形式并不必然要求进口产品在一个价格敏感和价格透明的市场内大量存在。[②]

---

① Council Regulation, *Certain Broad Spectrum Antibiotics* (*India*) [1998] OJ L273/1, recital：56.
② Council Regulation, *Certain Broad Spectrum Antibiotics* (*India*) [1998] OJ L273/1, recital：56.

二、其他的"不归因"因素

欧盟委员会应确定共同体产业正在遭受实质性损害可能是由于除补贴进口产品以外的其他因素所造成的。而这里所涉及的其他因素是指足以中断所涉进口产品与共同体产业所遭受损害之间的因果关系的因素。根据《基本条例》，不归因因素必须与补贴进口产品"同时"审查，以确保这些因素造成的损害不归因于补贴进口产品。实践中，欧盟调查主管机关对不归因因素审查时，有三项前提条件：这些因素是调查主管机关所掌握的；审查的是除了补贴进口产品以外的因素；与补贴进口产品一样，正在对共同体产业造成损害。在满足这些前提条件的情况下，欧盟调查主管机关将对条例第8(6)条中的八项因素进行审查。

根据欧盟相关资料和案例，一般欧盟调查主管机关是对以下10个"不归因"因素[①]进行审查的：①影响国内市场价格出售的进口产品的数量与价格；②需求紧缩或消费模式转变；③限制性贸易行为；④欧盟内制造商的竞争激烈竞争；⑤欧盟产业生产能力有限；⑥欧盟产业市场营销不力、售后服务不佳；⑦对市场发展作出错误评估；⑧欧盟产业产品质量欠佳或产品范围过窄；⑨利率浮动；⑩欧盟产业在欧盟以外设立生产点。当上述因素中的任何一个被认定为对欧盟产业造成损害，欧盟调查主管机关将进一步确认该因素的损害效应。[②]

此外，欧盟委员会会审查共同体产业的损害是否由其他未进行合作的生产商所造成，并对于那些遭受补贴进口产品损害较小的生产商也进行调查。欧盟委员会也会审查未受反补贴调查的第三国进口产品的影响这一因素，审查主要集中在对比其进口产品的数量和产品的价格影响上，并与补贴进口产品的数量和价格影响相比较。当未受反补贴调查的第三国的进口产品价格高

---

① 在审查补贴与损害之间的因果关系链条是否完美地绞合时，进口国主管机关须调查的是：除了受补贴产品的因素外，是否还有其他任何"已知的因素"，同时损害了进口国的国内相关产业。实际上，这项调查是一个分离补贴造成的损害与其他因素造成的损害的过程。对其他因素造成的损害，反补贴调查机关不将之归入受补贴进口产品对国内相关产业的损害，对此，我们称之为"不归因"问题。在补贴与损害因果关系的确定过程中，最为关键的环节是第二个问题："不归因"问题。该问题的设置是为了解决进口国的调查主管机关随意确定补贴与损害因果关系的存在。

② 参见［比］百利斯（Bellis，J. F.）、贝尔（Baere. P.）著，岳云霞译：《欧盟贸易保护商务指南：反倾销、反补贴和保障措施法规、实践与程序》，社会科学文献出版社2007年版，第78页。转引自宁佳：《反补贴调查中损害认定的若干法律问题研究》，湖南师范大学2009年硕士论文，第44页。

于补贴进口产品的价格时，该产品的数量增长便不在审查范围之内。同样的，当补贴进口产品的数量多于源自第三国的进口产品的数量时，源自第三国的进口产品的价格影响也不在审查的范围内。

在热轧钢卷案中，委员会驳回了关于共同体出口产品下降是因果关系因素的主张，并坚持认为，委员会并不排除此出口产品的销售下降给整个共同体经济情势所造成的（负面）影响。但委员会重申，当前的调查仅涉及共同体产业中的共同体自由市场的经济情势。据此，在损害分析时，需要排除共同体出口产品的销售价格和收益①。在聚酯纤维变形丝案中，印度方声称共同体大量的投资已导致经济情势恶化。但欧盟理事会认为，如果涉及有关的投资成本和由此引起添置生产设备量的增加，的确已对共同体产业的经济情势产生负面影响，这种影响加剧了共同体产业不得不降低销售量、生产数量以及销售价格的事实。反过来这种压力又归咎于低价的印度进口产品，当整个共同体消费下滑时，而进口产品的数量在同一时间却增加了一倍。②

只有在确定上述"不归因"因素是造成损害的原因，欧盟主管机关才会裁定损害不是由进口造成的。当然，若确认受补贴进口产品也造成损害时，即使其不是唯一的甚或主要的原因，欧盟仍将裁定受补贴进口产品与损害之间存在因果关系。因为按照欧美反补贴法及判例，在确定补贴与因果关系时，不需证明补贴是损害的主要的、重大的或大部分原因，只要证明是"原因之一"就可成立因果关系。③

从实践来看，相比以前，欧盟委员会对因果关系的审查更为系统。欧盟委员会还会通过检查进口量的增加和/或产品削价是否与欧盟产业状况的恶化同时发生，从而评定进口是否导致欧盟产业受损。当进口的增加与申请企业经济状况的恶化相对应时，欧盟倾向于假设两者之间存在因果联系。除非可以证明损害是由补贴以外的其他因素造成的或补贴与损害之间完全没有任何关系，否则，欧盟委员会不会做出无损害的裁决。④

---

① Commission Decision, *Certain Flat Rolled Products of Iron or Non-alloy Steel*（*India and Taiwan*）[2000] OJ L31/44, recital: 305.

② Council Regulation, *Polyester Textured Filament Yarn*（*PTY*）（*India*）[2002] OJ L323/21, recitals: 89–92.

③ 王传丽：《WTO 补贴与反补贴协定条文释义》，湖南科学技术出版社 2006 年版，第 137 页。

④ See, e. g., *Polyester Staple Fiber from Belarus*, O. J. L54/10（Provisional），1996.

最后，欧盟当局对因果关系的审查通常不包括上述因素以外的其他因素，例如：偿还国家援助的义务；特许使用金费用的支付；正常经营的产品所受审查的范围；补贴进口产品的主要市场是具体的欧盟成员国，而共同体对所涉的成员国国内市场在很大程度上不享有管辖权；共同体生产者其他的商业活动；共同体严格的、高诉讼成本的环境和劳动法规；共同体生产者的低销售价格和高单位成本；汇率波动；世界范围的生产力过剩以及库存情况。

第五节　共同体利益

共同体利益（或欧盟利益）条款是《基本条例》的一大特色。按条例的解释，共同体利益包括国内产业、使用者和消费者的利益，只有综合考量以上三方的利益后，才最终作出是否征收反补贴税的决定，即对补贴进口产品采取反补贴措施只有在欧盟利益要求干预的情况下才能作出。相反，欧盟所实施的反补贴措施是否适当的衡量标准也在于是否有效地保护了共同体利益。而共同体利益与损害的关系在于，欧盟当局将以共同体利益为审查对象，综合评估补贴进口产品对欧盟所造成的损害。在实践中，欧盟对以上利益方都有特定的调查要素，比如消除贸易扭曲，重建公平的竞争市场等。而欧盟当局在反补贴实践中对共同体利益享有广泛的解释权，因此，我们不能仅分析条例的相关规定，还要考察欧盟当局在案例中所作的解释和阐述。

一、《基本条例》的规定

《基本条例》第31条是对"共同体利益"的规定。该条主要规定了四个方面的内容：第一，共同体利益要求干预是基于不同利益方的整体考虑。第二，规定了具体的利益方，如国内产业、使用者和消费者的利益。第三，应予特别考虑的因素。第四，利益方参与调查评估的方式与步骤。以下是对该条的详细解读。

据条例第31(2)条，申请方，进口商及其组织代表，使用者与消费组织代表有权利主动参与委员会对共同体利益的调查评估，但以上主体必须证明是反补贴调查程序中的利益当事方，即他们必须在调查程序发起前的最后期限内向委员会提供证明信息。委员会通过所有必要的信息汇总后，将派发关于共同体利益的调查问卷。需要回答的问题以及需要在调查问卷中填写的信息包括以下两项：第一项，所审查的利益当事方所在领域的市场情况。这部分所需要调查的信息又包括顾客，购买者与市场情况（包括信息收集，竞争者和所涉产品的可替换价格）。第二项，可能的反补贴税对所审查产品的影响。问卷这一部分要求提供最终反补贴税的征收将如何影响以下因素的信息：遭受的损失、产品价格、销售量、所占市场份额，投资以及就业情况。

委员会要求受调查的利益方所提交的任何信息必须有确凿的证据。[①] 利益方的观点或建议将包括在审查的范围之内。在特定情况下，信息或适当的概要必须提供给反补贴程序的其他利益当事方，否则调查主管机关将不予考虑这些信息。如果所提交的证据不充分或利益方不完全合作，那么委员会将根据可获得最佳事实来确定调查结果。

委员会必须审查已按规定递交的信息材料，并考虑其所代表的范围。此外，根据所提供的信息，如果被证实所实施的反补贴措施不是在共同体利益范围内的，那么将不予适用。审查的结果必须递交给咨询委员会，咨询委员会将详细讨论委员会的决定。委员会在依第14条和第15条作出任何建议（不采取措施而终止反补贴调查程序，征收反补贴税措施）时应考虑咨询委员会表达的权衡意见。

在审查信息的过程中，欧盟主管机关必须予以特别考虑以下要求：（1）消除损害性补贴带来的贸易扭曲的影响，以及（2）恢复有效竞争。[②] 另外，结合条例的要求，对共同体利益的认定应从一个整体的角度出发，所以欧盟调查主管机关在实践中除对共同体产业的有关因素予以考虑外，还会考虑相关产业利益，进口商与销售商的利益以及消费者的利益。

二、"共同体利益"的实践

（一）欧盟对共同体产业因素的考虑

征收反补贴税的目的是对共同体产业遭受补贴进口产品所导致损害情势的救济。征收反补贴税的直接结果是将引起补贴进口产品的价格上涨。因为

---

① 参见《基本条例》第31(7)条。
② 参见《基本条例》第31(1)条。

补贴进口产品的价格上涨，共同体所生产的同类产品的国内销售价格也将上涨。这将使共同体产业达到一个所期待的利润水平并确保商业连续性和远期投资。根据欧共体的实践，对共同体产业利益的保护（例如，重新获得失去的销售份额和市场份额，提高盈利能力）通常优于使用者的利益以及所涉同类产品消费者的利益，由此也奠定了欧盟对共同体产业的考虑因素的全面性，具体如下：

1. 消除贸易扭曲效应的考虑

《基本条例》第31(1)条明确地规定了对共同体利益的审查应特别考虑消除损害性补贴所引起的贸易扭曲效应。在聚酯合成纤维案中，理事会认为，如果没有措施来修正低价补贴进口产品的贸易扭曲效应，共同体产业的情势可能持续恶化，并且整个市场可能长期遭受这种贸易扭曲效应。"首先，大量共同体生产者的减少将削弱共同体市场内的竞争；其次，贸易扭曲效应将促使更多低价补贴的聚酯合成纤维进入共同体市场，相比使用其他来源的聚酯合成纤维这种进口产品更具市场竞争力。所以，对于所有共同体市场内的经营者的利益而言，都需要贸易竞争效应的存在，并因此需要征收反补贴税来对抗补贴进口的聚酯合成纤维（PSF）。"①

2. 恢复有效竞争的考虑

《基本条例》第31(1)条明确地规定了对共同体利益的审查应特别考虑恢复有效竞争。欧共体当局通常驳回有关竞争的反对意见，例如采取征收反补贴税措施可能阻碍或削弱共同体的市场竞争，其理由是：第一，反补贴措施的目的不是阻止所涉国的进口产品进入共同体市场，而是消除由现存补贴进口产品所引起的市场扭曲的影响；第二，重建公平的市场竞争环境不仅有利于共同体的生产者，也有利于替代供应资源；第三，所采取措施的程度并不是为了从共同体市场内排除所涉国的生产者。举例而言，在石墨电极系统案中，抗辩方称所采取的征收反补贴税措施受到质疑，即认为该措施相当于是对竞争性市场的阻碍。但委员会驳回了此主张，理由是："所遭受的危险情势是为了恢复到一个公平的竞争环境，而扭曲这种环境的是由于印度出口商的不公平贸易所导致的。反补贴措施的目的并不是为了阻碍所涉国家的进口

---

① Council Regulation, *Synthetic Fibres of Polyester* (*Australia*, *Indonesia and Taiwan*) [2000] OJ L113/1, recital: 218.

产品进入共同体市场，而是消除由现存补贴进口产品所引起的市场扭曲的影响。重建公平的市场竞争环境不仅有利于共同体的生产者，也有利于替代供应产品例如未受补贴的进口产品。"① 另外，在确定采取征收反补贴税措施是否能重建共同体市场内的公平竞争时，应着重考虑该措施对共同体产业是否是切实可行的。例如可烧录一次式光碟片案，理事会认为采取征收反补贴税措施必须是针对共同体利益的，因为他们的目标就是在共同体市场内重建公平竞争，虽然遭受损害，但该措施对共同体产业重建公平的竞争市场已被证明是实际可行的。②

3. 其他因素的考虑

共同体销售数量和销售价格的上涨或共同体市场份额的增长；防止相关共同体产业进一步恶化；确保共同体投资的持续与发展；保障就业；保障欧盟产业的增长；核心技术的维护与发展；共同体产业经济合理化的贸易保护；保留已实施的反补贴/反倾销措施的效力；共同体工业产生转移的可能性。

以上是欧盟调查主管机关在评估共同体利益时所要考虑的因素，从诸因素所涉层面不难看出，欧盟对共同体产业的保护范围可谓甚广。欧盟对共同体产业的保护，不仅从消极被动的消除扭曲效应以及恢复有效竞争予以评估，而且还从积极的方面防范共同体产业利益受损，如对保障欧盟产业的增长以及核心技术的维护发展等。而共同体利益是用于衡量反补贴措施是否适当，那么"适当的"反补贴措施也基本满足上述对共同体产业的考虑因素，从这一层面看，欧盟对共同体产业的保护可谓程度甚深。

（二）欧盟对相关产业因素的考虑

欧盟对相关产业的考虑主要包括对上游产业（共同体的供应产业）和下游产业（最终使用者）。

欧盟反补贴税措施的受益者不仅包括生产同类产品的共同体产业，也包括为生产这些同类产品提供制造组件的共同体的上游产业。委员会将考虑这类产业的相关利益，具体为：（1）共同体产业的订单增加：委员会认为应对提供原材料的产业利益予以考虑，如此可增加共同体订单的数量。（2）保护

---

① Commission Regulation, *Certain Graphite Electrode Systems（India）*［2004］OJ L183/35, recital：149.

② Council Regulation, *Recordable Compact Disks（India）*［2003］OJ L138/1, recital 150.

上游产业的经济福利：委员会将考虑上游产业的福利问题，比如重建公平的贸易机制将有利于上游产业在生产、销售、就业、获利能力等方面受益。

而对于下游产业，如上所述，欧盟在反补贴调查中将更多的侧重保护共同体产业的利益和上游产业的利益。而反补贴税的征收将直接对进口产品的价格产生影响，这将明显的损害欧盟境内使用进口产品的下游使用者。因此，下游产业可能向共同体主张以下几项利益：（1）输入成本增加；（2）从廉价进口产品中的获利降低；（3）用户产业的失业率；（4）供应产品短缺；（5）生产者迁出共同体。但是，根据条例第31（1）条的明确规定，共同体利益须基于整体考虑，且明确了使用者是共同体利益的主体之一，应予维护其利益。实践中，欧盟虽然以共同体产业利益为主，但并非不兼顾其下游产业的利益，例如欧盟将持续生产使用者所需的廉价产品，并保证有可替代受补贴进口产品的货源存在，以弥补使用者从廉价进口产品中减少的期待利益。

（三）欧盟对进口经营者及消费者因素的考虑

进口经营者与产品贸易商均属于在分析共同体利益时所需要考虑的要素。进口经营者通常可能就以下利益提出主张：（1）降低进口量以及价格上涨；（2）货源变更；（3）供应量不足。但欧盟主管机关通常认为采取任何措施将不足以对他们的情况有任何重要的影响。例如进口经营者因供应量下降而利益受损通常会反对对补贴进口产品征收反补贴税，此主张通常被驳回，因为欧盟委员会认为反补贴征税措施的实施其目的并不是为了阻碍从所涉国进口产品，而是确保这些进口产品根据市场情况适度地进口。

一般而言，消费者并不能最终受益于对消费产品所征收反补贴税，因为所购买的此类产品的价格将会上涨。此外，对消费产品征税较高，又因闲置的进口产品被禁止进入欧盟市场，所以最终消费者可选择的产品的范围受到限制。应该指出如果所涉产品是消费品，也就是在零售层面销售的产品，委员会通常只将有利害关系当事方的身份授予消费者协会。① 采取反补贴征税措

---

① 这个问题已在欧洲消费者组织诉欧共体委员会的初审法院的判决中得到澄清。该案中，欧洲消费者组织要求宣告委员会的决议无效，因为该决议拒绝授予欧洲消费者组织为利害关系当事人的身份，其决议的理由是所售产品不是以零售方式出售。但初审法院认为，即使就一个半成品而言，消费者组织也可能就征收最终产品的反倾销税带来的影响提供有用的信息。因此初审法院认为委员会作出的相关决议宣告无效。

施时需要考虑的最终消费者的利益主要有两个方面：（1）防止消费产品价格上涨：在评估物价上涨对消费者带来的风险时，有两个重要因素需予考虑，即价格上涨是否是实质性的以及廉价补贴进口产品所受利益是否事实上已转嫁给消费者。实践中，如果这种利益没有转嫁到消费者身上而是被产品经销商用以增加他们的利润幅度，反补贴税的征收并不必然导致消费产品的售价上涨。此外，如果进口经营者通过减少他们的利润而应对反补贴措施，那征税措施也不可能引起消费产品的价格上涨。（2）消费者选择产品的范围以及充分供应货源的保障：该因素要求欧盟当局在征收反补贴税时，应尽量避免减少消费者可选择的消费产品的范围，或在减少选择范围的同时，保障其他的替代货源。

最后亦应指出，使用者或最终消费者的利益要凌驾于共同体产业之上是十分困难的。绝大多数情况下，委员会将把共同体产业的利益看作是共同体利益的主要构成要素且以此为出发点而实施反补贴征税措施。[1]

第六节　损害幅度的确定

一、损害幅度的概念及意义

在 WTO 的反补贴实践中，受补贴进口产品是否造成了损害的结论，只起到确定是否征收反补贴税的作用，而与反补贴税的征收幅度无关。若要确定反补贴税的征收幅度，则需确定该损害所造成的影响程度，即确定一个损害幅度。损害幅度是对补贴进口产品对国内产业造成损害的一种量化，即是用以说明国内产业遭受实质损害的各种参考因素的量化。[2] 如果说确认损害与因果关系是对"损害"做定性分析，那么损害幅度就是对"损害"进行定量分析。

损害幅度的目标是让共同体产业中所涉产品的进口价格增加到一个无损害的水平。欧盟已将所谓的从低征税规则纳入其反补贴法和反倾销法的规定

---

① Konstantinos Adamantopoulos & Maria J. Pereyra, *EU Anti-Subsidy Law and Practice* (second edition), Sweet & Maxwell, 2007, p 330.

② Angelos Pangratis and Edwin Vermulst. *Injury in Anti-Dumping Proceedings：The Need to Look Beyond the Uruguay Round Result*, Journal of World Trade, 1994, Vol. 28 (5)：84.

中。《基本条例》第15（1）条规定，反补贴税的总额不应超过已确定的补贴的总额，但应当低于已确定的补贴总额，只要该反补贴税可以消除禁止性补贴对共同体产业带来的损害。欧盟在实践中也明确运用"从低征税规则"，即以定量分析的方式算出倾销或补贴进口产品对共同体产业造成的损害幅度，并将其与进口产品的补贴幅度进行比较，若损害幅度低于补贴幅度，则依其为标准征收反补贴税。① 另外，所征收的反补贴税不应当超过可抵消补贴的总额。

由于反补贴措施本身不具有惩罚性和制裁性，它只是为使受补贴进口产品发生必要的价格增长，为进口国的国内产业创造正常的交易条件。由于反补贴措施只是对因受补贴进口产品对进口国的国内产业造成的损害进行补偿，而很多时候，补贴幅度会大过所造成的损害幅度，因此征收小于补贴幅度的反补贴税足可消除补贴对国内的损害，而使国内产业正常运行。若以补贴幅度征税不仅使反补贴措施具有了严厉惩罚性，而且对进口国也无好处，因为这样给予国内产业超出其受损程度的保护，不利于其参与良性竞争，也会损害其下游产业和消费者利益。②

二、损害幅度的量化方式

在欧盟反补贴实践中，如果共同体产业的损害除了是由于补贴进口产品造成的以外，部分是其他因素造成的，那么"削价销售幅度"作为最终的"损害幅度"。但实践中，多数补贴进口产品会导致共同体生产的同类产品受到价格抑制，此时欧盟委员会将考虑"抑价销售幅度"，即通过补贴进口产品价格与"预设价格"进行比较计算。

---

① 《SCM协定》第19条第2款设定了征收反补贴税的基本原则，但是并无对从低征税规则予以强制性规定，而且也没有为损害幅度的确定提供任何指导。《SCM协定》第19.2条主要体现了《反倾销协定》第9.1条的规定：在所有征收反补贴税的要求均已获满足的情况下是否征税的决定，及征收反补贴税金额是否应等于或小于补贴的全部金额的决定，均由进口成员的主管机关作出。宜允许在所有成员领土内征税，如反补贴税小于补贴的全部金额即足以消除对国内产业的损害，则该反补贴税是可取的。但是，与《反倾销协定》第9.1条不同的是，《SCM协定》第19.1条进一步规定并宜建立程序以允许有关主管机关适当考虑其利益可能会因征收反补贴税而受到不利影响的国内利害关系方提出的交涉。该条款没有任何强制性规范，虽然是否征税、是等额征税还是从低征税，都由进口成员决定。但是征收反补贴税税额只能等于或低于补贴金额度。

② 参见宁佳：《反补贴调查中损害认定的若干法律问题研究》，湖南师范大学2009年硕士论文，第45页。

（一）削价销售幅度

在审查损害幅度时，委员会首先要考虑是否存在大幅的价格削低。这就必然需要审查补贴进口产品的价格是否低于共同体产业相关同类产品的价格，换言之，补贴进口产品的价格是否削低了共同体产业的价格。为了对每个所审查的出口商进行比较，并获得所涉出口商的单独削价幅度，共同体将根据产品类型把进口产品的价格和共同体同类产品的价格进行比较，并使用所谓的产品控制编码（PCN）。[①] 据此，共同体将比较出口生产商与共同体的产品的平均销售价格，即在扣除所有的折扣和税金后，销售给第一个非关联（unrelated）消费者的价格。条例还要求在同一贸易水平进行的出口商产品价格与共同体产业的产品价格进行比较。因此，对出口产品价格的调整应考虑已付关税、销售渠道的差异（对最终使用者的销售、零售、批发等）、销售、综合行政管理成本和进口商利润、运输费用、进口后费用、物理特征的差异和重新包装费用等因素。

综上，削价幅度实际上是对调整后的共同体产业的实际销售价格与调整后的出口商共同体边境到岸 CIF 价格所比较后得出的。削价额的最终数据将以调整后的出口商出口产品到共同体边境到岸 CIF 价格的百分比来表示。削价幅度的计算公式为：

削价销售幅度=（共同体产业产品实际销售价格（经调整）－出口商的共同体边境到岸 CIF 价格（经调整）/出口商的共同体边境到岸 CIF 价格（经调整）（100%）

实践中，如果共同体产业的损害除了是由于补贴进口产品造成的以外，部分是其他因素造成的，削价幅度便成为最终损害幅度。

（二）抑价销售幅度

如上所述，大多数情况下，补贴进口产品会导致共同体同类产品价格抑制或压低，而委员会认为仅确定"削价幅度"不足以消除共同体产业所遭受的实质性损害。消除损害影响要求共同体产业增加其产品价格到可获利的水平。在此情况下，共同体使用所谓的"抑价幅度"并将补贴进口产品的价格

[①] 据此做法，出口商与共同体生产者双方必须按精确的产品控制编码结构在问卷调查中提供调查主管机关所需要的数据。PCN 包括数字和文字编码，这些可以表示所涉产品一种或多种特征。

与共同体人为的推定价格（通常是目标价格）相比较。理论上，目标价格是共同体产业在缺乏补贴进口产品的情况下向消费者销售产品时所收取的价格。因此目标价格的计算需依据两个因素：（1）生产同类产品所需要的生产成本；（2）不存在所涉进口产品造成的补贴损害的情况下（仅存在一般性的竞争），产业可期待获得的一个合理的利润水平。

抑价销售幅度是由调整后的共同体产业的目标价格与调整后的出口商出口到共同体边境的到岸价格进行比较后得出的。削价幅度的计算公式为：

抑价销售幅度＝（共同体产业产品目标销售价格（经调整）－出口商的共同体边境到岸 CIF 价格（经调整）/出口商的共同体边境到岸 CIF 价格（经调整）（100％）

与削价幅度相同，目标价格和出口商产品价格须放在同一贸易水平上进行比较，并因此都要进行调整。

最后，在缺乏补贴的情况下，为确定可获的合理的利润幅度，欧盟调查主管机关将考虑市场的数量与质量因素。据此，以下因素将予以考量：（1）当补贴进口产品所占市场份额最低时，共同体产业在此期间可获的利润；（2）在此期间的市场状况；（3）所审查产品的特殊特征；（4）其他反补贴程序所确定的利润幅度；（5）长期投资的需要；（6）为此种产业类型所确定的利润幅度；（7）既定产业本身的高风险性质。欧盟主管机关所使用的合理利润幅度已变更为 5％ 至 15％ 之间。

欧盟委员会通过多年的实践，总结出了价格削减和目标价格两种量化损害幅度的方法，逐步建立起来一套操作性较强的规范。[1] 虽然实际操作过程中调查机关自由裁量权过大，但基本上能比较客观地反映损害的实际情况。有关资料显示，欧盟大部分案件的裁决显示损害幅度低于补贴或倾销幅度，并最终根据损害幅度确定了反补贴税额。

欧盟认为，根据其经验，强制性的从低征税规则将导致更强有力的规范。从低征税规则有效地把反补贴措施的水平限制在消除损害所必要的反补贴税额上。可以说，欧盟对从低征税规则的运用为维护国际贸易的公平竞争具有重要意义。

---

① 张志刚主编，国家经贸委产业损害调查局编：《反倾销反补贴保障措施法律与实务》，中国经济出版社 2002 年版，第 49 页。

第七章 欧盟的反补贴调查程序

第一节 调查的发起

一、申请主体资格

在欧盟，原则上任何自然人、法人和非法人团体都可以共同体产业的名义提起申请（调查）。在申请被接受之前，为了保证一旦发起调查之后调查可以继续，申请方必须一直保持《基本条例》规定的"共同体产业"代表性要求。对于共同体产业"主要部分"的要求，《基本条例》规定了相当宽松的标准。[1] 如果调查期间申请方失去了代表性要求（也有撤销申请的例子），那么必须结束程序。《基本条例》第10(6)条对"主要部分"的规定如下，除非根据对共同体同类产品生产者对申请表示的支持或反对程度的审查，主管机关已确定申请是由共同体产业或代表共同体产业提出的，否则不得按照第1款发起调查。如申请得到其总产量构成共同体产业中表示支持或反对申请的共同体同类产品生产者生产的同类产品总产量的50%以上的生产者的支持，则该申请应被视为"由共同体产业或代表国内产业提出"。但是，如表示支持申请的共同体生产者的产量不足共同体产业生产的同类产品总产量的25%，则不得发起调查。因此，确定满足代表性的标准有两个：（1）支持反补贴申请的欧共体生产商其产量之和占所有对反补贴申请表明了态度的欧共体相关生产商总产量的50%（至少），或者换句话说，占50%或50%以上才可以；（2）支持反补贴申请的欧共体生产商其产量之和至少应占整个相关欧共

---

[1] 欧福永、冯素华：《浅议欧盟反补贴调查程序》，《文史博览》2006年第4期。

体产业总产量的 25%。

代表性问题在反倾销领域已经引起了相当多的争论，该领域的代表性审查实际上同上述所讲的代表性要求一样。近来，委员会似乎以 50% 作为标准进行审查。具有争议的是，调查开始前，因为申请是保密的，委员会不能核实支持率是否达到 50%，原因就是，要想对某一问题表明态度就必须预先知道这一问题，但是在申请是保密的情况下，不可能知道申请的存在，尤其是如果积极的申请方不与其国内竞争者联合提起申请时更是如此。

在申请的提起方面，委员会的政策倾向于，如果表态支持反补贴申请的已达 25%，那么就足以提起申请。例如，在美国和泰国大型铝电容器（*Aluminium Electrolytic Capacitors from the USA and Thailand*）一案中，对于一些与出口商有关联的共同体生产商是否应该被排除出共同体产业进行讨论之后，当事方被告知，即使总的共同体产品包括受到质疑的共同体生产商（这扩大了产品基数），该案中的积极申请方仍然构成总产量的 25%，且因此满足代表性要求。① 在印度广谱抗生素（*Certain Broad Spectrum Antibiotics Originating in India*）一案中，有些利害关系当事方认为，由于排除了一主要生产商，申请没有满足"主要部分"标准；委员会经过进一步调查后发现，即使没有这一主要生产商，申请仍然足以代表共同体产业。② 一旦发起调查，将优先选择 50% 这一标准，并且这已经成为一个惯例。如果其产量占共同体同类产品生产者生产的同类产品总产量的 50% 以上的生产者反对提起调查，委员会有义务停止调查，但是这种情况还没有出现过。

以共同体产业的名义提起申请而发起的反补贴调查，如果没有满足《基本条例》第 10(6) 条规定的代表性要求，这样的反补贴调查就是无效的。而且会出现这样的情况，即在发起反补贴调查时，委员会不知道申请方未满足代表性要求。类似地，在反补贴调查过程中，由于一些支持申请的申请人不合作，例如不回答委员会的调查问卷而被委员会视为不合作，合作的共同体

---

① See Commission Regulation (EC) No 1945/98 of 27 August 1998 imposing a provisional anti-dumping duty on imports of certain large electrolytic aluminium capacitors originating in the United States of America and in Thailand (OJ 1998/L240/4).

② See Commission Regulation (EC) No 1204/98 of 9 June 1998 imposing a provisional countervailing duty on imports of certain broad spectrum antibiotics originating in India (OJ 1998 166/17).

生产商的代表性低于《基本条例》规定的代表性要求，这时就必须结束调查。①

二、申请书内容

申请书必须满足某些基本要求，委员会才会考虑发起反补贴调查，并进而向咨询委员会咨询，建议正式发起反补贴调查。《基本条例》第10(2)条规定了一个成功的申请应该达到的最基本要求，该要求可以概括如下：（1）申请书应该提供申请方的身份及其全面描述；（2）全面介绍被控产品、解释产品市场以及其相对范围；（3）提供被指控国家存在可抵消的补贴的充分证据（如果可能申请书中也要包括补贴金额的证据）；（4）相关产品的共同体生产商受到损害的证据（这应该包括一个连续期间内的业绩证据）；（5）共同体生产商受到的损害和进口的被控补贴的产品之间有因果关系（应该包括贸易流量、价值以及一连续期间内所有当事方市场份额的相对变化）；（6）被指控补贴的国家的已知出口商的身份；（7）已知的共同体进口商和相关产品的最终使用者的身份。

三、申请的审查

（一）证据标准

委员会对申请的审查一般是从代表性、证据充分性和微量标准几个方面着手的。按照《基本条例》第10(3)条的规定，委员会要对申请书中证据的"准确性和充分性"予以审查，以决定是否有足够的证据证明可以发起反补贴调查。事实上，根据《基本条例》第10(8)条和第10(9)条的规定，没有可抵消的补贴的存在和损害发生的充分证据，将拒绝对申请进行立案，不发起反补贴调查程序。实践中，委员会对"证据的充分性"的审查是相当宽松的。已经证明在申请人的许多申请中，申请是不正确的，但是委员会仍然采取了措施，更不用说，申请满足委员会的表面证据要求。一旦发起反补贴调查，申请书的价值就极大地降低，因为委员会将使用在调查中获得的最终调查证

---

① See, for example, *Cotton Terry-toweling Articles from Turkey* (*AD*) (OJ 1999 L17/22), and *Synthetic Fiber Hand Knitting Yarn from Turkey* (*AD*) (OJ 1989 L309/42).

据作为裁决的基础。这个规则的例外就是，当利害关系当事方不合作时，委员会将求助于《基本条例》第28条规定的"可获得的最佳事实"规则。此类情况下，委员会可以自由决定是否使用申请书中的信息作为最终调查的证据。因此，基于证据不足或证据不充分而质疑申请很少会成功。关于委员会对待申请书的进路，曾经有人这么描述："一旦程序开始，申请书就被丢进了垃圾箱!"[1]

(二) 微量标准

除了代表性和证据充分性的要求之外，委员会还要考虑的一个具体问题就是发起反补贴调查程序是否满足《基本条例》第10(9)条规定的进口数量的微量标准。按照这一条例，如果被控为补贴的产品在欧共体市场上的市场份额低于1%，或者来自数个国家的同类被诉产品相加在欧共体市场上的市场份额不超过3%，那么委员会就不会发起反补贴调查。那样小的市场份额被认为是可以忽略不计的，因而是无害的。有些人士认为，委员会很少会因此而驳回反补贴申请。[2] 例如，在印度热压钢卷案中，印度认为其出口量是可以忽略不计的，应终止对其发起的反补贴调查。而欧盟委员会认为印度未提供足够的证据证明其主张，调查问卷也显示从其进口的产品数量高于1%，因此对其请求不予考虑。[3]

关于涉及到来自发展中国家的进口产品的调查，如果进口到共同体的同类产品的总量不到4%，那么就认为是可以忽略不计的，不能发起反补贴调查。然而，如果来自发展中国家的产品相加占共同体同类进口产品总量的9%，就不是可以忽略的。[4] 经常发生的情况是，申请涉及到许多第三国，由于它们未能通过微量标准审查，他们就都会成为实际调查的对象，但是后来发现符合微量标准这个事实后，委员会必须结束对满足这些要求的该第三国的调查。例如，在沙特阿拉伯聚对酞酸乙二酯（PET）一案中，由于其出口

---

① Dr Konstantions Adamantopoulos & Maria J Pereyra-Friedrichsen, *EU Anti-subsidy Law and Practice*, Palladian Law Publishing Ltd. , 2001. p 166.

② Dr Konstantions Adamantopoulos & Maria J Pereyra-Friedrichsen, *EU Anti-subsidy Law and Practice*, Palladian Law Publishing Ltd. , 2001. p 167.

③ 史学赢：《反倾销、反补贴、保障措施典型案例：钢铁行业案例》，南开大学出版社 2006 年版，第231页。

④ 《基本条例》第14(4)条。

到欧盟的产品总量不足4%，委员会结束了对其发起的反补贴调查。[①]

第二节 立 案

欧盟反补贴程序是从申请立案开始的。某确定产品的共同体产业向委员会提交书面申请，发起反补贴程序。然而，欧盟也预见到了这样的可能性，即在特殊情况下，即使没有代表欧共体产业的书面指控，委员会也可以主动开始反补贴程序。在没有人申请时，一成员国拥有补贴和对共同体产业损害的证据，它要把证据转交给委员会。但是，《基本条例》未对成员国转交证据的时间作出规定，这就增加了欧盟反补贴调查程序的灵活性，同时也增加了应诉的难度。

反补贴申请可以向设在布鲁塞尔的委员会的贸易总司直接提出，也可以向某一成员国提出。如果某一成员国收到申请，则应当将该申请转交给委员会。但是，《基本条例》并未规定成员国在多长时间内向欧盟委员会移交反补贴申请。这对欧盟委员会来说，有较大的灵活性，但也使案件裁决的透明度大大降低。从出口商的角度来看，本来跨国应诉就很困难，而欧盟反补贴程序过于灵活，使得应诉企业更加难以把握案件的进展情况。委员会负责分析提交的申请，以确定申请是否满足必须的要求。如果认为申请满足表面证据要求，这个事项将作为咨询委员会下次会议的事项放上议事日程。对于收到的任何申请书，委员会均应该向每个成员国分发其副本。一般来说，如果委员会建议开始反补贴程序，咨询委员会不会反对发起反补贴程序。

咨询委员会召开会议后不久，将在《欧盟官方公报》C系列上公布发起反补贴调查的公告，宣布反补贴程序的开始。该公告通常有1~2页长，获得这个文件的最快方式是通过委员会的网站。该通知中至少应包括以下这些内容：（1）发起调查的公告；（2）所涉产品的情况，包括产品相应的控制编码；[②]（3）调查涉及的国家；（4）申请方的信息概要（包括个人或集体身份

---

① See Commission Regulation (EC) No 1741/2000 of 3 August 2000 imposing a provisional countervailing duty on imports of polyethylene terephthalate (PET) originating in India, Malaysia, Taiwan and Thailand (OJ 2000 L199/6).

② 对此曾经出现过问题。如果在发起调查公告中对所涉产品的定义不够准确，随后委员会可能立即发布一个勘误表。例如，在印度热轧钢卷案中就是如此（OJ 1994 L62/1）。

的申请）；（5）应该向委员会提供的所有有关信息；（6）利害关系当事方自我申报、陈述意见、提供信息的期限；（7）利害关系当事方必须知道的期限和委员会听证的期限，除了发起调查通知公告外，有一些其他要求通知的事项。在《欧盟官方公报》上发布公告通知的同时，欧盟委员会还将分别就此通知有关各方当事人，包括申请人、进口商、出口商和出口国政府，对出口商的通知一般采取通知出口商所在国驻在欧盟大使馆转达的办法，通知上附有调查问卷。然后反补贴程序就正式发起。如果作出进行反补贴程序的决定，委员会必须在申请提交45天内开始反补贴程序。[①]

发起调查通知公告之前，委员会把整个申请（甚至其存在）作为机密对待，除非被控告可抵消的出口国政府要求特别通知。然而提交申请书的非机密版本也是重要的，因为调查正式发起时，要向利害关系当事方提供申请书的非机密版本。实际上，当咨询委员会的成员国被咨询时，他们收到的是申请书的非机密版本。委员会必须通知：（1）涉及的出口商和/或产品原产地国政府；[②]（2）申请方；（3）调查中涉及的已知的进、出口商，或者有关团体。一般来说，委员会会提供《欧盟官方公报》上的公告副本，并且提供申请的非保密性版本。此时，委员会一般会提供需要利害关系当事方完成的合适的调查问卷。调查问卷根据申请书中指明的利害关系当事方的不同身份（如进口商、出口商、使用者等）进行适当的设计。调查问卷必须在规定的时间内完成，以委员会没有通知作为没有及时回答调查问卷的借口是无效的。申请书中没有指出的出口商不会被通知，但是此类出口商同那些得到通知的出口商负有同样的义务。正如本书前面所说的，从最低通知要求的角度看，发起调查公告是足够的通知，因为《基本条例》第10(13)条规定的进一步通知的要求仅适用于委员会知道的当事方，而且如果委员会关于已知的出口商的信息不完整或不正确，也不影响程序的进行。没有个别通知可以做为延长回答调查问卷时间的一个理由，但是基于委员会的自由裁量权，很少会延长回答调查问卷的时间。最终没有回答调查问卷同样被认为是不合作。

总之，分析《基本条例》的有关规定及其实践，可以看出欧盟反补贴申

---

① 《基本条例》第10(11)条。

② 实践中，发起调查之前，委员会通常会向出口国在布鲁塞尔的外交使团发出口头通知，也就是调查前磋商。

请立案具有审查严格、内容保密、立案要公告的特征。

第三节　磋　商

反补贴调查与反倾销调查相比，一个主要特点就是把磋商作为一个必经程序，即使利用国内法律救济程序求得救济，进口成员方亦存在履行双边磋商的义务。[①]《SCM 协定》第 13 条规定，申请一经接受，且无论如何在发起任何调查之前，应邀请产品可能接受调查的成员进行磋商，以期澄清有关事项的有关情况，并达成双方同意的解决办法。此外，在整个调查期间，应给予产品被调查的成员继续进行磋商的合理机会，以期澄清实际情况，并达成双方同意的解决办法。为什么在反补贴程序中，较之反倾销程序更强调磋商的必要性？这是因为反补贴调查涉及第三国法律，不仅仅是某个企业的价格策略，这涉及到政治与外交问题，而且补贴的资料相对难以获得，各国的补贴透明度也不尽相同，鼓励用磋商先行解决，是降低程序成本的一种办法。

根据《基本条例》第 10(7)条的规定，委员会在收到明显有充分根据的申请后，应尽可能快地通知所涉产品原产地国和/或出口国，邀请他们进行磋商，以澄清情况（如是否存在可抵消的补贴、损害、因果关系等）达成双方满意的解决。《基本条例》的这一规定几乎是《SCM 协定》的翻版。例如，在台湾丁苯热塑性橡胶（*Styrene-butadiene-styrene Thermoplastic Rubber*）一案中，委员会一收到申请就根据《基本条例》第 10(7)条向台湾当局作了通知。[②] 在聚对酞酸乙二酯（PET）一案中，委员会在与沙特阿拉伯进行立案前磋商后发现，沙特阿拉伯的出口量低于 4% 并结束了对沙特阿拉伯的调查。在该案中，委员会也邀请了印度、印尼、韩国、马来西亚、中国台湾和泰国进行立案前磋商。[③]

但是，有关《基本条例》第 10(7)条的准确解释已经成为争论的主题。

---

① 李本：《补贴与反补贴制度分析》，北京大学出版社 2005 年版，第 61 页。

② See Commission Regulation（EC）No 1092/2000 of 24 May 2000 imposing a provisional countervailing duty on imports of styrene-butadiene-styrene thermoplastic rubber originating in Taiwan（OJ 2000 L124/26）.

③ See Commission Regulation（EC）No 1741/2000 of 3 August 2000 imposing a provisional countervailing duty on imports of polyethylene terephthalate（PET）originating in India, Malaysia, Taiwan and Thailand（OJ 2000 L199/6）.

例如，在 *Mukand & Others v. Council* 一案①中，委员会一收到有充分根据的申请后，就按照条例的规定向印度政府作了适当的通知，并且要求其进行磋商。然而，在接受表示愿意磋商的答复并经过了一段合适的时间（还没有到立案的 45 天期限）之后，委员会通知印度政府它决定发起正式调查，但是仍然邀请印度政府进行磋商，因为《基本条例》第 10(10) 条规定，在调查的整个阶段，委员会都应给予第三国政府磋商的机会。印度政府拒绝磋商，理由是，目前企图避免发起调查已经没有意义，因为委员会已经正式发起调查。在该案中，委员会的做法是否违背《基本条例》第 10(7) 条，以及第 10(7) 条规定的通知要求是否阻碍了发起调查的进程，② 都是该案争议的焦点。在此类情况下，问题似乎集中于这一点，即是否公平合理（reasonableness）。如果应第三国政府的请求实际举行了磋商，仍然留出了合理的期限以便可以在 45 天内发起调查相比，没有预先提供至少一次磋商机会以达成双方满意的解决办法就发起调查是对发起程序的滥用。从法院的措辞可以看出，如果所涉第三国政府对磋商邀请作出了回应，邀请第三国政府进行磋商，并在正式发起调查前实际举行磋商，这是委员会义不容辞的责任。

第四节　调查的展开

一、调查期间与期限

　　无论是反补贴调查③还是反倾销调查都规定了具体的调查期间，在该期间内可以具体审查补贴、损害和欧盟利益方面的有关问题。通过对调查期间内补贴和损害的调查才能够衡量补贴和因补贴而授予的"利益"，然后基于补贴和授予的利益计算出最终补贴幅度，并适用从轻征税规则确定最终反补贴

---

　　① See Case T‑58/99 *Mukand & Others v. Council*.
　　② 有关反补贴调查的进程在《SCM 协定》第 13.3 条有规定。
　　③ 反补贴程序涵盖反补贴立案、开展调查、初裁、终裁、复审等，一个反补贴程序可能包括数十次调查。例如，在起始阶段，反补贴程序表现为反补贴初始调查，通常是一年的时间，最长不超过 13 个月；作出终裁后，反补贴程序进入 5 年的征税期，期间可能有发生反补贴调查，此时通常表现为中期复审调查；5 年的征税期即将届满时，欧盟产业可能提出日落复审申请，欧盟委员会可能会据此开展日落复审调查，这种复审调查的结果可能维持一项初始裁决，这时，反补贴程序又进入另一 5 年的征税期。因此，一项反补贴程序往往要持续数年甚至数十年的过程。当然，也不一定非得持续数年甚至数十年。

税率。

因此，委员会为所有新的反补贴调查，选择了一个"调查期间（period of investigation）"或称"IP"，该调查期间通常情况为受益人的最近的一个会计年度，如果可获得可靠的财务及相关数据，也可以是发起调查前至少 6 个月的任何期间。通常该期间跨度一年，但是也可以长达 15 个月，或者短至 9 个月。委员会选择调查期间时运用的推理并不清楚，但是可以肯定的是，对于这方面的问题，委员会必须考虑共同体产业的意见。因为调查发起前必须确定期限，所以选择的反补贴调查期间一般是 12 个月，该调查期间止于离调查发起前最近的一个季度的月末。例如，如果在 1 月份发起调查，调查期间可能包括上一历年。同样，如果在 8 月份发起调查，调查期间是从前一年的 7 月 1 号到调查发起那一年的 6 月 31 号。如果调查期间凑巧是某公司的财政年度，这将有助于实地核查和回答调查问卷，但委员会不可能为了适应这种情况而违反上面概括的一般实践。例如，在聚酯纤维（*Polyester Staple Fibers*）一案中，有关补贴的调查期间就是从 1998 年 4 月 1 日到 1999 年 3 月 31 日。①

有关调查期限（duration of investigation）的规定在反补贴调查中具有非同寻常的意义。《基本条例》规定了立案期限、调查期限、提交调查问卷的期限及复审申请的期限等。这些期限的宽严程度对对调查当局和利害关系当事方都很重要。一项新的反补贴调查从正式发起调查开始起计算历时最长 13 个月就必须结束。② 然而，反倾销调查的最长期限却是 15 个月。与《SCM 协定》规定的反倾销调查的最长 18 个月的期限相比，很显然，欧盟反补贴法规定反补贴调查期限相对较短。而临时反补贴税可在发起调查 60 天后征收，但是委员会倾向于在《基本条例》规定的发起调查后 9 个月的截止期限内征收临时反补贴税。临时反补贴税的最长有效期是 4 个月，③ 与临时反倾销税的一般期限是 6 个月不同。如果征收临时反补贴税后，没有征收最终反补贴税时，要在临时反补贴税 4 个月的有效期内和/或调查启动后 13 个月内结束调查，并

① See Commission Regulation（EC）123/2000 of 20 January 2000 imposing a provisional countervailing duty on imports of polyester staple fibers（PSF）originating in Australia and Taiwan and terminating the anti-subsidy proceeding concerning imports of PSF originating in the Republic of Korea and Thailand, recital 7（OJ 2000 L16/3）.

② 《基本条例》第 11（9）条。

③ 《基本条例》第 12（6）条。

且临时反补贴税自动失效。一般来说，这些日期差不多重合。临时反补贴税失效的情形在反补贴调查中还没有出现过，但是最近在反倾销调查中发生了这种情况，原因在于委员会没有能够说服理事会采取最终反倾销措施。这已经成为欧盟的产品最终使用者说服成员国采取最终措施对他们会造成损害的一个佐证，换句话说就是非官方的欧盟利益的看法似乎可以说服成员国（如果不能说服委员会的话）。例如，在美国和泰国大型铝电容器案（*Aluminum Electrolytic Capacitors from the USA and Thailand*）一案中，征收临时税的 1845/98 号条例到期以后，理事会拒绝支持委员会采取最终措施的建议。①

二、调查方式

调查是反补贴程序的重要环节，在成员国的配合下，由委员会的有关职能部门负责进行，其任务是收集并确认补贴是否是具体的，补贴造成的损害以及两者之间因果关系有关的一切必要资料，包括必要时在被控国或第三国进行实地核查。欧盟反补贴调查具有形式灵活多样的特点，具体来讲主要有三种调查方式：问卷调查、抽样调查和实地核查。

（一）问卷调查

一项反补贴调查在《欧盟官方公报》上发布后，委员会将向已知的利害关系当事方寄送立案公告、申请书以及有关的调查问卷。这些调查问卷涉及第三国给出口商和在欧盟的与出口商有关联的进口商（如果有的话）的补贴、对共同体生产商和欧盟进口商的损害、关于欧盟的最终使用者的欧盟利益。实践中，委员会通常在立案 3 天内寄出极为详尽的调查问卷。应给予收到反补贴调查所使用问卷的出口商、外国生产者或利害关系成员至少 30 天时间作出答复。对出口商而言，该期限始于其收到调查问卷之日，就此目的而言，问卷应被视为在寄给被申请人或者送给原产国和/或出口国适当的外交代表 1 个星期之后收到。当然被寄送调查问卷的是在申请书中指明了的当事方，即：（1）共同体生产商；（2）涉案出口商；（3）调查所涉及的共同体进口商；（4）所涉产品的共同体最终使用者。另外，调查所涉的第三国政府也有

---

① See Commission Regulation （EC） No 1945/98 of 27 August 1998 imposing a provisional anti-dumping duty on imports of certain large electrolytic aluminium capacitors originating in the United States of America and in Thailand （OJ 1998/L240/4）.

一个调查问卷。

常常会有调查所涉出口商或其他当事方在申请中没有被指出的情况，这些当事方同样是被调查的对象，并且必须在调查公告之后向委员会做自我申报，索取有关材料和调查问卷，因为公告被认为是合适的通知。调查公告将指定利害关系方向委员会申报的期限，一般是 15 天；调查公告也规定提交补贴问卷答复的时间和对共同体产业提出的损害主张进行评论的期间，一般是从调查公告发布之日起 37～40 天，但是也可能短至 30 天。委员会要求所有的利害关系当事方表达他们的看法、提交调查问卷并提供证据，否则就是不合作。要在如此短的时间内做出反应并对调查问卷作出答复是困难的，委员会也承认这一点。申请书中没有被指明的利害关系当事方，在一个较迟的阶段才被查明以致不能把答复的调查问卷合适地回复给委员会时，委员会可以考虑对他们答复调查问卷的时间适当进行延长。[①] 但是该期间要想得到延长，申请人必须提出很好的理由。

寄发给出口商/制造商和关联进口商的调查问卷要求回答非常详尽的信息，主要是关于是否授予补贴或授予了多少可以抵消的补贴等问题。这些调查问卷并不比反倾销调查中所使用的调查问卷更为复杂，要求提供的信息包括下列几个方面：（1）一般信息：公司的身份、诉讼代理人以及公司信息；（2）产品说明：有控制编码的产品规格说明；（3）有效数据：公司的投资、雇员、库存、产品、销售量、营业额；（4）出口数据：出口销售到欧盟的所涉产品的信息；（5）补贴信息：公司使用的补贴计划信息。对于这样复杂的调查问卷，建议所涉公司的出口管理部门和会计师在有经验的律师的积极协助和监督下完成。[②]

同样，寄送给程序涉及的其他当事方的调查问卷集中于对他们适用的问题，例如，给共同体生产商的调查问卷要求提供有关损害的信息、给最终使用者的调查问卷是关于欧盟利益问题的信息等。这些调查问卷用特定的格式制成，而且要求回答的内容非常详细，显而易见是关于被控产品销售情况的计算机格式化清单。委员会要求这样的格式是基于很具体的理由（主要是因为随后的计算和比较不同公司的数据的要求），而且所涉当事方对这个格式不

---

① 《基本条例》第 11（2）条。
② 欧福永、冯素华：《浅议欧盟反补贴调查程序》，《文史博览》2006 年第 4 期。

应低估。当委员会可以接受对调查问卷格式要求的某些修正时，利害关系当事方应当预先与委员会负责办案的工作人员讨论这个修正的问题。委员会负责办案的工作人员总是易于接受非正式讨论，更愿意在开始时进行建设性对话，而不是事后出现困难时再对话。

然而，反补贴调查问卷要求回答的数据没有同类的反倾销调查问卷中的多，尽管要求回答的数据量仍然相当大。所涉公司不要轻视调查问卷，应该在调查发起后最可能早的时机处理调查问卷的每一个复杂细节。常常是，调查问卷中要求的信息在每个利害关系当事方的账目系统和记录中不能以可核实的格式立即得到。发生这种情况的原因是多方面的，也许公司没有抓住调查所涉产品的信息，或者是没有掌握相关期限内的产品信息详情。既然委员会要求提交所谓有"产品控制编码"的数据作为参考，那么这种情况几乎在每一个调查中都会发生。这些"产品控制编码"由一系列数字构成，反映了被控产品的主要特征，这些数据可以使委员会在被控的出口产品的许多类型和共同体产业生产的同类产品之间进行比较，以便计算出损害幅度。

例如，在印度热轧钢卷案中，委员会为下述产品创制了这样的产品控制编码结构，该产品是经热轧但不含合金的，不加镀层或喷镀金属层、线型、没有进一步加工至热压形态的平板钢，宽度600毫米，厚2.5毫米，510Mpa的抗拉强度，编号如下：EN100250250600BAA。很少有制造商/出口商有与在调查问卷中委员会创制的控制编码（PCN）确切对应的内部公司标准。[1] 然而，生产商不能以自己的信息无法按照委员会调查问卷要求的格式直接获得为由借口不提供信息。确实，在这种情况下，委员会不会因为这个借口而对所涉公司没有提供信息感到满意。虽然提交令委员会满意的调查问卷有一定的难度，但企业绝不能因此而不回答调查问卷，因为问卷调查是反补贴调查的一个重要步骤，更是实地核查的基础和前提。借助于调查问卷，委员会通常掌握了得出结论所需的大部分信息，可以说问卷调查是调查的主要部分，在有些情况下，如无法进行实地核查的情况下，将依赖答卷中提供的信息作出结论。因此公司必须尽他们最大的可能用可以获得的最合理的数据回答问题，并准备向委员会解释所有的数据，最好用脚注的方式回答调查问卷，并

---

① Dr Konstantions Adamantopoulos & Maria J Pereyra-Friedrichsen, *EU Anti-subsidy Law and Practice*, Palladian Law Publishing Ltd. , 2nd. ed. , 2007, p 381.

在实地核查时增加解释。建议利害关系当事方对他们怎样得到调查问卷的每一个数字保持准确的记录。这样的"工作表格"对实地核查是很有帮助的，并且可以使实地核查程序变得相当容易。

（二）抽样调查

抽样调查在反补贴调查中是一种必不可少的重要调查方式。因为如果在具体的反补贴案件中，申请方、出口商、进口商，或者是所涉产品的型号和交易量很大，欧盟委员会要想在规定的期限内完成调查结束案件，必须采用抽样调查的方式。所以，《基本条例》第 27 条规定，在申请方、出口商、进口商或共同体产业数目很大的情况下，对每一个涉及的公司进行调查是不切实际的，因此采用已经发展起来的抽样调查政策，由调查当局（如委员会）选取受到影响的公司作为样本，仅对这些公司展开调查，并假定这将会是有代表性的调查。例如，在巴西、埃及、土耳其棉纱案中，为了在合理的期限内结束程序并以最有效的方式加快案件，委员会决定采取抽样调查。[1] 另外，在中国自行车案中，委员会也是这么做的。[2] 当然，在这样的情况下，所有利害关系当事方都有机会评论所抽取的样本的代表性。

与世界贸易组织的反倾销法不同，《SCM 协定》并没有对抽样进行规定。然而，《SCM 协定》也并未规定不能采用抽样调查的方法，因此，委员会已经认可了既然反补贴调查中同样出现了要求采取抽样调查的情况，那么在《基本条例》中就应该有相应的规定。因此，《基本条例》第 27 条规定，在申请方、出口商或者进口商、产品或交易类型数目很大的情况下，调查可以限制在数目合理的当事人、产品或者交易中进行。

如果在特定调查中建议使用样本，将在调查公告中正式通知，在公告中规定提交样本评论的具体期限。[3] 为了获得选择样本所必须的信息，委员会将与出口国当局、任何已知的出口商协会、进口商或生产商接触。所有利害关

①　See Commission Regulation（EEC）No 2818/91 of 23 September 1991 imposing a provisional anti-dumping duty on imports of cotton yarn originating the in Brazil, Egypt, and Turkey and terminating the anti-dumping proceeding in respect of cotton yarn originating in India and Thailand（OJ 1991 L271/17）.

②　See Commission Regulation（EEC）No 550/93 of March 1993 imposing a provisional anti-dumping duty on imports of bicycles originating in the People's Republic of China（OJ 1993 L58/12）.

③　《基本条例》第 27（2）条规定，希望评论样本的当事方应该在发起调查三周内向委员会作自我申报。

系当事方都可以提交有关样本选择的相关信息。委员会倾向于咨询程序所涉当事方，让他们表达意见，以便对样本作出最后选择。在作最后选择时，委员会更愿意选择咨询过的并得到其同意的所涉当事方作为样本。委员会的选择有时会引起争议，这时抽取的样本就会受到异议。被抽作样本的公司必须回答调查问卷，并在调查中与委员会合作，对他们回答的调查问卷作实地调查也是必须的。对于被抽样并全程合作的公司，委员会为他们单独计算补贴幅度和反补贴税率。

一旦评论抽样程序截止日期已到，委员会就把选择的样本向在期限内表达了意见的那些当事方作出通知。委员会的选择按照以下这些因素作为基础：（1）每一个公司所涉产品销售量的代表性（或者是所涉国的出口商出口到欧盟的出口额，或者是共同体生产商在全部共同体销售中的销售额）；（2）所涉产品国内销售的代表性（就出口商来说）；（3）地理分布等。就共同体生产商来说，表达了合作的愿望后，没有被选作样本没有多大后果。至于出口商，在选择样本时表达了愿望但没有被选中时可能会适用对其原产地国适用的平均税率（如果有的话），这是在调查结果中得出的最终结论。但是被选作样本最后没有合作的公司会被适用所谓的"剩余税率"（或者称为"一般税率"）。错过了提交样本评论截止日期的出口商，如果仍然希望在调查中合作时应该向委员会做自我申报，并且在合适的期限内提交答复的调查问卷。那么委员会将给这些公司保留合作者地位的机会，对他们适用以样本为基础的平均税率（若有的话），或者继续参加扩展的样本。

有些出口商或生产商在"抽样评论"的期限内向委员会做了自我申报，但没有被抽样选中，仍然希望委员会为他们单独计算补贴幅度（如果认为该单独计算的补贴幅度比在抽样中计算的平均幅度对公司更为有利）。在这种情况下，出口商应该在规定的时间内回答调查问卷，并要求单独计算补贴幅度。这相当于扩展样本，一般来说委员会同意这样的要求，除非有许多出口商要求单独对待，以至于将会给委员会造成不合理的负担，而且将阻止调查的及时完成。在实践中，委员会接受此类请求的情况不多。事实上，对于出口商而言，没有被选作样本有利也有弊，这要视出口商的具体情况而定。

如果调查中，抽样过程遇到了相当多的当事人不合作时，委员会有权选择新的样本。如果没有充分时间去选择新的样本时，应适用《基本条例》第

28 条规定的"可获得的最佳事实"规则，这个法律概念本质上意味着委员会将按照提交给他们的信息行事，一般来说，这个信息是申请方在申请书中提供的信息，① 这当然不利于调查涉及的出口商。所以为了在调查中维护自己的权利，关键是一开始就确保自己的合作者身份。在考虑调查中谁应该与委员会合作的问题时，基本条例是如果在调查期间，向欧盟出口所涉产品，就必须全面配合调查。如果当事方不合作的话，无论调查期间向欧盟出口的所涉产品多么少都将承担不利后果。尤其是在征收最终反补贴税时，将对不合作的出口商征收"剩余税率"，并且日后无法获得任何形式的个别复审措施。原则上，如果利害关系当事方向委员会做了自我申报，并且在合适的期限内回答了相关的调查问卷，委员会就会给予其合作者的地位。

不遵守期限就会得到不合作的地位，在调查的后期无法补救，将导致使用前面我们讲过的"可获得的最佳事实"原则，对其征收"剩余税率"。然而应该知道的是，简单地回答调查问卷不足以获得合作者地位并且保持这种地位，当事方必须在任何时候继续与委员会合作。例如，在合适的时间服从对他们提交的调查问卷的全部核查，证明提供的信息是正确的。确实，如果委员会认为某一公司提供的信息不可靠，它可以在任何时候撤回给予的合作者地位。当一个公司提交的数据被认为不完全可靠或它没有提供委员会要求提供的某些数据，委员会也可以认为该公司是"部分不合作"。例如，在聚酯纤维（*Polyester Staple Fibers*）案中，澳大利亚政府拒绝向委员会提供其与澳大利亚公司签订的合同，澳大利亚政府声称这是"商业秘密"而拒绝提供给委员会。而且，在实地核查时，澳大利亚公司拒绝向委员会提供该合同。因此，委员会根据《基本条例》第 28 条规定的"可获得的最佳事实"规则认定其补贴方案是基于出口实绩的。②

---

① 《SCM 协定》并未对"最佳事实（或信息）"的概念进行详细说明。

② See Commission Regulation（EC）123/2000 of 20 January 2000 imposing a provisional countervailing duty on imports of polyester staple fibers（PSF）originating in Australia and Taiwan and terminating the anti-subsidy proceeding concerning imports of PSF originating in the Republic of Korea and Thailand（fn 60），recital 28（OJ 2000 L16/3）. See also Council Regulation（EC）978/2000 of 8 May 2000 imposing a definitive countervailing duty on imports of synthetic fibers of polyester originating in Australia, Indonesia and Taiwan and collecting definitively the provisional duty imposed, recitals 16（OJ 2000 L113/1）.

(三) 实地核查

实地核查的目的在于审查进口商、出口商、贸易商、代理商、生产商以及贸易协会和组织的记录，核实所提交的有关补贴和损害的信息。此类核查不仅要得到出口商的同意，而且还要得到出口国政府的同意。如果没有得到适当及时的答复，则不应该展开此类实地核查。

一旦委员会负责办案的工作人员全部掌握了他们认为可靠的调查问卷，他们将准备进行所谓的"实地核查"，访问利害关系当事方的总部或工厂，[①] 要求查看所涉补贴产品的有关账目以及其他的记录来验证出口商在调查问卷中和其他书面报告中提供的信息的准确性。所涉企业一定要高度重视委员会的实地核查，积极配合，随时接受提问。因为负责处理补贴、损害/欧盟利益问题的委员会负责办案的工作人员被分成不同的小组，所以对出口商（及关联进口商，如果有的话）和共同体产业/无关联进口商/最终使用者进行的实地核查是同步展开的。

在反补贴调查的早期阶段，委员会负责办案的工作人员就试图与利害关系当事方和/或他们任命的诉讼代理人讨论实地核查访问计划，有时甚至在提交调查问卷前就讨论访问计划，力图达成对双方都便利的计划，委员会负责办案的工作人员在安排实地核查访问时会尽量考虑到被核查国的公共假期及任何其他地方习惯。实地核查访问一般在提交完成的调查问卷后 1 到 3 个月进行。一般情况下，尽管对抽样有规定，调查中所有合作的利害关系当事方都可能被实地核查访问。反补贴实地核查必须在所在国政府同意的情况下才能展开。然而，当出口商数目较大时，委员会负责办案的工作人员仅访问被选定的出口商。在印度不锈钢丝（*Stainless Steel Wires*）案中就是如此。[②] 在这些情况下，会告知那些不会被访问的利害关系当事方，他们有机会向委员会提出给予实地核查访问的具体要求。此类情况下，委员会为这些公司提供说明他们的调查问卷中可能不正确的任何方面、任何类型问题的机会。所涉公

---

① 《基本条例》第26(1)条。

② See Commission Regulation (EC) No 1601/1999 of 12 July 1999 imposing a definitive countervailing duty and collecting definitively the provisional duty imposed on stainless steel wires with a diameter of less than 1mm originating in India and terminating the proceeding concerning imports of stainless wires with a diameter of less than 1 mm originating in the Republic of Korea (OJ 1999 L189/26).

司没有提出此类要求时，委员会可以自由决定是否选择调查问卷中提供的数据作为裁决的基础。

一旦同意了实地核查计划，委员会一般会发送"实地核查前信件"给所涉利害关系当事方，制定具体的计划，对为迎接实地核查应该作哪些准备提出建议，也常常初步要求准备各种文件（如会计账目、发票、报关单据、生产记录、合同等），以及应当在场的有关人员（如会计、销售人员等）。但这并不排除实地核查时根据已获得的信息要求提供进一步的详情。[①] 建议利害关系当事方充分注意在这样的信件中提出的每一个要求，这样会使整个实地核查过程更容易。

委员会不打算把实地核查访问转变成一个不友好的行动。实地核查的目的是为了核实调查问卷中回答的数据。因此实地核查是证明提供的数据准确性的唯一机会。委员会不会应利害关系当事方的要求日后再来第二次实地检查访问，关键是当委员会进行实地核查时就处理妥当。鉴于"可获得的最佳事实"规则，即常常认为这仅对利害关系当事方（尤其是生产商/出口商）有实质性后果。若实地核查发现调查问卷中的回答不能作为裁定的根据，委员会将被迫不顾提交的信息，根据"可获得的最佳事实"规则继续作出裁定。因此在填写调查问卷时非常重要的是时刻记住所有的信息必须能够适当核实。

在准备实地核查时，负责编辑调查问卷答案的利害关系当事方的工作组必须准备向委员会回答数据和描述部分的任何问题。因此，该工作组必须在实地检查前再次非常仔细地回答调查问卷，检查在调查问卷中答复的、在实地核查时可能会重复的数据的每一个计算细节。正如我们在问卷调查中简略提到的一样，保留合适的工作表格对实地核查是极有帮助的，这有助于检索到回答调查问卷时使用的所有计算方法和转换公式。

实地核查会议一般用英语举行。这对第三国出口商/生产商而言一直都是一个不容忽视的事实。如果是居住在欧盟的利害关系当事方，情况可能不是这样，因为一般来说他们偏好的语言可以预先得到同意而使用。当然，欧盟有关当局有权决定使用什么语言举行实地核查会议。被核查的当事方有责任提供相关的英语翻译/解释，尽管委员会有时带着自己的译员，确保任何一方

---

① 《基本条例》第26(3)条。

都没有语言上的误解也是非常重要的。

一般来说，当实地核查进行时，委员会将检查各种文件并要求带走此类文件的副本。这样的副本最好一式两份，一份给委员会，一份给利害关系当事方和/或者其诉讼代理人。重要的是对此类文件要清楚地作出标记，并列入实地核查议定书。这些文件在调查的后期阶段对讨论信息的正确性或委员会所做的计算时非常重要。在每天进行的实地核查结束时，委员会会为下一天的核查列出一些突出的要点，分发给所有利害关系当事方。

反补贴实地核查一般比反倾销实地核查时间要短，而且实地核查时间的长短一般依赖于调查所涉公司的规模、委员会负责办案的工作人员对于所指控的补贴的熟悉程度、调查所涉公司提供文件证明调查问卷正确性的效率等。接受实地核查的公司的良好准备工作常常是加快实地核查的良好基础，反补贴实地核查一般持续1至3天。①

三、调查中利益当事方的保护

（一）披露

披露是《基本条例》第30（1）条为申请方、进口商、出口商和他们的代表协会以及原产国或/和出口国规定的基本诉讼权利，他们可以要求披露作出决定所依据的基本事实和方法的详细资料。理论上讲，这种要求是不必要的，因为委员会有义务就采取的措施与相关的当事人进行交流。

要求披露的请求（就临时措施来说）应当在采取临时反补贴措施之后立即以书面形式提出，委员会接到披露的请求后，应当尽可能快的作出合适的披露。实践中，在所有的核实性检查完成之后，委员会负责办案的工作人员开始就补贴、对共同体产业的损害和欧盟利益作出临时决定。在此过程中，委员会负责办案的工作人员同出口商/制造商以及他们的诉讼代理人、进口商或共同体产业之间会有许多非正式接触。例如，此类接触可以是为了澄清"不完备信件"或提出额外的信息要求，或者是更不正式的接触。一旦委员会作出包含采取临时措施建议的临时决定，此类临时决定会在咨询委员会会议

---

① Dr Konstantions Adamantopoulos & Maria J Pereyra-Friedrichsen, *EU Anti-subsidy Law and Practice*, Palladian Law Publishing Ltd. , 2nd. ed. , 2007, p 395.

上进行讨论，委员会一般会在临时反补贴税条例[①]在《欧盟官方公报》上公告之前或之后立即向利害关系当事方披露。因此，一般情况下，此类披露的书面请求是不必要的。在披露时，委员会将为利害关系当事方对临时决定作出评论规定一个截止日期。披露包括临时反补贴税决定中使用的计算方法的机密信息（这仅向利害关系当事方披露），以及有关损害和欧盟利益的评估。

委员会仅仅在已经征收临时反补贴税之后，才向诉讼涉及的当事方正式通知有关作出临时决定的细节。这可以从委员会通过的临时条例的措辞中明显地看出来，而且从委员会借助信件向出口商传达临时条例也可以看出这一点（这个信件被称为"披露信"）。可以安排委员会负责办案的工作人员和代表利害关系当事方的律师举行"披露会议"以澄清委员会的观点。在这些会议上，委员会不但要正式披露作出的计算结果，而且也要披露计算补贴幅度的方法。但是，委员会仅披露对涉及的每一当事方的调查结果，不披露发布的条例中没有提到的程序的其他当事方的信息。

可能会发生的情况是，委员会不建议征收临时反补贴税，而是决定把调查程序继续进行到最终阶段。当委员会认为，损害分析在临时阶段的表现不足以支持采取临时反补贴措施，它会愿意继续调查，例如，在中国家用铝箔案和印度热轧钢卷案中就是如此。[②] 既然不采取临时反补贴措施，委会员就没有责任向当事方披露临时调查结果。临时措施和最终措施之间的不同就是能够对临时决定作出更正。

临时披露之后，可以进一步提交有关补贴、损害和欧盟利益的材料，以试图影响反补贴程序的进程。然而，委员会负责办案的工作人员有时间上的压力，因为临时反补贴税的最长有效期是 4 个月。采取最终反补贴措施的建议必须提前一个月提交给理事会，实践中这意味着负责办案的工作人员在临时反补贴措施到期前 6~8 周必须作出最终决定。

利害关系当事方也有权要求委员会披露最终决定，或者是要求披露采取最终反补贴措施的根据，或者是要求披露不采取最终反补贴措施结束调查或诉讼的根据。《基本条例》规定，最终披露的要求应以书面形式在委员会规定

---

① 反补贴税的征收采取条例（regulation）的形式。

② Dr Konstantions Adamantopoulos & Maria J Pereyra-Friedrichsen, *EU Anti-subsidy Law and Practice*, Palladian Law Publishing Ltd. , 2001. p 188.

的时间内提出。然而，在实践中，委员会不等有书面请求，在向咨询委员会咨询之前或同时就向利害关系当事方披露最终决定。披露的内容基本上和临时决定的披露内容一样，即单独计算结果以及损害和欧盟利益。在短期内利害关系当事方可以提交最终评论（常常是最终披露后10天）。

按照《基本条例》第29条规定的严格的保密要求，委员会只能向提供合作的单独的所涉公司披露单独税率计算的细节。因此，尽管在程序中有第三国政府介入，委员会不会向他们披露设立在他们的领土内的有关合作的生产商/出口商的单独计算结果。例如，在聚酯纤维（*Polyester Staple Fibers*）案中，澳大利亚政府因为没有收到有关临时税措施计算方法的信息，因而声称委员会没有遵守《基本条例》第30条规定的披露要求。委员会对此的答复是，它不认为《基本条例》第30条要求向政府提供关于对特定公司计算的补贴额的信息，尤其是考虑到《基本条例》第29条对机密信息的处理问题进行的规定。[①]

（二）保密

《基本条例》第29条规定，如果表明有正当理由，对于机密性质的信息和利害关系当事人在保密的基础上提交的信息，当局应作为机密对待。因此，任何当事方都可以要求把某些信息当作机密对待。如果作出机密对待要求，委员要求提供机密信息的当事人提供该信息的非机密摘要，摘要应当详细到使人能合理领会其实质的程度。在例外的情况下，允许当事方不提供非机密摘要。这些非机密性摘要作为独立的"非机密文件"保存，达到类似合作者地位的提供信息的当事方可以查阅此类文件。无论在任何时候，所有合作的利害关系当事方都可以请求查阅委员会全部的非机密文件。一般实践是，利害关系当事方或其诉讼代理人与委员会负责办案的工作人员联系，以便安排一个对双方都便利的时间，并且随后要提出查阅信息的书面请求。然后，利害关系当事方就可以到布鲁塞尔的委员会办公室查阅所有的非机密文件，并且如果希望，可以带走所有非机密文件的副本（委员会免费提供此类文件的副本）。委员会要求查阅非机密文件的利害关系当事方签字确认其已查阅过文

---

① See Council Regulation (EC) 978/2000 of 8 May 2000 imposing a definitive countervailing duty on imports of synthetic fibers of polyester originating in Australia, Indonesia and Taiwan and collecting definitively the provisional duty imposed, recitals 11 - 13 (OJ 2000 L113/1).

件并带走了有关文件的副本（如果带走文件副本的话）。让利害关系当事方可以获悉调查中提交的所有信息，这对辩护权是至关重要的。利害关系当事方的诉讼代理人可以每隔一定的时间到委员会办公室取得相关的非机密性文件的副本。如果没有指派代表在布鲁塞尔的话，为此目的指派代表驻在布鲁塞尔是相当便利的。这些信息对调查中后来向委员会提交信息非常有用，因此建议利害关系当事方每隔一定的时间去查阅委员会的非机密性文件。

尽管在确定什么应该作机密对待时，委员会有较大的自由裁量权，事实上利害关系当事方可以确信，委员会是极为谨慎的，根本不会公布机密信息。《基本条例》进一步规定，委员会收到的任何信息，仅能依要求得到它的目的而使用。① 因而，委员会的其他部门不能把反补贴调查中利害关系当事方提供的信息用作其他目的。总之，欧盟比较注重资料的保密，从申请立案起，起诉内容一直保密，直到公布立案通知时其他当事人才能获知申请的内容，欧盟委员会、理事会、各成员国以及这些机构的官员，在未得到资料提供者的特别允许下，均不应泄露这些资料的内容。由于对机密资料的保密要求，只有欧盟调查当局才能接触到全部文件记录，这使涉案的当事人盲目攻击对方，抗辩缺乏针对性，影响了出口企业的应诉效果。

（三）听证

在反补贴调查开始后，利害关系当事方有权要求举行听证会。委员会应当为利害关系当事方提供听证的机会。委员会有义务听取利害关系当事方的意见，并向他们提供有关信息资料，这样，利害关系当事方才能及时有效地维护自己的利益。《基本条例》第11（5）条规定，如果利害关系当事方提出召开听证会的书面请求，确认他们是与案件有利害关系的当事方，会受到诉讼结果的影响，并且说明了请求听证会的具体理由，委员会就应该举行听证会。一般情况下，听证会由委员会负责办案的工作人员和要求举行听证的利害关系当事方参加。通常认为，在提交完整的调查问卷之后，利害关系当事方（尤其是出口商或者受反补贴调查影响的第三国）至少要求举行一次初步听证会，目的是提交有关损害和补贴的最新证据并对其他当事方书面提交的材料进行评论。因为委员会坚持所有关于补贴和损害的最初信息应该在答复调查

① 《基本条例》第29（3）条、第29（4）条和第29（5）条。

问卷时提交，所以他们要想有机会讨论最新的或者更多的完整信息，举行听证会就是相当重要的。但是，听证会并不是强制的，只有在反补贴案件的任何一方当事方提出要求时才会举行。任何一方也无义务参加听证会，而且不应因不参加听证会而使该当事方在诉讼中的权益受到损害。

除了上面我们所提及的听证会的目的之外，听证会并不是绝对必要的，除非当事方希望委员会负责办案的工作人员注意特定的问题。① 但是，举行听证会总是会有用处的，因为它对我们了解在每一个案件中委员会如何考虑争端的具体问题提供了指导。出口商/制造商和进口商都将会发现，由他们的律师在听证会上向委员会提交信件或备忘录表达他们的具体看法是最有效的途径。

获得公平听证的权利是欧盟法律的一项基本原则。如果作了自我申报的利害关系当事方在合适的时间内（这个时间一般是回答初步调查问卷的时间）提出召开听证会的要求，委员会就必须举行听证会。如果在截止日期前提出召开听证会的要求，委员会没有给予听证的话，将构成对答辩权的侵犯。而且这通常是法院撤销委员会所作决定的理由。②

四、不采取措施而终止调查

条例第 14 条对"不采取措施而终止反补贴调查"作了规定，具体如下。

1. 当申请被撤回，调查程序应终止，除非这种终止不符合共同体的利益。

2. 经磋商后，如认为保护措施是不必要的且咨询委员会也没有提出反对意见，调查程序应被终止。在其他所有情形下，委员会应立即向理事会递交磋商结果的报告，同时附上终止程序的建议。如果在一个月内，理事会没有以特定多数作出相反的决定，该程序应视为终止。

3. 按第 5 款的标准，可抵消补贴的金额可忽略不计时，或实际或潜在的受补贴进口产品的数量或损害的程度可忽略不计时，应终止程序。

4. 就按照第 10(11) 条启动的程序而言，如果进口的数量低于第 10(9) 条规定的数量，在通常情况下，损害视为可忽略不计。针对来自发展中国家

---

① 是否举行听证会与利害关系当事方的总体合作水平无关。
② 欧福永，冯素华：《浅议欧盟反补贴调查程序》，《文史博览》2006 年第 4 期。

进口产品的调查，如果该产品的市场份额在共同体内同类产品的市场份额中不足4%，该种受补贴进口产品的数量可忽略不计，除非来自发展中国家的产品单个市场份额低于4%，而其总额占据共同体同类产品市场份额9%以上。

5. 如果从价可抵消补贴金额不足1%，应被视为微量补贴，但下列情况除外：针对来自发展中国家的产品展开的调查，微量补贴的门槛应该是从价的2%，只是对单个出口商而言，可抵消补贴低于相关的微量水平时才能终止调查，但是该出口商仍受反补贴调查程序的约束，并且可能在按第18条和第19条的规定对所涉国家随后进行的任何复审中被重新调查。

五、反规避和反吸收措施

（一）反规避措施

规避是指一种出口产品在被另一国实施反补贴措施的情况下，出口商通过各种形式减少或避免出口产品被征收反补贴税或被适用其他形式的反补贴措施的行为；例如，出口商通过改变商品的生产地、组装地或产品形态，将产品转移到第三国或进口国国内进行装配，从而改变其产品的原产地，以规避反补贴税。反规避是指进口国为防止国外出口商规避反补贴措施的行为而采取的措施。

为确保反补贴措施的有效实施，欧盟规定了反规避调查程序。反规避调查一般针对将产品转移到第三国或欧盟内部进行装配，从而改变对欧盟的贸易方式的行为。如果欧盟认定这种行为除了规避反补贴税外，没有任何其他商业上的理由可以解释，则现行的反补贴税也将对从第三国进口的该种产品或该产品的零件适用。条例第23条对反规避的具体规定如下。

1. 当对现行有效的反补贴措施的规避行为正在发生时，按本条例征收的反补贴税可扩展至从第三国进口的同类产品，而不论该产品是否作了少许更改，或向从正遭受反补贴措施的国家进口的作了少许更改的同类产品征收，或向该产品的零件征收反补贴税。

2. 当对现行有效的反补贴措施的规避行为正在发生时，不超过按本条例第15（2）条征收的反补贴税的剩余部分的反补贴税，也可以扩展适用于从遭受反补贴措施的国家中受益于单独反补贴税的公司进口的产品。

3. 规避应被定义为改变第三国和共同体之间或正遭受反补贴措施国家的公司与共同体之间的贸易模式，这些改变是来源于实践、工序或生产中，这种改变无足够的正当理由或经济正当性，真正起因是采取了反补贴措施，并且有证据表明，对共同体产业带来损害或者这种同类产品的价格和/或数量正破坏反补贴税的救济效果，且该种进口的同类产品和/或其零件仍从补贴中获益。

第一款中所指的实践、工序或生产包括，尤其是指：

（a）对所涉产品作轻微更改使之属于通常不应受该反补贴措施约束的关税编码，只要这种更改不改变产品的根本属性；

（b）将受反补贴措施约束的产品通过第三国转卖；

（c）由出口商或生产商在遭受反补贴措施的国家重新组织销售模式和渠道，最终目的是由从受益于比适用于这类产品生产者的税率要低的单个税率的生产商将产品输入共同体。

4. 如有第1、第2、第3款列举的充足证据，委员会可动议、或应一成员国或任一利害关系当事方的请求开始调查。经过与咨询委员会的磋商，根据委员会的条例可启动调查程序，委员会条例也可要求有关海关当局按第24（5）条的规定，将进口货物进行登记，或要求提供担保。

调查应由委员会在有关海关当局的协助下进行，并应在9个月内结束。

如果最终确认的事实证明应扩展反补贴措施，理事会应根据委员会提交的、已经与咨询委员会磋商后的报告作出以上决定。理事会应通过该报告，除非它在委员会提交报告后一个月内以简单多数决定拒绝接受。

反补贴措施的扩展从依第24（5）条作出进口登记之日开始，或可以从要求提供担保的之日开始。本条例中有关发起调查及进行调查的相关程序规定，根据本条应予适用。

5. 按第24（5）条的规定或者由于货物是由享有豁免权的公司买卖，对进口货物不应采取登记措施。

6. 豁免的要求应有充分的证据，并在委员会条例确定的发起调查的期限内提出。

如果规避实践、工序或生产发生在共同体以外，豁免应授予能够证明它们与遭受反补贴措施的企业毫无关联、且没有采取第3款定义的规避措施的企业。

如果规避的实践、工序或生产是在欧盟内发生的，豁免应授予那些能证明他们与遭受反补贴措施的生产商无关的进口商。

豁免由委员会经咨询委员会磋商后作出的决定，或由作出反补贴措施的理事会的决定授予，并在决定规定的时间和条件下有效。

如果满足第 20 条规定的条件，在有关扩展反补贴措施的调查终止后，也可授予豁免权。

7. 如果扩展措施已实施一年，且出现要求或即将要求豁免的当事人数量庞大的情形，委员会可决定启动对这些扩展措施的复审。像第 19 条规定的复审一样，任何此类复审应按第 22(1) 条进行。

8. 本条的任何规定不妨碍有关关税的规定的正常适用。"

（二）反吸收措施

吸收是指在进口国已对某一进口产品征收反补贴税的情况下，出口商采取低报出口价格的方法减轻进口商因承担反补贴税产生的负担，从而降低反补贴税对其产品在进口国市场份额的影响。此种情况下，进口国可以进行反吸收调查，即如进口国发现反补贴措施对补贴产品的售价未能产生预期影响，可通过重新调查确定新的补贴幅度，并最终提高反补贴税率。

如果征收反补贴税后，该产品在欧盟市场销售的价格并未因之上涨，则欧盟将对这种吸收反补贴税的行为进行调查，重新计算税率。

第八章 欧盟的反补贴裁决

一项反补贴程序进行到一定的时间段，有关当局就应当作出相应的裁决。例如，当反补贴程序期限即将届满之前，有关当局必须作出终裁。在反补贴程序中，如果经过调查，欧盟委员会认定进口产品受益于可抵消的补贴、对生产同类产品的共同体产业造成损害或损害性威胁、并且征收反补贴税符合共同体的利益，欧盟主管当局通常会作出采取最终反补贴措施或者临时反补贴措施的决定。当然，如果经调查发现不存在上述的补贴、损害或欧盟利益，将终止调查，而不采取任何措施。另外，如果经调查发现补贴幅度或进口产品的数量是可以忽略不计的，也不采取任何措施。有关微量标准的内容在前面已经阐述，这里不再赘述。最终反补贴措施包括征收最终反补贴税和接受承诺，此类措施以欧盟理事会条例的形式采取或以委员会决定的形式采取。无论用哪种形式采取反补贴措施都要在《欧盟官方公报》L 系列上公布，临时反补贴措施实施之后，常常是采取最终反补贴措施，且临时反补贴税措施应在发起调查后不迟于 9 个月内由委员会以条例（regulation）的形式采取。

第一节 临时反补贴措施

临时反补贴措施是指各国政府在开始反补贴调查后，没有对补贴和损害作出最终决定之前，为及时制止受补贴的进口产品可能造成的损害继续扩大，对涉嫌补贴并可能造成损害的产品实行的临时性征税措施。[1] 如果委员会经过初步调查发现有补贴存在和损害发生的充分证据，并且欧盟利益要求进行干

---

① 曹建明，陈治东：《国际经济法专论（第三卷）》，法律出版社 2000 年版，第 495 页。

预以避免补贴造成进一步损害，给予了利害关系当事方充分的机会表达了各自的意见后，委员会可以应成员国的要求或自行决定征收临时反补贴税。这样，进口商向有关的欧盟成员国海关提供保证金后，其产品就可以在欧盟市场自由流通。

《基本条例》第12(1)条规定，满足下列累积条件之后，允许征收临时反补贴税：(1) 已经按照第10条的规定发起调查；及 (2) 已经为此发布公告，且根据第10(12)(2)条已经给予利害关系当事方提交信息和表达意见的充分机会；及 (3) 已经作出关于存在补贴和补贴进口产品对国内产业造成损害的初步肯定性裁定；以及 (4) 欧盟利益要求采取干预措施阻止损害。临时反补贴措施以委员会条例的方式采取，并在《欧盟官方公报》L 系列上公布。采取临时反补贴措施之前，委员会必须与代表成员国利益的咨询委员会磋商。但是，如果情况极为紧急，委员会经过磋商或通知成员国后，可以采取临时反补贴措施。在后一种情况下，委员会应当在采取反补贴措施后最迟10天内与咨询委员会进行磋商。理论上来讲，理事会根据特定多数票可以推翻委员会采取临时反补贴措施的决定，但是，在反补贴调查中，理事会迄今还从未行使过这一权利。

如果成员国要求立即干预且符合上述条件的前二项时，委员会在收到请求后最多5个工作日内，应决定是否征收临时反补贴税。[1] 这一条款为成员国直接干预反补贴程序留下了空间。也是《基本条例》与《SCM 协定》的不同之处，《基本条例》规定了公共利益条款，而《SCM 协定》则未明确规定公共利益条款。

临时反补贴税的实质是"临时性"，是为了避免损害后果的继续发生而采取的一项临时应急措施，只是反补贴调查过程中的初步裁决，是征收最终反补贴税的序曲。[2] 实际上，这意味着并不真正征收反补贴税，但是可通过承诺加以保证，一旦提供这种保证，就可以有条件地允许该产品进入欧盟市场。保证金由进口产品至欧盟的进口商支付。这在大多数情况下等于支付税款，因为有关当事人已经付了相当于税额的一笔钱。但是，如果不征收临时反补

---

① 《基本条例》第12(4)条。

② Dr Konstantions Adamantopoulos & Maria J Pereyra-Friedrichsen, *EU Anti-subsidy Law and Practice*, Palladian Law Publishing Ltd. , 2001. p 193.

贴税，或仅部分征收临时反补贴税，有关当事方并不会失去保证金的所有金额。临时反补贴税的税率不能超过临时确定的补贴幅度，要遵守"从轻征税规则"。例如，某国某企业的产品的补贴幅度是10%，对欧盟产业造成的损害幅度是6%，那么欧盟向受补贴的企业征收6%的临时反补贴税，而非征收10%的临时反补贴税（在征收最终反补贴税时也是如此）。这与《SCM协定》中建议性的"轻税规则"不同，欧盟的"从轻征税规则"是强制性的。欧盟这一做法的积极意义是显而易见的。因为反补贴的目的只是为了使资源在世界范围内得到较好的配置，促进公平竞争。所以，反补贴措施的采取必须限定在消除损害的合理范围内，否则就会成为阻碍国际贸易健康发展的一种障碍。

征收临时反补贴税的时间应不早于反补贴程序正式启动后60天，但也不得晚于程序启动后的9个月。委员会更愿意，如果不是程序启动后9个月，也是在很接近于那一时刻时采取反补贴措施。迄今为止，程序启动后60天征收临时反补贴税仍只是理论性的。然而，委员会没有向理事会建议采取临时反补贴措施的义务，而且这也不是结束程序的唯一选择。相反，委员会可以决定不向理事会建议采取临时反补贴措施，而决定继续调查直到最终阶段。如果委员会认为在临时阶段进行的损害分析不足以支持采取临时反补贴税措施时，那么它将继续调查。例如，在印度热轧钢卷案中，委员会就没有建议采取临时反补贴措施，而是继续调查直至采取最终反补贴措施。另外，在中国家用铝箔案中也是如此。[1] 尽管对出口商而言，不征收临时反补贴税是个好消息，但伴随而来的常常是，不向当事方披露委员会不征收临时反补贴税的决定的正当理由。这在出口商进行辩护时是一个障碍，因为他们不知道委员会所作决定的基本根据，因而不能有效地影响委员会的调查。临时反补贴税的最长有效期是4个月，如果不决定最终征收反补贴税，临时反补贴税征收4个月期终将自动失效。与临时反倾销税不同，《基本条例》未对4个月的期限规定延长的情况。然而，《基本条例》第7(7)条规定，临时反倾销税可以征收6个月，并可再延长3个月。实践中，在反倾销领域，临时反倾销措施就有几次失效的情形。例如，在美国和泰国大型铝电容器一案中临时反倾销

---

① See Council Regulation (EC) No 950/2001 of 14 May 2001 imposing a definitive anti-dumping duty on imports of certain aluminium foil originating in the People's Republic of China and Russia (OJ 2001 L134/1).

措施就发生了失效的情形。一旦 4 个月已过，没有采取最终反补贴措施，也没有公布结束调查，临时反补贴措施就自动失效。在这种情况下，所有的关税保证金都应退还给提供保证金的当事人。[①]

第二节　接　受　承　诺

作为征收反补贴税的另一种选择，欧盟反补贴当局可以接受承诺的方式而结案。值得注意的是以接受承诺结束调查必须在《欧盟官方公报》公布，但是结束调查并不意味着结束反补贴程序。因此对不合作的出口商而言剩余税仍然有效，然而承诺已被接受的合作出口商可以按照承诺中的条件且不缴纳反补贴税向欧盟出口产品。

承诺是出口国政府或出口商采取的、用以消除补贴对进口国生产同类产品的产业造成的损害而自愿采取同意取消或限制出口补贴的保证措施。[②] 这些保证措施一般以与对方当局达成协议的方式进行。进口国的反补贴机构接受出口国或出口商的承诺，取代征收反补贴税，同样可以消除补贴对进口国国内产业的影响、在必要的程度上为共同体产业提供救济，所以这也是一种特殊的反补贴措施。但是它与一般的反补贴措施又存在着明显的区别，两者的最大区别就在于：（1）反补贴税是由进口国政府征收，而承诺则是由涉案出口商提出并经由进口国政府接受的措施，承诺的接受即意味着对提出承诺的出口商不征收反补贴税；（2）反补贴税通常应当在无歧视的基础上征收，而承诺则是无歧视原则的一个例外，即承诺可以在区别涉案出口商的基础上作出，并非对每一个涉案出口商都得一视同仁，这也可以从承诺需要进行相应的单独讨论或者谈判之后才能作出这一特征中得到很好地体现。

在反补贴程序中，一旦作出临时的肯定性的补贴和损害的裁定，在符合以下条件时委员会可以接受令其满意的自愿承诺：[③]（1）原产地国和/或者出

---

① Dr Konstantions Adamantopoulos & Maria J Pereyra-Friedrichsen, *EU Anti-subsidy, Law And Practice*. Palladian Law Publishing Ltd. ，2001. p. 194.

② 李本：《补贴与反补贴制度分析》，北京大学出版社 2005 年版，第 63 页。

③ 《基本条例》第 13（1）条。这与反倾销不同，在反倾销调查中，欧盟委员会只接受出口商提出的价格承诺。

口国政府同意取消或限制补贴，或就其带来的影响采取有关的措施;① 或
（2）任何出口商，只要其出口从可抵消的补贴中获益，承诺修改其价格或停
止向欧盟有关地区出口，委员会在具体向咨询委员会咨询后，对补贴带来的
损害效果由此得到消除感到满意。例如，在印度热轧钢卷案中，委员会接受
了一些印度出口生产商提出的承诺。在这种情况下，如果承诺正在实施，委
员会按照《基本条例》第 12 条征收的临时反补贴税及理事会按照《基本条
例》第 15 条征收的最终反补贴税不应适用于委员会接受承诺的决定以及随后
的任何此决定的修正中所指的公司生产的有关产品和进口。在此承诺下的提
价幅度不应高于抵消可抵消的补贴金额的必要水平，并且如果价格增长幅度
足以抵消对共同体产业所造成的损害，提价幅度可低于可抵消的补贴的金额。

理论上讲，出口商/制造商的承诺必须在不迟于对最终决定作出评论时提
出。委员会可以建议出口商提出承诺或向出口商发出承诺邀请。然而，实践
中，在作出终裁之前很长的一段时间内，都可以讨论提出承诺的问题，而且
这么做也是最为明智的。

尽管接受承诺结束反补贴程序越来越呈上升趋势，委员会仍不情愿接受
承诺。承诺是否被接受依赖于案件的具体情况、所涉产品的性质以及成功监
督承诺和确保遵从承诺的能力。如果委员会认为接受一项承诺不切实际（如
实际或潜在的涉案出口商数目过大）或因为其他原因（如一般政策原因）不
能接受承诺，则无需接受该项承诺。涉案出口商可以从委员会那里获得委员
会驳回其承诺的理由，并可获得就此提出申辩的机会。在最终决定中，委员
会应当说明拒绝接受承诺的理由。由此可见，在驳回承诺问题上，主要强调
调查机构有义务说明驳回承诺的理由，至于哪些事项可以作为驳回承诺的理
由，《基本条例》只规定了一个一般条件，即接受承诺不切实际或其他原因。
这个一般性规定，使得欧盟委员会在这方面有很大的自由裁量权。这可能会
导致很多有希望得到价格承诺的出口商因为被征收高额反补贴税而被迫退出
欧盟市场。实践中，委员会驳回承诺必须具备充足的理由并履行说明义务。

---

① 在泰国滚珠案中，泰国政府承诺消除补贴造成的影响，对出口到欧盟的涉案产品征收相当于
可抵消的补贴数额的税金。委员会发布 90/266 号决定接受泰国政府的承诺。See Commission Decision of
13 June 1990 accepting an undertaking given by the Royal Thai Government in connection with the countervailing
duty proceeding concerning imports of ball bearings with a greatest external diameter not exceeding 30 mm, origi-
nating in Thailand（OJ 1990 L152/59）.

值得注意的是，如果出口商曾在欧盟针对其他产品开展的反补贴程序中违反承诺，那么在相同情形下，欧盟有关反补贴机构可依赖这一事实驳回该出口商就另一产品提出的承诺建议。也就是说，在特定情形下，出口商违反承诺的前科可以作为驳回承诺的理由。①

承诺生效后，出口商有义务执行该承诺，并在委员会监督承诺的过程中提供合作。出口商应当向委员会提交季度报告，当委员会对信息进行核实和实地核查时提供合作。此外，如果出口商的公司结构、企业生产和销售发生变化，出口商还负有立即通知的义务。如果违反承诺，例如，不及时提交承诺报告②或以低于承诺的最低价格向欧盟销售产品，将自动征收反补贴税。如果出口商没有及时提交承诺履行情况的报告，委员会的实践不是从承诺开始之后第一次发生这种情况就撤回承诺，而是警告出口商有撤回承诺的危险。③如果承诺被撤回，则临时反补贴措施或最终反补贴措施自动适用于承诺被撤回的出口商。

如果调查完成之前接受承诺，后来补贴或损害的最终决定是否定性的，价格承诺就自动失效，然而如果此种否定性终裁主要是由于承诺的存在而作出的，在一个合理的期间内维持承诺仍是适当的。当承诺被接受且与咨询委员会磋商后咨询委员会不反对时，委员会将结束反补贴调查。如果咨询委员会反对，委员会应准备向理事会作出结束反补贴调查的建议。一个月后如理事会没有作出相反的决定，调查应视为终止。也应该记得，提供承诺的机会依赖于在整个调查期间已经与委员会合作的有关政府和/或第三国出口商/制造商。④

---

① See Case T-97/95 *Sinochem Natinal Chemicals Import & Expor Corporation v. Council of the European Union* [1998] ECR 85.

② 《基本条例》第13(7)条规定，出口商有义务定期向委员会提交有关承诺履行情况的报告。这些报告必须包括出口商向欧盟销售的产品的价格的详细信息。在实践中，委员会向出口商提供可以插入相关信息的电子文本（常常是电子表格）。此类文本包含有可以自动显示是否每一笔交易都遵守了承诺中规定的最低价格的有关计算结果。

③ 《基本条例》第13(9)条和第13(10)条。

④ Dr Konstantions Adamantopoulos & Maria J Pereyra-Friedrichsen, *EU Anti-subsidy Law And Practice*, Palladian Law Publishing Ltd. , 2001. p 203.

第三节　征收最终反补贴税

一、最终反补贴税的确定和征收

反补贴税是由一国政府反补贴机构决定的，通常由海关在进口货物进入海关时征收。[①] 按照《基本条例》第 12 条的规定，一旦征收临时反补贴税，紧接着就可能采取最终反补贴措施。所以委员会应该在不迟于临时反补贴税征收期限届满之前 1 个月向理事会提出采取最终措施的建议。与临时反补贴措施（以委员会条例的形式采取）不同，最终反补贴税以理事会条例的形式征收。当然，只有与咨询委员会磋商之后，才有可能征收最终反补贴税。如果补贴被取消或者有证据证明不再授予所涉出口商利益，就不再可能征收最终反补贴税。无论在任何情况下，决定征收最终反补贴税之前都要征得成员国的同意。成员国可能拒绝委员会采取最终反补贴措施的建议，这种情况在反倾销调查中已经出现过，尽管在反补贴案件中还没有发生这种情况。如果成员国拒绝采纳委员会征收最终反补贴税的建议，临时反补贴税征收 4 个月后将自动失效，并且所有当事人提供的关税保证金都应退还给当事人。更可能发生的情况是，如果采取最终反补贴措施，就可以确保进口商为临时反补贴措施而提供的银行担保得到免除。对每个出口商或原产国征收的最终反补贴税常常（但不总是）等于或少于临时反补贴税。而且在最终反补贴税率比临时反补贴税率低的情况下，海关当局从为临时反补贴税而提供的银行担保中征收的数额等同于应该征收的最终反补贴税数额。较低的最终反补贴税和较高的临时反补贴税之间的差额只能返给所涉进口商。例如，在印度不锈钢条一案中，由于几个生产商被征收的临时反补贴税就比征收的最终反补贴税高，有关当局就把差额返还给了当事方。[②] 类似的情况在印度不锈钢丝案中也

---

① 李本：《补贴与反补贴制度分析》，北京大学出版社 2005 年版，第 64 页。

② See Council Regulation （EC） 2450/98 of 13 November 1998 imposing a definitive countervailing duty on imports of stainless steel bars originating in India and collecting definitively the provisional duty imposed （OJ 1998 L304/1） and Commission Regulation （EC） 1556/98 of 17 July 1998 imposing a provisional countervailing duty imports of stainless steel bars originating in India and amending Regulation （EC） 1084/98 imposing a provisional anti-dumping duty on imports of stainless steel bars originating in India （OJ 1998 L202/40）.

发生了。①

如果损害是指损害威胁或实质阻碍共同体产业的建立，征收临时反补贴税的规则就不同了。因此，《基本条例》第16(2)条的规定只允许在损害威胁或实质阻碍已经最终确定时，才能征收反补贴税，除非如不采取临时性措施，这一状况将发展为实质损害的情形。在其他有关这种威胁和阻碍的所有情形中，应免除任何临时反补贴税，最终的反补贴税从最终确定威胁或实质性阻碍的日期征收。

如前所述，委员会会为合作的当事方确定单独反补贴税率。然而，委员会的调查不包括不合作的生产商，因此有关他们的特别情况的信息没有提交，委员会无法获得为他们计算单独税率的信息。相应地，对不合作的生产商就会征收所谓的剩余税，正常情况下，这是在委员会的调查中确定的最高的反补贴税。然而，如果在某一调查中，合作方的当事方很少，委员会可能决定处罚不合作的当事方，对他们征收比合作当事方的最高税率还要高的剩余税。例如，在聚酯纤维（*Polyester Staple Fibers*）案中，合作的生产商仅占不到欧盟进口的所涉产品的30%，委员会认为，鉴于这么低的合作水平，为合作的公司确定的最高税率（1.5%）作为不合作的当事方的税率是不合适的。但是，为了不使那些与委员会合作的出口商处于不利地位，建议在最高税率（1.5%）和申请方声称的补贴水平（15%）之间选择一个中间点作为全国范围内的剩余税率。之所以使用中间点，是因为在反补贴调查中，委员会发现申请方声称的15%的数字极为不现实的高，结果剩余税率定为8.2%……②合成纤维案中也是如此。

考察欧共体在这方面的实践，征收反补贴税的案件基本上都采取的是征

---

① See Council Regulation（EC）1601/1999 of 12 July 1999 imposing a definitive countervailing duty and collecting definitively the provisional duty imposed on stainless steel wires with a diameter of less than 1 mm originating in India and terminating the proceeding concerning imports of stainless steel wires with a diameter of less than 1 mm originating in the Republic of Korea，Articles 1 and 2（OJ 1999 L189/26）and Commission Regulation（EC）619/1999 of 23 March 1999 imposing a provisional countervailing duty imports of stainless steel wire having a diameter of less than 1 mm originating in India and the Republic of Korea，Article 1（OJ 1999 L79/60）.

② See Commission Regulation（EC）No 1092/2000 of 24 May 2000 imposing a provisional countervailing duty on imports of styrene-butadiene-styrene thermoplastic rubber originating in Taiwan（OJ 2000 L124/26）.

收统一的反补贴税（flat duty）的形式，而根本不考虑特定的制造商或出口商从不同程度的补贴中获得的利益是不同的。这一点和反倾销的实践形成鲜明的对比。欧共体反倾销税的征收分为来自市场经济国家的产品和非市场经济国家的产品两种情况，区别对待。欧共体只对来自非市场经济国家的产品征收统一的反倾销税。如同反倾销税那样，反倾销税额不能超过倾销幅度（dumping margin），反补贴税额也不能超过临时或最终确立的可抵消的补贴的金额，可以低于这个数量，只要能够排除对欧共体产业所造成的损害就可以了。因此，在实践中，对于每一个案件都要计算损害幅度（injury margin），以决定反补贴税的最高数额。损害幅度通常是通过被补贴产品的出口价格和欧共体内相同产品的生产成本加上合理的利润相对比而得出的。①

反倾销和反补贴税是对进入欧盟的补贴或倾销产品的效果的两种补救措施。在反倾销和反补贴程序并行的情况下，《基本条例》防止为补偿同一情况而征收反倾销税和反补贴税。《基本条例》第24(1)条规定，为处理产生于倾销或出口补贴的同一情况的目的，对任何产品都不应同时征收反倾销税和反补贴税。这避免了在反倾销和反补贴程序并行的情况下以双重计算的幅度为基础征税，这个原则也可以在GATT第6.5条中找到。

在两种程序并行的情况下，委员会按照反补贴税的类型区分两种不同情况对这个原则进行了如下解释：（1）就生产补贴来说，即这些可抵消的补贴降低了所涉产品的国内和出口价格，委员会认为这样并不妨碍征收反倾销税。这背后的理论是，由于补贴降低了所涉产品的生产成本，造成了国内和出口价格都下降。委员会认为，既然倾销是国内价格（正常价值）和出口价格之间的差价，补贴对倾销幅度没有影响。然而累积征收反倾销税和反补贴税从来都不可能超过损害幅度水平。（2）就出口补贴来说，情况就不同了，因为这些措施仅是降低出口价格。实践中，当倾销幅度超过补贴幅度且出口补贴率不超过损害幅度时，委员会才累积征收反倾销和反补贴税。② 例如，在印度热轧钢卷案中，委员会决定，关于印度，由于被调查的所有的计划都构成出口补贴，因此争论的补贴导致倾销幅度增加，这使得对确立的相关补贴和倾

① 蒋小红：《欧共体反补贴立法与实践》，《法学评论》2003年第1期。

② Dr Konstantions Adamantopoulos & Maria J Pereyra-Friedrichsen, *EU Anti-subsidy Law and Practice.* Palladian Law Publishing Ltd., 2nd. ed., 2007, p 412.

销幅度征收反倾销税的同时又征收反补贴税是不适当的。征收反补贴税抵消了出口补贴的效果之后，委员会针对实际倾销幅度对反倾销税进行了调整。然而，关于中国台湾，委员会决定，被调查的计划不构成出口补贴，这使得可能按照确定的倾销幅度的全部数额征收反倾销税。①

二、最终反补贴税的追溯征收

根据欧盟法，一般来说，最终反补贴税是没有溯及力的，但是也存在例外情形：即出现所谓的紧急情势（critical circumstance），这种情况是指"争议中的受补贴产品在相对短的时间内，由于其大量进口从而引起了共同体产业难以弥补的损害"。② 出现以上情况，委员会很有可能会追溯征收反补贴税，该追溯征收应在征收临时反补贴税前 90 天内及发起调查的通知公布之后进行。除此之外，还应按委员会的要求对可能被追溯征收反补贴税的进口产品在国家关税部门进行登记。共同体产业也可自行要求采取这种进口登记，只要该请求有充足的证据予以支持。到目前为止，尽管共同体产业反复要求，欧盟境内追溯征收的情形却从未出现过。

---

① Dr Konstantions Adamantopoulos & Maria J Pereyra-Friedrichsen, *EU Anti-subsidy Law and Practice*, Palladian Law Publishing Ltd. , 2nd. ed. , 2007, p 413.

② 《基本条例》第 16(4)条。

第九章　欧盟的反补贴行政复审和退税

在反补贴领域，复审是反补贴有关当局对其作出的有关反补贴措施的裁决进行再一次审查的制度。这么做可以纠正自己作出的错误决定，或者及时根据反补贴措施采取后出现的新情况作出适当的调整，保护有关利益当事方的合法权益。有人曾经指出，大家一般都比较重视反补贴调查，殊不知反补贴只是游戏的序幕，反补贴复审才是决定游戏能否继续的关键，因为反补贴税是重新进入市场的有利机会。

《SCM 协定》第 21(1) 条规定，反补贴税应仅在抵消造成损害的补贴所必需的时间和限度内实施。其第 21(2) 条规定，主管机关在有正当理由的情况下，自行复审或在最终反补贴税的征收经过一段合理时间后，应提交正式复审必要性的肯定信息的任何利害关系当事方请求，复审继续征税的必要性。利害关系当事方有权请求主管机关复审是否需要继续征收反补贴税以抵消补贴，如取消或改变反补贴税，则损害是否有可能继续或再度发生，或同时复审两者。如作为根据本款复审的结果，主管机关确定反补贴税已无正当理由，则反补贴税应立即终止。紧接着在第 21(3) 条规定，尽管有第 1 款和第 2 款的规定，但是任何最终反补贴税应在征收之日起（或在复审涉及补贴和损害两者的情况下，自根据第 2 款进行的最近一次复审之日起，或根据本款）5 年内的某一日终止，除非主管当局在该日期之前自行进行的复审或应在该日期之前一段合理时间内由国内产业或代表国内产业提出的有充分证据的请求下进行的复审确定，反补贴税的终止有可能导致补贴和损害的继续或再度发生……因此可以看出，《SCM 协定》允许世界贸易组织成员征收反补贴税，但是反补贴税应仅在抵消补贴所必须的限度内实施，并且成员为了确保遵守这一规则制定了复审机制。

　　作为世贸组织的成员，欧盟在其反补贴法中对此作了同样的规定。《基本条例》第 17 条规定，反补贴措施只应在为抵消造成损害的补贴所必要的程度上和时间上有效。因此，在反补贴措施的正常有效期间内，可以对需要继续实施的反补贴措施进行复审。例如，最终反补贴措施，应自从其实施起 5 年后终止。《基本条例》规定了中期复审、新出口商复审（加速审议）和期终复审（日落复审）等。因此，如果一项反补贴措施的实施在程度上不适当（即过高或过低）或时间上不适当（即过长或过短），都可以通过复审的方式予以调整。本章接下来将着重分析这三种与出口商紧密相关的复审制度。

第一节　中　期　复　审

　　中期复审是指反补贴措施实施一段时间后，欧盟委员会对是否应该继续实施或改变反补贴措施进行的复审。根据《基本条例》的规定，委员会可以自行发起中期复审，也可以应欧盟成员国的请求而发起中期复审。而且，任何出口商、进口商、共同体生产商与原产国和/或出口国也可以请求进行中期复审，在这种情况下，必须是在最终反补贴措施实施后至少经过了一年的时间，而且必须提出充分的证据证明有必要进行这样的中期复审。[①] 类似的欧盟反倾销实践显示，在绝大多数情况下，委员会发起的中期复审程序是基于利害关系当事方的请求。值得注意的是，如果出口商在初始调查期间向欧盟出口所涉产品，在委员会进行初始调查时却又不提供合作，对于这样的出口商则不能向委员会请求复审。由于他们在初始调查中不提供合作，所以他们就没有任何权利。然而，对于那些在初始调查的调查期间内，不出口产品到欧盟市场，但之后出口产品到欧盟市场的出口商，他们可以按照《基本条例》第 20 条的规定要求发起新出口商复审。对于新出口商复审制度，我们将在下文论述。

　　请求中期复审的利害关系当事方必须向委员会提供"情势变化"的充分

---

　　① 值得注意的是，这个一年的期限不适用于委员会主动或应成员国的请求发起的中期复审。

证据（这种证据或者是损害方面的或者是补贴方面的)①，提供证据的目的是为了说服欧盟委员会发起中期复审。对于什么是"情势变化"，《基本条例》没有给出严格的定义。显而易见的是，当出口商能够证明他们不再从可抵消的补贴中受益时，他们将向委员会请求中期复审。《基本条例》第19(2)条对利害关系当事方发起中期复审的理由作了明确规定：如果请求中包括足够的证据证明继续实施这些反补贴措施对抵消可抵消的补贴实属不必要；和/或者如果取消或改变这类措施，损害也不太可能继续或再次发生；或者当前的措施不足以或不再足以抵消造成损害的可抵消的补贴的影响，在这些情况下就应当发起中期复审。

一般情况下，单个出口商只能提供自身"情势变化"的证据，该出口商提供的证据可能只影响到补贴的问题（因为在更宏观的经济层面上才会造成损害的发生）。例如，声称"情势变化"的根据是被调查国家政府采取的可抵消的补贴计划已经改变。在这种情况下，如果在可复审期间内，经过了一段合理期间能够使情势变化的结果表现出来，这是对所涉国的所有出口商的补贴的幅度进行复审的极好的理由。要求复审的另一个理由是，委员会对补贴计划的可抵消性（countervailability）进行的评估发生了改变。如果中期复审被以无论什么方式（或者以涵盖的出口商或者以涵盖的问题）限制了范围，那么这样的"部分"复审将不会影响初始措施的有效期限。如果中期复审涵盖与初始措施有关的所有问题，现存措施的任何改变都会导致发布采取最终反补贴税的新决定。并且，反补贴措施的典型5年期限重新开始计算。

通常情况下，中期复审请求人必须借助于一些事实，进行合乎逻辑的推理论证，令委员会相信当前的情况已经不同于反补贴措施实施之前的情况。在美国热轧铅案（USA‐Hot rolled leads)② 中，上诉机构澄清了复审的范围

---

① 如果征收的反补贴税少于已知的可抵消的补贴的数量，共同体生产商提供充分的证据证明税收并未引起共同体进口所涉产品转售价格的变动或充分变动，这时委员会应该发起中期复审。

② 在该案中，美国对进口的热轧铅征收反补贴税，而欧盟对美国的这一做法提出了异议。该案的核心问题是给予国营公司的补贴在该公司进行私有化之后是否是可抵消的补贴。上诉机构支持欧盟的立场，认为如果在私有化过程中，新的公司付出了合理的价格，补贴授予的利益并未转移给新的公司。总之，欧盟认为美国对进口的热压铅征收反补贴税是与其在《SCM协定》下的义务不符。欧盟的两个依据是：第一，在该案中，美国商务部应该对财政资助是否授予新公司"利益"进行调查；第二，美国商务部也已经发现资本的销售和私有化是基于公平市场价格的无关联交易，采取私有化之后的新公司并未从补贴中获益。

和调查当局的义务。上诉机构认为，调查当局有义务考虑当事方提交的"确切信息"（例如"财政资助"已经偿还或撤回和/或不可能再授予"利益"）。依照对利害关系当事方提出的信息进行评估，以及其他与复审期间有关的证据，调查当局必须作出是否需要继续征收反补贴税的决定。因此，委员会不能随意地忽视此类信息。上诉机构进一步指出，在行政复审时，调查当局可以假定不再发生的"财政资助"继续授予"利益"，但是，这个假定从来都不是"不可反驳的"。上诉机构认为，在这种特别情况下，由于所有权发生了变更，导致产生新的公司，根据《SCM 协定》第 21.2 条的规定，要求美国调查当局，在与这些改变有关的信息的基础之上，对不再继续的"财政资助"是否对新的公司产生了"利益"进行调查。上诉机构进一步澄清了在导致征收反补贴税的初始调查中调查当局的责任，以及在对这些反补贴税进行复审的调查中调查当局的责任，两者之间有一个分界线。由此，上诉机构认为："在初始调查中，调查当局必须确定《SCM 协定》规定的采取反补贴税的所有条件均须得到满足。然而，在行政复审中，调查当局必须说明下面这些问题：在调查是调查当局主动发起的情况下，此类问题是证明审查是否正当；在调查由利害关系当事方提起时，此类问题是利害关系当事方向委员会提交的问题。"①

《基本条例》没有规定中期复审的范围。在绝大多数情况下，中期复审的范围依请求的范围而定。中期复审不必涵盖承受当前措施的所有国家的所有出口商，并且不必同时包括补贴和损害的问题。实践中，如果是共同体产业请求中期复审，中期复审的目的可能是提高反补贴税率，那么这时就应该对补贴和损害进行全面调查，此时的中期复审就是一种全面的中期复审。如果是出口商或进口商提请中期复审，这个时候的中期复审可能旨在降低反补贴税率，此时可能只要对补贴作出调查，不一定会对损害进行调查。总之，中期复审的范围会因申请人的不同而有所不同。

在所有的案件中，要求中期复审的所有利害关系当事方都应该知道的一点是，中期复审的结果可能导致出现比以前更好或者更糟糕的状况。曾经有

---

① See WT/DS138/AB/R, 10 May 2000, Para. 61 – 63. Dr Konstantions Adamantopoulos & Maria J Pereyra-Friedrichsen, *EU Anti-subsidy Law and Practice*, Palladian Law Publishing Ltd. , 2nd. ed. , 2007, p 434.

几个反倾销案件,尽管有证据证明倾销和/或损害幅度已经降低,理事会仍然提高了反倾销税。确实,与期终复审不同,中期复审的结果可能是被复审的措施被撤销或维持,也可能是对被复审的措施进行修正,或者是提高反补贴税幅度或者是降低反补贴税幅度。因为中期复审有可能会提高征税幅度,所以对出口商而言,要求中期复审可能是一把双刃剑。①

与初始调查不同,条例没有对中期复审的调查期间作出规定。然而,委员会试图缩短中期复审的调查期间,并且在任何情况下都努力在一年内完成此类复审调查。但是,事实上复审调查期间都显得时间过长。例如,在日本影印机案(*Japan - Photocopiers*)中,复审调查历时三年多的时间才结束,当然所采取的措施在复审调查的这三年里继续有效实施。鉴于此,委员会认为复审调查之后采取的新的反补贴措施的有效期应该为2年。② 但是,也可能会发生这样的情况,即长期的复审调查结束之后,委员会发现没有理由采取新的措施,但是如果没有发起复审调查的话,最终措施应该早已失效。鉴于这种情况的存在,委员会认为撤销措施的日期应该追溯到现存措施应该届满之日。③ 在任何中期复审期间,受到此类复审的出口商必须继续缴纳对他们适用的反补贴税。一旦中期复审产生一个新的税率,如果期限得到适当的尊重,中期复审的结果反过来可能导致当事人申请退税。复审应迅速进行且通常应在发起复审后12个月内结束。无论如何,应在发起后15个月内结束。

除了期限和范围,就涉及的程序问题而言,中期复审调查时使用的调查方式与初始调查时使用的方式是一样的。实质上,委员会在进行中期复审时使用的调查方式(除非情势已经发生改变)应该与在导致采取反补贴措施的初始调查时使用的方式相同。④

---

① Dr Konstantions Adamantopoulos & Maria J Pereyra-Friedrichsen, *EU Anti-subsidy Law and Practice*, Palladian Law Publishing Ltd., 2nd. ed., 2007, p 436.

② See Council Regulation (EC) 2380/95 of 2 October 1995 imposing a definitive anti-dumping duty on imports of plain paper photocopiers originating in Japan, recital 103 (OJ 1995 L244/1).

③ See Council Regulation (EEC) 2553/93 of 13 September 1993 amending Regulation (EEC) 2089/84 imposing a definitive anti-dumping duty on imports of certain ball bearings originating in Japan and Singapore, recitals 30 - 34 (OJ 1993 L235/3) and Council Regulation (EEC) 2655/93 of 27 September 1993 repealing with retroactive effect the anti-dumping measures applying to imports into the Community of tapered roller bearings originating in Japan, recitals 7 - 10 (OJ 1993 L244/1).

④ 《基本条例》第22(6)条。

第二节　新出口商复审

反补贴程序通常仅针对有关出口国的特定出口商进行，而且以立案公告中所确定的调查期间作为调查和采取措施的基础。因而就可能存在这样的问题，即如果某一出口商在反补贴调查期间还不是出口商，那么对于此类出口商可否以及如何使用反补贴措施？这就是接下来将要分析的新出口商复审（或称加速审议）。所谓新出口商复审，是指对来自同一国家的新出口商之同类进口产品实施补贴或补贴损害调查，以便确定其产品的单独补贴幅度。这种复审制度为在欧盟反补贴调查结束后才开始向欧盟出口被征收反补贴税产品的生产商或出口商提供一次重新确定有无补贴以及反补贴税率的机会。这是对反补贴调查的一种补充，是对初始反补贴调查期间没有向欧盟出口同类产品的新出口商提供的一种不完全的法律救济制度。只对申请复审的新出口商单独进行，不影响其他中期复审或期终复审。

《基本条例》规定，被采取最终反补贴措施的出口商，如果在导致采取此类措施的调查中没有与委员会合作，当他们向欧盟出口所涉产品时，将对他们征收剩余反补贴税（residual duty）。然而，如果没有合作的原因是在相关调查期间内没有向欧盟有关地区出口所涉产品，那么这些出口商不会因此而受惩罚（情势超出了他们的控制能力）。此类出口商在开始向欧盟出口所涉产品时，为了让委员会为他们确定一个单独补贴税率，可以申请针对他们的特殊情况而设定的所谓"新出口商"复审或"加速"审议，因为他们此时开始向欧盟出口所涉产品，委员会应当为这些出口商确定一个单独反补贴税率。

如果在初始调查期间，原先不合作的出口商向欧盟地区出口所涉产品，那么就不会给予他们新出口商复审的机会。与中期复审不同，申请新出口商复审没有时间限制。实践中，至少是已经公布了最终反补贴措施之后，委员会才会接受新出口商复审申请。新出口商以这种方式，在征收最终反补贴税之后一个相对短的期限内就开始向委员会请求新出口商复审。例如，在印度不锈钢条案（*India – Stainless Steel Bars*）中，最终反补贴税征收之后不到 3 个月就发起了新出口商复审。① 又如，在印度不锈钢丝案（*India – Stainless Steel Wires*）中，征收最终反补贴税之后 2 个月就发起了新出口商复审。② 在请求新出口商复审时，新出口商必须给出如下证据：①他是新出口商，即在初始调查期间未向欧盟出口所涉产品的出口商，至于调查期间，当事方可以通过《欧盟官方公报》上的立案公告知道，因为如果立案的话，欧盟委员会将发布立案公告，所以出口商不难知道调查期间（通常是立案开始前的 6 ~ 12 个月）；②反补贴调查结束之后开始向欧盟市场出口所涉产品，或者已经签订了不可撤销的合同、订单等；③ ③与初始调查所涉的任何公司没有关联关系。一般情况下，如果一公司持有另一公司 5% 以上的股份，委员会就认为该两公司是关联公司。

就前两个标准而言，出口商证明起来相对容易，一般参照出口分类账和发票，或者其他可核实的内部公司文件。最后一个标准证明起来可能相对更难一些，包括宣告合适的公司章程和表面证据证明其持股人与现存的任何出口商没有关联。这在实地核查时尤其是一个问题，因为委员会自然会怀疑现存的出口商可能用不同的名字申请新的税率，滥用新出口商复审程序。如果委员会的怀疑得到证实，就结束新出口商复审。

一般来说，新出口商复审涉及到进入市场的特定新出口商的具体补贴幅度。此类复审一般不涉及损害问题。如果新出口商也谋求损害复审，他必须提供情势变化的证据，并且经过中期复审程序。

委员会将努力尽快结束新出口商复审。基于这个原因，新出口商复审也被称为"加速审议"。委员会的这一非正式政策被认为旨在尽可能快地结束新出口商复审，且最好在 6 个月内结束，当然也可以 9 个月内结束。只有与欧盟咨询委员会磋商之后，才可以发起新出口商复审，并且要在相关的共同体

---

① See *Notice of Initiation of an Accelerated Review of Council Regulation（EC）No 2450/98 imposing a definitive countervailing duty on imports of stainless steel bars originating in India（OJ 1999 C19/17）.*

② See *Notice of Initiation of an Accelerated Review of Council Regulation（EC）No 1601/1999 imposing a definitive countervailing duty on imports of stainless steel wire having a diameter of less than 1 mm originating in India（OJ 1999 C261/4）.*

③ 有时，几乎不可能得到确定的订单或合同。当征收最终反补贴税并且剩余税率很高时，有关公司想出口产品时尤其会发生这种情况。公司发现如果他们得付很高的税的话，将很难在欧盟找到客户买他们的产品。

产业有了评论的机会之后。然而，经验证明，一旦委员会建议发起新出口商复审，将毫无阻碍地开始新出口商复审程序。

在新出口商复审期间，所涉出口商只能在缴纳了剩余税之后才能出口所涉商品。这与反倾销领域的新出口商复审不同，在反倾销领域，一旦发起复审，进口到欧盟的产品开始被登记，且不缴纳剩余税，因为复审结束后为新出口商计算出一个最终税率，有了进口登记可以追溯征收反倾销税。然而，在反补贴领域，一旦新出口商复审完成，如果要征收的反补贴税比剩余税要少，按照正常的退税程序，新出口商能够提出退税申请。退税程序是非常快的，因为在新出口商复审程序中已经包含了所有的必要计算。①

第三节　期　终　复　审

期终复审，又被称作"日落"复审，是指反补贴措施实施 5 年期终时，欧盟委员会对反补贴措施是否应该如期终止而进行的审查行为。"日落"复审或期终复审的目的在于避免这样的情况，即反补贴措施实施 5 年后当然结束的话可能会引起补贴和损害的继续或再次发生。显然，出口商对要求此类复审没有兴趣，因为此类复审的结果可能是继续采取反补贴措施到超越标准期限。所以主动发起对现存反补贴措施的日落复审是委员会（依职权）和共同体生产商/产业的责任。尽管委员会有权依职权发起复审，但是根据委员会多年的实践来看，委员会一般不会主动发起日落复审。这与它在中期复审中扮演的积极角色有很大的不同。然而美国则由商务部发起日落复审，排除国内产业申请的情况。② 欧盟之所以这么做的一个重要原因就是《基本条例》提供了同时进行中期复审和日落复审的可能性。把这两种复审相结合使委员会能够及时调整现有措施的保护力度以适应变化了的客观情况，同时也解决了日落复审本身不能作出修改反补贴措施的裁决的问题。而启动中期复审的证

---

① Dr Konstantions Adamantopoulos & Maria J Pereyra-Friedrichsen, *EU Anti-subsidy Law and Practice*, Palladian Law Publishing Ltd. , 2nd. ed. , 2007, p 440.

② 杨方：《欧共体反倾销日落复审制度研究》，《2006 年中国青年国际法学者暨博士生论坛论文集》，中国国际法学会、武汉大学法学院、武汉大学国际法研究所主办，第 359 页。

据标准远没有启动反补贴初始调查程序的证据标准严格。① 尽管《基本条例》要求在启动复审调查时要有补贴、损害和因果关系等的充分证据，但委员会在自行启动复审时常常仅以行政便利为由。也即，一方面日落复审和中期复审经常同时进行，另一方面启动中期复审程序又相当容易，况且在两种复审结合进行的情况下，大多数反补贴措施一直持续有效。

日落复审程序的启动是必须具备一定条件的，在不同的启动情形下，主管机关对于国内生产商、进口商、国外生产商等相关利害关系方提出了不同的要求。如前所述，欧盟委员会一般不会主动发起日落复审，因此问题就主要集中在欧盟委员会依申请而进行复审的情形下，欧盟有关法律对相关利害关系方提出的要求。《基本条例》第 18(4) 条规定，反补贴措施实施期间的最后一年的合适时间，在《欧盟官方公报》上公布反补贴措施即将终止的通知，共同体生产商，在不迟于这 5 年期限终止前的 3 个月内，可以要求发起日落复审。此类复审请求中要有足够的证据来证明终止反补贴措施可能会导致补贴或损害的继续或再次发生，这是日落复审的重点。条例第 18(2) 条规定，补贴或损害继续发生的可能性可以通过以下证据证明，例如，补贴或损害继续发生的证据，或损害的消除部分或全部由于现存措施的存在，或出口商的有关情况或市场条件的证据。这一规定是对申请方提出的要求，而对被申请方并不要求，这就意味着被申请方并无明文法律依据支持其提供证据的权利，对于外国出口商和生产商来说，他们在日落复审的启动一开始就处于不利的位置。

如果发起日落复审，将向出口商/制造商、进口商、欧盟生产商和第三国政府发送调查问卷，并且此类调查类似于初始调查，由委员会执行。《基本条例》第 18(3) 条规定，展开复审调查时，委员会应该给予出口商、进口商、原产国和/或出口国，以及共同体内的生产商阐述、反驳或评论在复审请求中列举的事项的机会；在作出结论时，应适当注意相关的和正式用文件证明的证据，以及此类证据与终止这些措施会不会导致补贴及损害的继续或再次发生是否有关。复审应迅速进行且通常应在发起复审后 12 个月内结束。无论如何，应在发起后 15 个月内结束。在复审结果出来之前，应继续维持最终措施

---

① 杨方：《欧共体反倾销日落复审制度研究》，《2006 年中国青年国际法学者暨博士生论坛论文集（经济法学卷）》，中国国际法学会、武汉大学法学院、武汉大学国际法研究所主办，第 360 页。

的效力。因此，当发生日落复审时，即使 5 年期限已到，反补贴税仍然是有效的。如果主管机关在反补贴税临近到期日之前发起，并尽量拖延复审结果的发布，就可以对国内产业提供较长时间的保护。[①]

日落复审的结果可能是现存措施的维持或撤销。因此，与中期复审不同，反补贴措施不能在期终复审中被修正。然而，为了能够对现存措施作出修改，日落复审的同时可以进行中期复审。例如，在土耳其聚酯纤维（*Turkey – Polyester Fibers and Polyester Yarns*）案中，委员会应共同体产业的请求发起期终复审时，就按照条例第 13(6)条主动发起了中期复审调查。[②]

如果反补贴措施即将终止的通知公布后，欧盟生产商没有请求发起日落复审，或者在给定的截止日期内没有提供必要的证据，而且委员会决定不依职权发起复审，反补贴措施在 5 年期终时失效。如果是这样的话，委员会也发布一个公告宣告反补贴措施期限届满。[③] 应该注意的是，尽管日落复审是欧盟产业唱主角，但也是出口商重返欧盟市场的一个良机。

第四节　退　税

反补贴税的目标是提高进口产品的价格达到无补贴或无损害的水平。然而，必须承认这一点，即委员会实际调查时参照调查期间计算出来的税率，以及理论上的 5 年征税期，就可能会出现税收或税率不合适的情况。鉴于这种现实可能性，除了复审条款之外，《基本条例》第 21 条规定了退税程序。然而，和复审一样，退税也要求确定补贴和/或损害，因此退税对复审常常有增效作用。退税程序使得进口商可以提出退还已征收的反补贴税，如果他们能在申请中证明，可抵消的补贴（税额是以这一数量为基础计算的）已经被取消或已被减少到低于现行征收的反补贴税水平时。[④] 这说明所涉产品和出口公司不再从可抵消的补贴中受益，或者获益的水平低于现行征收的反补贴税

---

① Dr Konstantions Adamantopoulos & Maria J Pereyra-Friedrichsen, *EU Anti-subsidy Law and Practice*, Palladian Law Publishing Ltd., 2nd. ed., 2007, p 443.

② See *Notice of Initiation of a Review of Countervailing Measures Concerning Imports of Polyester Fibers and Polyester Yarns Originating in Turkey*（OJ 1996 C276/5）.

③ 《基本条例》第 18(4)条。

④ 《基本条例》第 21(1)条。

水平。值得注意的是，退税不可能仅基于税收水平高于损害幅度。到目前为止似乎还没有出现要求退还反补贴税的例子，但是仍有这种可能性，并且委员会完全预期到了这种可能性。①

反补贴退税申请程序非常类似于反倾销领域的此类程序。要求退还反补贴税时，进口商应向委员会提出申请。退税申请应在主管当局作出征收反补贴税决定后的 6 个月内，或最终作出征收临时税的决定后 6 个月内经由该产品进入自由流通的欧盟成员国海关当局提出。一般认为，这一时刻是进口商向国家海关当局纳税的时刻。必须遵守这一期限，否则将拒绝退税申请。例如，在 China‐Espadrills、② USA‐Vinyl Acetate Monomer③ 和 Japan‐Hydraulic Excavators 案④中，由于有关当事方没有在规定的期限内提出退税申请，委员会就驳回了当事方的申请。

成功的退税申请要求当事方必须再次证明情势已经发生根本变化，因而导致适用的反补贴税率不再是适当的。⑤ 申请书中至少要包括如下内容：应退还的反补贴税额的精确信息；与计算和支付这一数额有关的所有海关单证；和在一有代表性的期间内⑥向出口商或生产商（反补贴税适用的对象）征收的反补贴税数额的证据。《基本条例》规定，如果进口商与所涉出口商或生产商无关联关系，并且有关征收的反补贴数额的证据无法立即获得，或者出口商（或生产商）不愿意把此类信息交给提请退税的进口商，退税申请中应包含一个来自所涉出口商或生产商的有关补贴已经取消或降低的声明，那么这些有关的支持证据就可以向委员会提供。如果出口商或生产商没有在合理的

---

① Dr Konstantions Adamantopoulos & Maria J Pereyra-Friedrichsen, *EU Anti-subsidy Law and Practice*, Palladian Law Publishing Ltd., 2nd. ed., 2007, p 446.

② See Commission Regulation (EC) No 2856/95 of 11 December 1995 amending Regulation (EC) No 1445/95 on rules of application for import and export licences in the beef and veal sector (OJ 1995 L229/10).

③ See Commission Decision of 6 august 1990 concerning applications for refund of anti-dumping duties collected on the import of vinyl acetate monomer originating in the United States of America (Gantrade (UK) Ltd) (OJ 1990 L240/19).

④ See Commission Decision of 21 March 1989 concerning applications for refund of anti-dumping duties collected on certain imports of hydraulic excavators originating in Japan (Tridiam Ltd) (Only the English text is authentic) (OJ 1989 L108/9).

⑤ 《基本条例》第 21(3) 条。

⑥ 因为《基本条例》没有对此类期间进行规定，所以欧盟委员会的通常做法是把退税申请前的 6 个月作为这一期间。

期限内提供此类证据，退税申请就会被驳回。例如，在日本 CD 播放机（*Japan – Compact Disc Players*）案中就是如此。① 如果申请中提供的上述证据不充分，委员会一般会规定一个提出证据的合理期限。不遵守这一期限将导致最终驳回申请。例如，在墨西哥和南斯拉夫平板钢案（*Mexico and Yugoslavia – Flat Rolled Steel Products*）中就是如此。②

在准予退税申请前，委员会将与咨询委员会进行磋商。在磋商过程中，委员会可以在任何时候发起中期复审。在中期复审的退税程序中，如果情势没有改变，委员会应适用在导致征收反补贴税的调查中所用的同样的调查方法。为了确定退税是否正当，在按复审的相关规定进行的审议中得到的那些信息和调查结果将用于决定该退税是否正当。在进口商提供适当证据证明的退税申请提出后的 12 个月内，或无论如何不超 18 个月，应进行退税。如果授权退税，一般情况下成员国应在委员会决定准予退税后 90 天内实际支付核准的退税款。③

---

① See Commission Decision of 9 April 1991 concerning an application for reimbursement of anti-dumping duties collected on imports of certain kinds of compact disc players originating in Japan（Harman Deutschland）（Only the German text is authentic）（OJ 1991 L104/44）.

② See Commission Decision of 22 February 1990 concerning an application for refund of an anti-dumping duty colleted on the imports of flat-rolled products of iron or iron-alloy steel originating in Mexico and Yugoslavia（Transformados Siderurgicos，SA）（Only the Spanish text is authentic）（OJ 1990 L60/17）.

③ 《基本条例》第 21（4）条。

第十章 欧盟反补贴司法审查制度

第一节 反补贴司法审查的含义和欧盟的规定

一、反补贴司法审查的内涵

反补贴是世界贸易组织允许采用的保护国内产业、维护贸易秩序和公平竞争的法律手段之一，但是这一制度常被一国政府出于自我保护的目的而滥用，从而使外国竞争者在该国市场处于劣势地位，造成国际贸易的不公平竞争，妨碍有序的贸易环境的形成。鉴于此，为防止主权国家以反补贴之名行贸易保护主义之实，确保当事人的合法利益不受侵犯，WTO 和各主权国家都认同设立反补贴司法审查制度的做法，赋予当事人寻求司法救济的权利。

其实早在关税及贸易总协定（General Agreement on Tariffs and Trade，GATT）第 10.3(b) 条就对司法审查作出了规定[①]，但这只是一个总体要求，其审查范围也仅限于与海关事项有关的行政行为，再加上当时许多具体协议并没有规定司法审查的条款，所以该规定的作用并不明显。[②] 乌拉圭回合达成的《SCM 协定》第 23 条规定："国内立法中包含反补贴税措施规定的每一成员均应设有司法、仲裁或行政庭或程序，其目的特别包括迅速审查与最终裁定的行政行为有关、且属第 21 条范围内的对裁定的审查。此类法庭或程序应独立于负责所涉裁定或审查的主管机关，且应向参与行政程序及直接和间接

---

① GATT 第 10.3(b) 条："每个缔约方都应维持或尽快设立司法、仲裁或行政庭或行政程序，其目的在于迅速审查和纠正与海关事项相关的行政行为。此类法庭或程序应独立于受委托负责行政实施的机构。"
② 陈宪民：《国际贸易法专论》，北京大学出版社 2007 年版，第 454 页。

受行政行为影响的所有利害关系方提供了解审查情况的机会"。这不但重申了成员国有在国内设立反补贴司法审查制度的义务，强调了司法审查的独立性，还强调应赋予受反补贴行政裁决和程序影响的所有利害关系人参加到程序中来的权利。①

所谓反补贴司法审查，是指反补贴的利害关系人对进口国反补贴调查主管机关在反补贴过程中所作出的裁决或规定不服，依据有关法律向有管辖权的机构提出审查请求，由有权机构对该反补贴的事实认定、法律解释及适用、实施程序及最后处理结果进行审理并作出独立判决的活动。反补贴司法审查制度作为国际贸易救济司法审查制度的一种，其目的在于用法律的强制力确保一国的反补贴行为和措施符合该国的反补贴国内法和《SCM 协定》的规定，对利害关系人进行司法救济。反补贴司法审查制度是 WTO 反补贴法律制度得以在成员国实施的重要制度保障，同时也是解决反补贴争端的一种方式。

二、欧盟反补贴司法审查相关立法规定

《基本条例》并没有制定出详尽明确的关于反补贴司法审查的条款，在实践中，法院必须援引欧盟条约的相关条文以及欧洲法院的判例法。国内宪政体制下司法权对行政权的控制与约束，表现在欧盟的司法体系中，就是欧盟法院对欧盟委员会和理事会以及其他权力机构的制衡。欧盟法院是欧盟的司法机构，对欧盟机构行为的合法性进行审查，以确保欧盟法律得到统一解释与适用。欧盟法院对委员会的行政行为实施的司法审查，主要是依据《欧盟运行条约》第 261 条和第 263 条②。根据该条约第 261 条的规定，由欧盟委员会和欧盟理事会联合制定的条例，以及由欧盟理事会单独制定的各项规则，可授予欧盟法院对上述各项规则所规定的制裁行使无限管辖权。也就是说，在条例有特别规定的前提下，欧盟法院有权对欧盟机构作出的处罚决定实施全面的司法审查，这种审查权不受任何限制。该条约第 263 条规定，欧盟法院应当对具有立法性质的行为，欧盟理事会、委员会和欧洲中央银行的行为，以及欧盟议会与欧盟理事会可能对第三方产生法律后果的各种行为的合法性

---

① 单一：《反补贴措施的司法审查》，《法律适用》2007 年第 6 期。

② 《里斯本条约》于 2009 年 12 月 1 日生效，欧洲联盟原有基础条约的条文被重新进行编排，本文所引用的条约及其条文内容，如无特殊说明，均以重新编排后的最新版本为准。

进行审查。这种审查通过条约设定的各种诉讼模式和程序来实现。①

在反补贴领域中，法律适用过程中的方方面面，始终都渗透着行政机关自由裁量权的行使。② 因此，对欧盟机构反补贴的行政活动予以高强度的司法审查，是保护当事人合法权益的必然选择。

第二节　欧盟反补贴司法审查的主体

一、欧盟反补贴司法审查的管辖机构

虽然跟世界上其他大多数国家一样，欧盟的司法审查由法院管辖，但欧盟的管辖法院在格局设置和管辖权分工上都与众不同。根据相关法规及司法实践，欧盟反补贴司法审查形成了事实上的两级受审制：即反补贴的利害关系人可以就成员国执行反补贴措施的行政行为要求成员国国内法院给予司法保护，而针对欧盟理事会和欧盟委员会在反补贴调查程序中作出的各种条例和决定，需要向欧洲联盟法院提起司法审查。由于前者属于成员国国内行政程序的范畴，所以本文只从后一角度出发，讨论欧洲联盟法院对反补贴措施的司法审查。

（一）机构设置

《欧洲联盟条约》第 19 条规定：欧洲联盟法院（以下简称欧盟法院）包括联盟法院、普通法院和特别法庭。欧盟法院在解释和适用本两项条约③方面保证尊重法律。各国应建立必要的上诉制度以确保欧盟法律领域内的有效司法保护。欧盟法院根据条约行使以下职权：（1）对成员国、欧盟机构、自然人或法人提起的诉讼进行判决；（2）根据成员国国内法院的请求，对涉及欧盟法律的解释问题或涉及联盟各机构所作决议的效力问题进行先行裁决；（3）对条约规定的其他事项进行判决。④ 如此可以看出，欧盟反补贴司法审查就由欧盟法院管辖，只是其系统内的法院在职权分工上存在差异。

---

① 李滨：《从欧盟反托拉斯规则的司法审查看中国〈反垄断法〉之完善》，《东方法学》2011 年第 1 期。

② 方小敏：《论欧共体对反倾销措施的司法审查制度》，《环球法律评论》2003 秋季号。

③ 指 2009 年经《里斯本条约》修改后的《欧洲联盟条约》和《欧盟运行条约》合并文本，下同。

④ 苏明忠译：《欧盟基础法》，国际文化出版公司 2010 年版，第 487 页。

(二) 管辖权限

根据《欧盟运行条约》第256条，普通法院的初审权扩展到了所有的无效之诉、不作为之诉和损害赔偿之诉（这些诉讼类型在下文有详述），无论提起的主体是否为特权原告（详见下文）。此外，普通法院较成立之初有了新的职能。首先，第257第1款规定欧洲议会和理事会可以按照一定程序设立附属于普通法院的特别法庭，负责对涉及特别事项的某些种类的诉讼行使初审管辖权。针对特别法庭判决中的法律部分，当事人可向普通法院提出上诉，这就使得普通法院被赋予了一定的上诉法院的职能。其次，第256条第3款还赋予普通法院对欧盟法院规约（即《欧洲联盟法律规约议定书》，下同）所确定的特别事项适用"先行裁决程序"行使管辖权。原则上，普通法院在上诉审中作出的判决及对先行裁决案件中所作的决定都是终局的，只有在联盟法律的统一性或一致性受到威胁时，联盟法院才会"在极例外的情况下并根据欧盟法院规约所规定的条件与限制"，对上述普通法院的裁决行使复审权。

根据欧盟法律，普通法院是完全独立于联盟法院的，而特别法庭则隶属于普通法院。欧盟法院规约第51条规定，针对"理事会根据其制定的符合欧盟运行条约第207条含义的保护贸易措施的规则而制定的文件"而提起的诉讼由普通法院管辖。而该207条所界定的"保护贸易措施"包括为反倾销和反补贴做采取的保护贸易措施。由此，普通法院对反补贴司法审查案件拥有初审管辖权，对于初审法院的审理结果不服的当事人可以根据欧盟运行条约第251条第1款的规定，仅就法律部分向联盟法院提起上诉。联盟法院的决定是最终判决，同时也承担了普通法院的上诉法院职能。

这样，随着新的里斯本条约的生效，欧盟法院对反补贴的司法审查全部由普通法院负责初审，联盟法院终审。而欧盟运行条约对普通法院法官人数及任职资格都有明确的要求，具有专门知识和经验的法官从事特定领域争议的工作，为扩大反补贴司法审查的深度和广度提供了便利，使反补贴司法审查这类案件的解决有了可能。

二、欧盟反补贴司法审查的适格原告

原告资格问题涉及哪些利害关系人可以将欧盟机构的行为事项诉诸法院，

其范围界定得过宽或过窄都可能产生不正义。因此，无论是在反倾销司法审查案件中还是在反补贴司法审查案件中，欧盟法院将大量精力放在了审查原告的适格性（locus standi）问题上。

通过解读《欧盟运行条约》第 263 条和第 265 条，可以看出，在欧盟存在两种类型的原告，一种是成员国、欧盟理事会和欧盟委员会（成员国和欧盟机构），它们的原告资格是由法律明确赋予的，它们的特殊法律地位决定了它们对反补贴提起司法审查的诉权，不需要证明其与某一案件有特殊的利益，这类原告被称为"特权原告"（privileged applicants）①。另一种是欧盟法中的自然人或法人（natural or legal person）。虽然欧盟法律规定他们享有诉权，但在具体个案中，他们通常要自证欧盟的某项反补贴措施是指向他们的决定（decision）或者某项措施实际上是一项决定，并与他有直接和个别的联系（direct and individual concern），这类原告被称为"无特权原告"（non-privileged applicants）。本文只对无特权原告的资格问题展开讨论。

（一）无特权原告享有诉权的前提：直接的和个别的联系

《欧盟运行条约》第 263 条第 4 款规定："任何自然人或法人，可⋯⋯针对以其本身作为对象的法律文件、针对直接地或个别地涉及其利益的法律文件或针对直接涉及其自身利益但不要求制定实施措施的规则性文件提起诉讼"。此处明确提到了无特权原告享有诉权的前提，即符合"直接的和个别的联系"。当被诉反补贴措施是一个具体的决定时，起诉人必须证明其为该决定针对的个人；当被诉反补贴措施是以条例（regulation）形式出现时，起诉人要证明该条例对他而言实质上是决定，与他具有直接和个别的联系。

根据欧盟法，决定对于其具体针对的对象有拘束力。一项措施如果以决定的形式出现并影响到某个体的法律地位，那么不需要任何进一步的实施行动，该措施都与该个体具有直接的联系。由于这类措施是自动执行的，不要求成员国另外颁布执行该措施的决定，并且成员国在执行时不享有自由裁量权，该措施对申请人产生立即的、自动的和不可避免的（而不仅仅是可能的）不利法律影响。②

---

① 根据《欧盟运行条约》第 263 条第 2、第 3 款规定，欧洲议会、审计法院、欧洲中央银行和地区委员会理论上对反补贴案件享有诉权，但从目前情形看，它们与反补贴诉讼之间不存在利益关系。

② Case 294 / 83 *Les Verts v. Parliament* ［1986］ECR 1339, recital 31.

对于"个别联系"的界定标准，法院在 *Plaumann* 案①中指出：如果个体基于其自身的某种特定的特征，或者是有能将他与所有其他人相区别开来的特殊情况而被某一决定个别化，就像该决定的调整对象一样，即使他不是该决定指向的对象，他也与这一决定有个别的联系。这适用于那些因其本质而实际上构成决定的条例。

根据 *Plaumann* 案的判决，一项措施与申请方有个别的联系要满足以下两个方面的要素：第一，受该措施影响的那一类个体应在措施作出的时候就已明确；第二，该申请方属于那一类个体，也就是说受欧盟行动影响的人的数量和身份必须在采取行动时就已确定并不可改变。委员会必须要知道或者能够确定哪些人的利益受到其措施的影响，只有这样才能确定该个体与措施是否有个别联系。②

在反补贴案件中，由于会涉及不同的主体，且有些措施是以条例的形式出现，有些是以决定形式出现，情况非常复杂。所以原告是否具有提起某一项诉讼的诉权，取决于该有争议的措施及该原告本身的特点。③

（二）无特权原告的具体种类

只有反补贴措施直接涉及或针对，或者与该措施有个别联系的特定主体才享有诉权，这一原则决定了欧盟反补贴司法审查诉讼的原告范围。由于欧盟的反补贴司法审查实践不如反倾销司法审查成熟，而二者在程序和性质上具有相似性，所以反倾销领域中的相关司法实践基本上适用于反补贴案件中，欧盟法院在其反倾销司法审查案件中发展出来的，用来确定原告资格的标准对反补贴司法审查案件也基本适用。因而欧盟反补贴司法审查案件中的原告主要有以下种类。

1. 生产商和出口商

出口国涉案产品的生产者和出口自己产品的出口商是欧盟委员会或理事会的反补贴调查首先直接针对的对象，所以他们一般都要参与到欧盟的反补贴程序中，他们的名字也会出现在欧盟随后作出的反补贴措施文件中。因而

---

① Case 25 / 62 *Plaumann v. Commission* [1962] ECR 95.

② *Themistoklis K. Giannakopoulos*，*A Concise Guide to EU Anti-dumping/Anti-subsidies Procedures*，2006，p 182.

③ 同上注。

这类企业原则上可认定为是反补贴措施直接针对的对象，是有权对反补贴条例提出抗辩的主要原告方。

在 *Allied Corporation* Ⅰ①案中，法院认为根据条约第 230 条（现为第 263 条）的标准，虽然征收两反税的条例无论从其本质上来讲还是从其适用范围来看，都具有立法性质，但是他们适用于所有的贸易主体，因而可以认为它们与那些被诉从事倾销行为的生产商和出口商之间存在直接和个别的联系。根据反倾销条例，反倾销税只能是作为对涉及个别化了的公司的生产成本和出口价格的事实的认定结果而征收的。因此征税条例对于那些能证明他们在条例中被委员会或理事会确认了身份或参与了初步调查程序的生产商和出口商有直接和个别的联系。② 在这个案件中，法院的判决设定了一个过宽的标准，法院还曾因此而受到指责。但是这个判决是公正的，因为它至少保证了程序的公正性。

从 *Allied* 案中还可以得出，那些没有直接参与反倾销调查，也未在条例中特别提及的出口商不享有条约第 230 条（现为第 263 条）项下的诉权。尽管如此，有些出口商会主动申请要求加入到调查中，而在欧盟委员会开始调查时还未开始进口的公司也可以要求承担义务或要求免除征税。这些申请就算被委员会拒绝，都将是一项决定，申请者自然而然地也就享有了诉权。③ 出口商因配合委员会调查而获得原告资格这一原则在 *Climax Paper Converters* 案中也得到了确认。④ 这一点对我国企业的现实意义十分巨大：在欧盟的反补贴调查程序中，积极应对并主动配合调查很重要，因为一旦欧盟采取的反补贴措施危及到了自身的利益，通过对调查程序的参与，还可能因为拥有反补贴司法审查的原告资格而获得最后的救济。

如果出口商来自非市场经济国家，欧盟法院也会采用像 *Allied* Ⅰ案中的做法。如在 *Shanghai Bicycles* 案中，法院认为：为与反倾销条例有个别联系而受到牵连的个体而设置的司法保护，不应受到对其所属国的认定问题的影响。⑤

---

① ECJ Joined Case 239 * 82 and 275 / 82, *Allied and Others v. Commission*, [1984] *ECR* 1005.

② Allied Ⅰ, op. cit., recitals 10 – 12.

③ Themistoklis K. Giannakopoulos, *A Concise Guide to EU Anti-dumping/Anti-subsidies Procedures*, 2006, p 188.

④ *Climax Paper Converters*, op. cit., recitals 49 – 51.

⑤ *Shanghai Bicycles*, op. cit., recital 38.

只要该公司是独立的且卷入了反倾销调查程序，就应当享有受到司法保护的权利，也即拥有提起司法审查的权利。

2. 进口商

关于进口商的适格问题相对比较复杂。在 *Ball Bearings* 案中，进口商的行为具有可受理性，因为他们与出口商之间具有直接的商业联系，但这并不能作为关于进口商适格问题的一般性结论。实践中，要区分独立进口商和非独立进口商，并且要根据个案加以确定。

对于独立进口商而言，反补贴措施具有普遍适用意义，并不特别指向他们，所以他们没有诉权，这一点在 *Allsuisse* 案①中得以确认。独立进口商只能依法向征收反补贴税的成员国法院起诉，并借助欧洲法院的先行裁决程序，要求审查条例的合法性。

作为独立进口商不具有诉权的特例，如果该进口商能证明存在特定个体特性和情形，使之从所有其他独立进口商群体中区分开来，则他享有诉权，这一例外在 *Extramet* 案中有所体现。该案中法院认为原告具备这些特定个体特征，因为他是涉案产品最大的进口商，同时他又是该产品的最终消费者。另外，他的商业活动很大程度上独立于其他进口商，因为该产品的生产商，除了反倾销措施所涉的生产者外，共同体内只有一位该类产品的生产者，但该生产者同时也是原告的竞争者，因而后者很难从共同体内这个生产商处获得满意的产品。② 鉴于此案中众多因素共同形成了原告区别于其他进口商的特别地位和处境，欧盟法院破例外地肯定了这个独立进口商的诉讼主体资格。现在看来，*Extramet* 案具有双重意义：一是法院对直接和个别约束力作了补充解释，把符合一定条件并参加了调查的进口商也视为受相关行政行为的直接和个别地约束；二是法院通过新的判例修改了原来的先例规则。如同该案法官指出的，硬是把进口商与生产商、出口商、申请方分开来是不符合逻辑的。③

就非独立进口商而言，如果能证明先前的反补贴程序涉及到他并且委员

---

① ECJ Case 307 / 81, *Alluisse Italia s. p. a. v. Council and Commission*, ［1982］ECR 3463.

② *Extramet*, op. cit., recital 17.

③ 傅东辉：《欧盟对反倾销等贸易保护措施的司法审查制度》，《中国律师》2002 年第 9 期。

会的反补贴条例个别地针对他，则他有权提起诉讼。① 在 *Allied* Ⅰ 案中，法院认为与出口商相关联的进口商可以针对条例提起诉讼，尤其是他们在欧共体内的销售价格被用来作为确定出口价格时，理由是该进口商可以通过确定销售价格的高低影响对反补贴事实的认定及反补贴税的最终确定。②

3. 欧共体产业

作为反补贴调查中的申请方，欧共体产业占据着一个特殊的位置，欧盟法院已经在 *Fediol* 案中确认了欧共体产业的原告资格，法院裁决认为："条例承认因非成员国的补贴行为而受到损害的企业和企业集团，对于欧共体启动保护行动具有合法利益（a legitimate interest）。它必须因而承认它们享有条例赋予它们的法律框架内的诉讼权。"③ 欧共体产业对欧盟机构不发起调查、认为最终反补贴税的征税幅度（税率确定）过低、对于征税产品的范围限定得过窄等事项有权提起诉讼。④ 但这一问题曾在 *Timex* 案⑤中有过争议。该案的原告，同时也是反补贴调查的申请者，对于最终反补贴税条例不服而起诉。欧盟机构认为原告行为无可受理性，原因是条例不是针对原告这个单独企业的，条例中也未提及原告，条例对所有涉案产品的欧共体生产商都适用。法院则认为原告行为具有可受理性，原因是有一个将申请者包括在内的贸易协会已代表所有生产商提出了申请，更何况原告在这之前就已提出过申请，不过那个时候法院基于该起诉来自单独的某一共同体生产商而拒绝受理。原告也在发起反倾销调查中扮演了重要角色，反倾销税在很大程度上也是根据原告的信息而最终确定的。⑥ 这样，只要条件符合，欧共体产业中单独的某一家企业也可以向法院提起司法审查。

4. 使用者和消费者

在欧盟，涉案产品的使用者与消费者（组织）是与被控补贴国具有相同

---

① 方小敏：《论欧共体对反倾销措施的司法审查制度》，《环球法律评论》2003 秋季号。

② Case T－164／94 *Ferchimex v. Council*［1995］ECR Ⅱ-2681，recitals 34－37；Champion Stationery，op. cit.，recital 16.

③ Case 191／82，*Fediol v Commission*，［1983］ECR 2913，para. 31.

④ Muller－Khan－Neumann，op. cit.，p. 533.

⑤ ECJ Case C－264／82，*Timex Corporation. v. Council and Commission*，［1985］ECR 849.

⑥ Themistoklis K. Giannakopoulos. *A Concise Guide to EU Anti-dumping/Anti-subsidies Procedures*，2006，p 198.

经济利益的群体，然而政府征收反补贴税只是通过提高商品的最终价格对他们产生间接的影响，所以对于反补贴程序及采取的措施他们一般不享有诉权。但是这一情形不是绝对的。最早承认使用者和消费者具有当事人资格的是BEUC案，这是一起反倾销司法审查案件。该案中，消费者协会要求查看反倾销调查案件中的非机密性文件，但遭到欧盟委员会的拒绝。于是消费者协会将委员会诉至法院，认为其侵犯了自己依反倾销条例享有的参与反倾销调查程序，并对被调查产品表明其利害关系的权利。他们的主张得到了法院的支持。据此，在反补贴司法审查案件中，使用者与消费者也有参与反补贴程序并获知相关资料信息的权利，这一权利现已明确规定在《基本条例》第11条中，如果该权利得不到保障，他们将拥有提起司法审查的原告资格。

三、欧盟反补贴司法审查的被告

反补贴司法审查的被告是指在反补贴案件中其行为侵犯了原告的合法权益而受到指控的政府机构或部门。关于欧盟司法审查案件中的被告问题，在理论和实践中都不存在争议。根据《基本条例》，欧盟委员会有权进行反补贴调查及确定采取临时措施，欧盟理事会有权决定是否采取最终反补贴税，而欧盟各成员国（通常为各国海关）则有权根据欧盟委员会和欧盟理事会的条例或决定执行各种反补贴措施。所以，反补贴的利害关系人如果不服反补贴调查行政程序中的条例或决定，可以欧盟委员会或欧盟理事会为被告，向欧盟法院起诉，要求其改变或撤销行政行为；如果不服执行反补贴措施的行政行为，可以在成员国法院以成员国相关机构为被告，主张自己的权利。

第三节 欧盟反补贴司法审查的受案范围

反补贴司法审查的受案范围也就是审查范围，从利害关系人角度来讲是指他们可以就什么样的事项提起反补贴司法审查，而从欧盟法院的角度来讲，则是指利害关系人提出的哪些事项具有可受理性，从而决定是否受理并进行审查和作出裁决。这一问题是司法审查制度的中心问题，任何国家的反补贴司法审查制度都必须解决这个问题。

一、欧盟反补贴司法审查的受案范围

在欧盟，反补贴的调查和确定、损害及损害程度的调查和确定、反补贴税的计算和征收等，都依赖于欧盟委员会和理事会在经济贸易管理方面的高度专业知识和经验。所以欧盟法院在多大程度上尊重或干预欧盟反补贴机构的决定，不仅涉及到欧共体法院和欧共体反补贴机构之间权力和责任的划分，也直接影响到受反补贴措施影响的利益当事方的权益保护。

欧盟反补贴《基本条例》没有对反补贴的司法审查作出规定，而欧盟条约也没有具体规定哪些反补贴事项可以交由法院处理，因此必须援引欧盟运行条约中有关司法救济的一般规定，具体是该条约第 263 条。欧盟理事会和欧盟委员会就反补贴调查结果所公布的条例实质上均为直接涉及当事人权益的决定，故利害关系人不服时，可以依据该条规定提起诉讼。欧盟国际贸易救助措施司法审查的范围并未对具体行政行为和抽象行政行为的可诉性作出区分，只要是实质上影响了个别的利害关系人的利益，对于一切行政机关的最终裁决均可提起司法审查。在司法实践中，欧盟很少有反补贴司法审查的判例，所以，欧盟法院在反倾销领域的司法解释和判例就显得相当重要。

（一）欧盟委员会启动反补贴程序的决定

启动反补贴程序即是对反补贴进行立案，发起反补贴调查，这一决定对欧共体产业来讲，即是欧盟委员会接受了共同体产业有关抵制宣称的补贴进口的申请，从而开始了对欧共体产业的保护。这对于欧共体产业来讲是有利的，所以他们对此不享有诉权。而对于涉案生产商、出口商和进口商而言，立案意味着他们要开始准备复杂的应诉事项以维护自己的利益，立案也意味着他们生产、出口或进口的产品可能在调查结果出来后被采取反补贴措施，显然，他们更希望共同体机构能驳回共同体产业的反补贴申请。这似乎让人觉得对于欧盟委员会反补贴程序立案的决定，这些主体可以提起司法审查，然而通过参读欧盟反倾销的判例可以看出，情况并非如此。

在 *Dysan Magnetics* 和 *Review Magnetics*（*Macao*）诉欧盟委员会一案[①]中，

---

① T - 134 / 95, *Dysan Magnetics Ltd and Review Magnetics（Macao）Ltd v. Commission of the European Communities*（1996）ECR 181.

法院专门讨论了有关立案决定是否可以立即提起司法审查这一问题。该案的两家涉案企业认为反倾销申请缺乏正当理由（ill-founded complaint），欧盟委员会的立案决定损害了他们根据反倾销基本条例应享有的权利，要求法院撤销该决定。法院经审理认为"委员会发起某一程序仅仅是一种预备性的步骤，并不会立即和不可逆转地影响起诉方的法律地位"，这一观点在欧盟反托拉斯案件中就有所体现。同样，因为"发起反倾销调查并不自动地包括征收反倾销税，这一程序也有可能在不采取任何措施的情况下终结。调查程序所涉及的企业绝不会因为程序的发动而被迫改变其商业政策，也更不会被强制要求在调查中予以合作，涉案企业积极应诉的行为并不是立案决定所强加的，纯属企业的自愿行动"。① 在 Soktas 案中，法院也曾有过类似的措辞。②

法院的这个判决曾引起学者们的反对，他们认为不管是发起反倾销程序还是反补贴程序的决定，都应当可以被提起司法审查。因为立案决定很明显能对出口商产生消极的作用，立案增加了他们在调查中与调查当局合作的成本，欧盟的消费者也会担心受到牵连而不愿与出口商保持商业往来，这样一来出口商的订单会减少，影响其商业利益……③对此，欧盟法院并不买账，并坚持自己的立场。

这样，法院通过判例很清楚地表明，就其性质和效果而言，反倾销立案决定属于不可诉范围，显然，这样的做法同样也适用于反补贴领域。但值得一提的是，虽然欧盟委员会启动反补贴程序的决定不可诉，但是并不影响利害关系人在对最终反补贴措施提起的诉讼中，以立案行动非法为由，要求法院撤销最终反补贴措施。

（二）欧盟委员会不发起反补贴程序的决定

如果欧盟委员会驳回申请者的申请，不发起反补贴程序，欧盟委员会的这一行为是否具有可诉性？Fediol 案④的判例对我们有所启发。案件中，原告欧共体产业诉请废除欧盟委员会不发起反补贴调查的决定，法院判决给出了

---

① Themistoklis K. Giannakopoulos, *A Concise Guide to EU Anti-dumping/Anti-subsidies Procedures*, 2006, p 183.

② Case T-75 / 96 *Soktas v. Commission* [1996] ECR Ⅱ-1689, recital 31.

③ Themistoklis K. Giannakopoulos, *A Concise Guide to EU Anti-dumping/Anti-subsidies Procedures*, 2006, p 183.

④ ECJ Case 191 / 82, *Fediol v. Commission*, [1983] ECR 2193.

肯定性的回答，认为欧共体产业对此享有不可动摇的诉权，同时，反补贴程序应当继续。法院认为，共同体反倾销和反补贴法规认可了那些受第三国补贴行为损害的企业或企业集团在共同体进行贸易保护立案中的合法权益。那些根据反倾销和反补贴《基本条例》第 5 条提出反补贴调查申请的共同体企业或企业集团，享有将任何有利于法院就如下几个方面进行审查的事项诉至法院的权利，这些权利不得被拒绝：①欧盟委员会是否遵守反倾销和反补贴基本法规赋予申请方的程序上的保证；②在事实评估上，欧盟委员会是否存在明显的错误；③是否忽视了对那些能令人相信补贴发生的基本事项进行考虑；或者④在据以作出决定的理由中，是否包含了那些相当于误用权利的考虑。①

很明显，法院认为欧盟机构应当保证反补贴《基本条例》赋予申请方的程序上的权利。这一判决结果是欧盟法院重视程序正义的体现。欧盟机构作出的拒绝当事人申请反补贴调查的决定，虽没有改变当事人，主要指欧共体产业已有的法律地位，但却剥夺了他们通过一个适当的行政程序来维护他们实体法上权利和义务的机会，可能最终直接影响到其合法权益的保护。

（三）欧盟委员会征收临时反补贴税的条例

如果欧盟委员会最终决定停止征收临时反补贴税并终止反补贴调查程序，则此时对该临时措施的抗辩表现为利害关系人寻求损害赔偿的诉求，当然具有可诉性。实践中，反补贴调查的最终结果往往是最终反补贴措施吸收了临时反补贴措施，也通常会出现在欧盟委员会作出最终反补贴措施的决定前，利害关系人已就临时反补贴措施的决定提起诉讼的情形。在这种情况下，就算一项针对临时反补贴措施提起的诉讼被接受了，法院的审理也不可能不受到共同体机构即将作出的调查结果及终裁决定的影响，再加上受反补贴调查严格的时限性和法院判决的耗时性的影响，单就临时反补贴措施提起诉讼对原告来说已失去了其最初的意义。

如果最终反补贴措施吸收了临时反补贴措施，包括确认或修改临时反补贴措施条例中的认定，以及维持、提高或降低临时反补贴措施中的税率，则

---

① Case 191/82, EEC Seed *Crushers' and Oil Processoes' Federation*（*FEDIOL*）*v. Commission of the European Communities*（1983）ECR2913.

涉案进口商或出口商不如直接就最终反补贴措施条例提起诉讼。实践中，被最终反补贴措施所吸收情形下的临时反补贴措施的可诉性问题可以借鉴法院在 *Neotype* 诉欧盟委员会和理事会合并案①及 *Enital* 诉欧盟委员会和理事会合并案②中的做法。

所以就欧盟最终反补贴措施吸收临时反补贴措施的条例而言，如果最终反补贴措施确定的税率等于或高于临时反补贴税率，则涉案进口商或出口商在起诉临时反补贴措施条例方面不能获得进一步的利益；如果最终反补贴税率低于临时反补贴税率，则涉案当事人可以要求当局退还其已经支付的通过临时反补贴方式担保的金额，其超过根据最终反补贴税率计算应收取的部分，此时涉案当事人对起诉临时反补贴措施条例具有进一步的利益，可以在损害赔偿诉讼中，请求法院判决相关临时反补贴措施条例无效，并以此作为寻求赔偿的基础。③

值得一提的是，无论怎样，临时反补贴措施无效也不必然影响最终反补贴措施的生效，并且即使一项临时反补贴措施条例被裁定不可诉，其非法性也可以在对最终反补贴措施条例提起诉讼时作为诉求，并将其作为最终反补贴措施条例非法的理由。④

（四）欧盟理事会征收最终反补贴税的条例

在欧盟，征收最终反补贴税的条例由欧盟委员会建议、理事会通过并发布。作为反补贴调查的最终结果，最终反补贴税条例直接触及利害关系方，尤其是反补贴调查的涉案进口商和出口商的利益，因而征收最终反补贴税的条例是他们要求司法审查所指向的对象，与欧盟机构在反补贴调查过程中的行为事项相比，它的可诉性是最无可争议的。欧盟在反倾销实践中的涉及最终反倾销税条例可诉性问题的判例在此具有参考价值。

---

① ECJ Case C-305 / 86, *Neotype Techmashexport GrabH v. Commission and Council* ［1990］ECR I-2945.

② Joined Case C-304 / 86 and C-185 / 87, *Enital SpA v. Commission and Council of the European Communities* ［1990］ECR 2939.

③ Themistoklis K. Giannakopoulos, *A Concise Guide to EU Anti-dumping/Anti-subsidies Procedures*, 2006, p199.

④ 本观点的判例依据源于 Neotype 诉欧盟委员会和理事会这一合并案，见 *Neotype Techmasexport*, op. cit. , recital 12-14.

　　只是在这里，有一个问题必须讨论清楚，即采取最终反补贴措施是通过欧盟理事会颁布条例的方式作出的。既然是条例，就具有了立法的性质，因此具有普遍的、直接的适用效力，这就涉及以条例方式表现的行为事项的可诉性问题，也即抽象行政行为的可诉性问题。好在欧盟条约也并无抽象行政行为不具可审查性的规定。其实在欧盟法院就"个别的联系"问题进行讨论时就已经给出了答案，法院已经确认：如果个体由于其自身某种特定的特征或是以其将之与其他所有人相区别开的情形而被某一条例个别化，就像决定针对的对象一样，那么他与该条例有个别联系。[①] 因此，受到最终反补贴税条例影响的当事人很容易就能证明自己与该条例有个别的联系，从而主张欧盟运行条约第263条项下的诉权。正如法院在 *Neotype* 诉欧盟委员会和理事会这一合并案中解释的那样：尽管最终反倾销措施条例就其范围和性质而言是立法行为，但尤其对于其转售价格在确定倾销幅度或计算反倾销税的过程中得到运用的进口商而言，这一行为是可诉的。[②]

（五）欧盟理事会不采纳欧盟委员会征收最终反补贴税的建议

　　根据《基本条例》第15条[③]的规定，欧盟委员会在最终确认的事实表明存在可采取反补贴措施的补贴及由此引起的损害的情况下，向欧盟理事会提交关于征收最终反补贴税的报告，理事会依该报告作出征收最终反补贴税的决定。但如果欧盟理事会未能以简单多数表决通过该报告，从而使一项反补贴调查或程序因超过调查期限而终止，共同体产业是否可以就此提起诉讼呢？显然，此时程序的终止并非通过一项决定终止的，而是由于欧盟理事会"未表决通过"这一行为导致的。在特殊情况下，欧盟理事会没能通过欧盟委员会关于征税建议属于欧盟反补贴司法审查的受案范围。类似问题在欧盟的反倾销领域曾有过判例。

---

　　① Themistoklis K. Giannakopoulos, *A Concise Guide to EU Anti-dumping/Anti-subsidies Procedures*, 2006, p 186.

　　② ECJ Case C‑305 / 86 and C‑160 / 87, *Neotype Techmashexort GmbH v. Commission and Council* [1990] ECR 2945.

　　③ 该条第1款规定："当最终确认的事实表明存在可抵消补贴及由此引起的损害，并且根据第31条共同体的利益要求进行干预，根据委员会与咨询委员会磋商后由委员会向理事会提交的报告，理事会作出征收最终反补贴税的决定。"

　　第2款规定："理事会收到报告1个月内，除非以简单多数决定拒绝接受该报告，否则应通过该报告。"

在著名的 *Eurocoton* 案①中，欧盟委员会向欧盟理事会提交了一份旨在对几个国家出口的棉胚布征收最终反倾销税的建议，但是欧盟理事会因没能达到简单多数而未通过该建议，最后，反倾销调查的 15 个月时限届满，欧盟理事会没有采取任何反倾销措施，同时也宣告反倾销程序的终止。原告指控欧盟理事会无权拒绝通过欧盟理事会的建议，要求对方提供决策过程中的记录，并且认为欧盟理事会没有充分说明不通过建议的理由。欧盟理事会辩称拒绝通过欧盟理事会的建议不构成具有可诉性的"决定"，事实上根本无"行为"可言，欧盟理事会认为自己"什么都没做"（doing nothing）。②

初审法院以不存在可审查的行为为由驳回了起诉。法院认为：首先，没有任何法律规定欧盟理事会必须通过欧盟理事会的建议；其次，欧盟反倾销基本条例规定的简单多数表决未满足的话，欧盟理事会是不可能通过该建议的，而本案事实上也未满足。再次，15 个月的最长期限只是为了防止反倾销程序的过度拖延，也使共同体产业和第三国义务承担者知道，当程序进行到某一阶段，当局应当采取什么样的措施或行动。③ 原告于是上诉，上诉法院认为欧盟理事会不通过建议并最终让 15 个月反倾销调查的最长失效结束，这本身代表了理事会在调查阶段的立场，这一立场产生了具有约束力的法律后果，对上诉方的利益带来了影响。④ 另一方面，就算不通过建议，欧盟理事会也负有充分说明理由的义务，以清楚地、毫不含糊地表明为什么没有必要通过建议，这是对当事人知情权的最起码的尊重。⑤ 所以，根据此判例，如同欧盟委员会或欧盟理事会有关终止反补贴调查或程序从而无税结案的决定一样，欧盟理事会不通过欧盟委员会关于征收最终反补贴税的建议也具有可诉性。

（六）欧盟理事会关于终止反补贴调查或程序的决定

委员会以决定形式决定不采取任何措施而终止反补贴调查或程序，也就

---

①　Case T‐213 / 97, *Eurocoton and Others v. Council* （2000）ECR Ⅱ3727.

②　Themistoklis K. Giannakopoulos, *A Concise Guide to EU Anti-dumping/Anti-subsidies Procedures*, 2006, p 201.

③　Themistoklis K. Giannakopoulos, *A Concise Guide to EU Anti-dumping/Anti-subsidies Procedures*, 2006, p 202.

④　Case C‐76 / 01P, *Eurocoton and Others v. Council* （*Eurocoton Appeal*）［2003］ECR Ⅰ10091, recitals 54‐75.

⑤　Diego De Notaris, *Reform of the EC Anti-dumping and Anti-subsidy Instruments*, *the Brief of International Trade Law*, 2004（2）.

是无税结案，是反补贴调查或程序的一项最后决定，这也是欧共体产业最不愿意接受的结果，所以他们会基于欧盟运行条约第 263 条项下的权利向法院寻求司法救济。而同一个决定对于涉案出口商和进口商而言，他们的法律地位并未受到影响，对此，他们通常没有诉权。

第四节　欧盟反补贴司法审查的审查标准

在反补贴司法审查制度中，审查范围和审查标准之间是递进的关系。审查范围是在初步明确了争议事项的法律性质之后，对其是否属于在法院的管辖权范围内进行确认；而审查标准是在确定管辖权归属后，法院对其中的哪些问题有权作出最终评价的基本依据，是对被诉行政行为是否合法或适当的最终判断。[①] 法院可以从各个方面深入细致地审查一项行政行为，也可以只进行有限的粗略的审查，这关键在于法院在审查时所采用的审查标准。

司法审查最基本的问题是确认事实，具体到反补贴司法审查案件中，事实问题主要是指反补贴主管机构对补贴认定、损害和损害程度的认定及补贴与损害之间因果关系的认定等问题；而法律问题主要是指反补贴主管机构对有关反补贴的法律的理解和适用，特别是对其中不确定的法律概念进行解释并适用的行为。

所以反补贴司法审查的标准主要是指对事实及法律问题进行审查时所采用的标准。过于宽松或过于严格都有悖于司法审查制度的设置初衷，只有宽严相济的反补贴司法审查标准才能实现对反补贴行政行为的有效控制，同时又能为正常的反补贴行政运作留下必要的空间。

一、欧盟在反补贴司法审查的审查标准方面的规定

（一）欧盟法院对欧盟反补贴机构自由裁量权的态度

在欧盟，由于缺少系统明确的法律规定，欧盟反补贴规则本身是通过司法判例的路径得到发展的。在这个过程中，欧盟反补贴机构始终处于主导地

[①] 朱淑娣：《WTO 体制下国际贸易救济审查制度研究》，华东政法学院 2005 博士学位论文，第 51 页。

位，它要依专门的知识和丰富的经验，对过去、当下和将来的商品进口状况及其对经济的影响进行评估、判断和预测，所以自由裁量权在这个过程中的大量运用也就显得理所当然了，只是这种权力终究不能滥用。

在司法审查过程中，法院对欧盟机构在依《基本条例》作出各种决定时享有的广泛自由裁量权表现出充分的尊重，呈现出"司法自我克制"的态度。法院反复强调："法官不得侵犯共同体机构所享有的判断权，而应当将其司法权限限定在审查欧共体机构认定事实是否无误、在评估事实方面是否存在明显错误、是否遵守了程序性规范以及是否有滥用裁量权的情形"。法院觉得，在复杂的经济事实面前，欧盟委员会和理事会的判断也许更为准确，所以欧盟法院通常不干预或不替代行政机构作出裁定，而只注重程序上的审查，以确保所经历的程序与欧盟反补贴法所规定的程序一致，并符合程序正当原则。① 对于实体问题，则倾向于解释欧盟委员会的结论，不做过多的评论。总之，欧盟法院认为自己与欧盟委员会之间应保持一定平衡，避免在同一问题上形成相互冲突的决定。

（二）欧盟反补贴司法审查中的具体审查标准

欧盟受理的反补贴司法审查案件虽然范围很广，但是其所适用的审查标准基本一样。《欧盟运行条约》第 263 条第 2 款规定，"对成员国、欧洲议会、理事会或委员会提起的关于某些文件因无权管辖，因违反基本程序（形式）要求，因违反本两项条约或违反条约的任何实施细则，或因权力使用不当而应当予以撤销的诉讼，法院有权作出判决"，由此可以推断，法院一般从以下四个方面对案件进行评判。

1. 是否遵守程序性规范

只有遵守程序性规范，才能保证欧盟反补贴机构为作出合乎欧盟利益的、公平公正的反补贴决定进行必要而细致的准备性工作。由于行政机关在作出决定时有一定的自由裁量权，所以法院对决定的实体内容本身不能作过多的审查，法院只得将审查的重心转移到法律有明文规定的程序性规范是否得以遵守上来，并推定只要程序合乎规定，其结果自然就达到了法律所要求的正义。这些重要的程序规定体现在欧盟运行条约和反补贴《基本条例》中。

---

① 陈宪民：《国际贸易法专论》，北京大学出版社 2007 年版，第 465 页。

《欧盟运行条约》第296条规定，"欧盟机构制定法律文件时应说明制定此项法律文件的理由，……"根据该条规定，受这些法律文件影响的任何人都可能知道他是否有理由对该文件进行质疑，另外也为法院行使管辖权，审查该文件的合法性提供了可供援引的理由。只要欧盟机构在反补贴程序中就某一问题未尽说明义务，最终却作出了相应的决定，法院就可以违反程序为由撤销该决定。

利害关系人重视的程序性规范是条例赋予他们的一系列权利，其中包括：当事人有权向委员会提交任何可能有用的信息，有权——基本不受限制地——向委员会索取其所掌握的信息，有权请求举行听证，有权与反补贴程序中的其他当事人进行接触，最后，委员会有义务向当事人通报委员会在调查初期阶段或在终止调查时决定当事人停止申请所依据的事由。① 这些权利都是欧盟反补贴机构在反补贴过程中需要保障的程序性规范。

要求听证的权利是欧盟法律中的一项基本原则。反补贴《基本条例》第11(5)条提到："已经使委员会知晓的利害关系方，如果在《欧盟官方公报》通知中规定的期限内提出听证申请，并表明其利益可能受该程序结果影响的，在说明他们要求听证的特别原因后，委员会应对其进行听证。"反倾销领域中，1991年沙特肥料公司案就是一起典型的关于听证权利的案例。该案中，原告向欧洲法院提请无效之诉的理由之一是委员会没有给予其公正的听证权利，以至于使原告没有机会了解欧盟理事会已掌握的关于该案的信息和针对案件进行的经济分析和评估，原告的利益因此而受到损害。法院经审理认为，欧盟机构未曾严格遵守程序规定，至少没有格外注意保障当事人的听证权利……当然，该案中，法院在作出无效判决时还综合了其他因素和理由。但毫无疑问的是，不光是在反倾销程序中，要求听证的权利在反补贴调查程序中对利害关系人也有重要的意义。所以，对于该要求的违反，可以被用来作为主张整个行政程序违法的理由。

获准查阅非机密信息的权利在《基本条例》第11(7)条有具体的规定："根据第10(12)(2)条已经使委员会知晓的申请者，原产国和/或出口国政府，进口商和出口商及其代表性协会，产品使用者和消费者组织，可提出书面申

---

① （意）阿尔贝特·桑塔·马里雅著，单文华，蔡从燕译：《欧盟商法》，北京大学出版社2007年版，第449~450页。

请，检查任何当事方向委员会提交的信息。这些信息不同于共同体当局或成员国准备的内部文件，并与以上当事方对案件的陈述有关，在调查中使用并且不属于第 29 条所定义的机密信息。以上当事方可对这类信息作出反应并提出评论。如果该反应有足够的证据佐证，委员会应考虑这类反应。"前文提到的 BEUC 案中的原告就是以理事会未满足其要求查阅非机密性文件为由起诉的。在 Al-Jubail 案①中，法院认为欧盟委员会未能举例证明其已将内部记录的内容告知了律师，也未能证明律师已实际收到了委员会以正式邮件送出的信件。这些都是有悖于利害关系人查阅非机密信息的权利的。

保证利害关系人的程序性权利，是为了让他们最大限度地、充分地参与到反补贴程序中，让他们了解案件情况，表达诉求，同时也可以监督和约束反补贴行政部门的行为，而一旦这些权利没能得到保证，就可以程序存在瑕疵为由，宣告该行政行为无效，在此基础上采取的反补贴措施也将因失去正当性基础而无效。

2. 是否缺乏权限

欧盟委员会和欧盟理事会在进行反补贴调查及采取相关措施时，必须基于《基本条例》的授权。因此，如果这些机构超越权限采取了某项措施，那么该行为可以作为起诉的理由，而相应的，法院也会以缺乏权限为认定标准作出认定该行为无效的判决。

举个例子说明，根据《基本条例》第 13 条的规定，欧盟委员会可以选择接受价格承诺并中止调查程序，或者拒绝价格承诺并继续调查程序。在存在价格承诺的情况下，如果欧盟委员会同时征收临时税并附条件地中止执行以确保价格承诺得以履行，那么欧盟委员会的这种做法就是超越权限的。因为根据条例，委员会无权在接受价格承诺的同时征收临时反补贴税，征收临时反补贴税的权力是与最终反补贴税联系在一起的，此时，委员会若再以该临时反补贴税为基础发布最终征收反补贴税的命令，则该命令也将因为前述欧盟委员会的"越权行事"而违法。类似的理由曾在 *NTN Toyo* 案②中被陈述过。

3. 是否滥用权力

滥用权力即欧盟机构在反补贴领域中滥用其所享有的自由裁量权。自由

---

① ECJ Case C - 49/88, *Al-Jubail Fertiliser Company v. Council*, [1991] ECR Ⅰ-3187.

② ECJ Case 113/77, *NIN Toyo Bering Company Ltd.* v. Council, [1979] ECR 1185.

裁量权是一种根据具体情况明辨是非、辨别真伪，更好地服务于公共利益的权力，它本质上应当是符合理智和正义目的的。① 如果行政机关的决定不能体现在个案中依法应当实现的正当目的，就可以认定该行政机关滥用了自由裁量权。

赋予欧盟机构反补贴的自由裁量权是为了使其更好地开展工作，维护正当竞争，但也可能出现欧盟机构将此权力用于其他目的的情况，那对利害关系人来说是不公平的，所以利害关系人可以滥用权力为由，要求法院审查某措施的合法性。只是利害关系人需通过欧盟机构在实施具体行政行为时的客观表现来间接证明机构对不正当目的的内在追求，这对利害关系人来说显然是非常困难的。

在反补贴领域，虽然欧盟法院还未曾以滥用权力为由撤销过相关反补贴措施，但也不能否认在实践中，法院可以欧盟机构的自由裁量权是否被滥用为审查标准而对欧盟机构的反补贴行为进行审查。

4. 是否违反条约或与条约有关的任何规定

这一审查标准其实涵盖了前述三项标准的所有内容，因为不论是违反程序性规定还是超越权限，又或者是滥用自由裁量权力，其本质都是对欧盟运行条约及其相关规定的违反。与条约有关的任何规定，包括《基本条例》和欧盟的一般法律原则，这些一般原则是欧盟机构必须遵守的原则，如相称性原则。相称性原则要求机构采取的措施不应超过为达到公共利益之合法目标的适当的和必要的限制；有几种适当的措施可以选择时，应诉诸最小限制性的措施；所产生的不利影响不得与追求的目的不相称。②

当然，也并不是要求欧盟委员会和理事会的任何反补贴行为都满足相称性的要求，在那些拥有广泛自由裁量权的领域，只有当法院认为某项反补贴措施为实现其目的是"明显不当的"，才会依此标准判决该措施无效。例如相称性原则还可以用来衡量反补贴税额与欧共体产业遭受的损害相比是否适当，如果能证明征收的反补贴税额明显高于遭受的损失，则法院有权依此审查标准撤销该征收反补贴税的命令。

---

① 郭蕊：《行政自由裁量权司法控制探论》，《濮阳职业技术学院学报》2010 年第 1 期。
② 温树英：《欧共体法中的相称性原则》，《政法论坛》2004 年第 3 期。

第五节　欧盟反补贴司法审查的诉讼类型

根据修改后的《欧盟运行条约》第 263 条、第 265 条、第 267 条和第 340 条的相关规定，欧盟的反补贴司法审查诉讼类型主要有四种，即无效之诉、不作为之诉、先行裁决和损害赔偿之诉。其中无效之诉、不作为之诉和损害赔偿之诉属于直接起诉类型，利害关系人可以向联盟法院和欧盟法院直接提起诉讼；先行裁决属于间接起诉类型，利害关系人只能在欧盟成员国国内法院提起诉讼，由成员国法院就涉案的欧盟法律（包括二级立法）问题转呈欧盟法院作出先决裁定。实践中，无效之诉是出现次数最多的一种诉讼类型。

一、无效之诉（Action for Annulment）

《欧盟运行条约》明确地授权欧盟法院对违反欧盟条约的欧共体二次立法进行司法审查，其第 263 条第 1 款规定："欧洲联盟法院应对立法文件的合法性进行审查，对理事会、委员会和欧洲中央银行各自通过的除建议和意见以外的各项文件的合法性进行审查。欧洲联盟法院应对欧洲议会和欧洲理事会各自通过的旨在对第三者产生法律效力的决议的合法性进行审查。欧洲联盟法院还应对联盟的各个组织或各个部门所通过的旨在对第三者产生法律效力的各项文件的合法性进行审查。"① 欧盟反补贴机构作出的反补贴决定和采取的反补贴措施均是欧盟的"二次立法"形式，为此，"对各成员国、欧洲议会、理事会或委员会提起的关于某项反补贴措施因无权管辖，因违反基本形式要素，因违反条约或违反有关实施本条约的一切法规，或因权力使用不当而应予撤销的诉讼"；"任何自然人或法人，对针对其作出的反补贴决定，或对虽是以条例的形式或是对他人的决定，但直接和个别地与他有关的反补贴决定而提出的诉讼"，都属于欧盟反补贴司法审查中的无效之诉，或称撤销之诉。

一般而言，欧盟的反补贴无效之诉可以针对的对象包括三种法令，即条例、决定和指令（directive）。但在实践中，欧盟法院的做法却不限于此，法

---

① 苏明忠译：《欧盟基础法》，国际文化出版公司 2010 年版，第 368 页。

院认为"凡是旨在对第三方产生具有法律约束力或改变当事人法律地位的欧共体法令或措施，无论是由理事会、委员会还是欧洲议会通过，也无论是以何种形式、名称出现，都可成为无效之诉的司法审查对象"。[①]

为了督促利害关系人尽早对相关反补贴决定或措施提出质疑，保证裁决的权威性并切实得到执行，条约规定了利害关系人提起无效之诉的期限，根据《欧盟运行条约》第 263 条第 6 款的规定，反补贴的无效之诉应在欧盟机构公布反补贴措施或通知原告人之日起的两个月内，或自原告人获悉上述公布或通知之日起的两个月内向法院提出。对反补贴无效之诉的提起期限作出规定是保证欧盟机构行政效率的必然选择。

二、不作为之诉（Action for Fail to Act）

《欧盟运行条约》第 265 条允许提出针对委员会或理事会不作为行为的直接诉讼，即不作为之诉，该诉讼能由成员国、欧盟机构和自然人或法人提出。自然人或法人提出此类诉讼的要求是委员会或理事会的不作为行为对其产生了直接和个别的影响[②]。

同样根据该条第 2 款的规定，针对委员会或理事会不作为的诉讼要具有可受理性，还需满足以下条件，即"有关机构已预先被邀请采取行动"，"如果在提出此项邀请的两个月期限届满时，该有关机构未能采取行动，则起诉方可在新的两个月期限内提起"。也就是说，在反补贴司法审查中，提起不作为之诉的前提是申请人提出反补贴申请而反补贴程序尚未启动，或在反补贴调查程序进行中，有关机构已事先被要求采取措施，且该机构在被要求之后的两个月内未能明确其立场。因此，如果要求方并无权要求机构采取措施，或一个机构已明确了其立场，那么就不能提起此类诉讼。

不可否认的是，这类诉讼在实践中的运用仍受到一定限制。事实上，反补贴程序基于其本身的特点并不能完全享受这类诉讼所能带来的好处和便利。有学者指出，反补贴程序不适合使用此类诉讼是基于以下两项规定的存在：一是时间限制，二是程序的每个阶段所作出的决定都要求采用最新的数据资

---

① 王千华：《论欧洲法院的司法能动性》，北京大学出版社 2005 年版，第 53 页。

② Dr Konstantions Adamantopoulos & Maria J Pereyra-Friedrichsen, *EU Anti-subsidy Law and Practice*, Palladian Law Publishing Ltd. , 2nd. ed. , 2007, p 470.

料。对于征收反补贴税的严格的期限限制（启动调查程序 12 个月内，任何情况下不超过 13 个月），会导致一种情况的出现——一旦 13 个月期限已过，则理事会在不作为问题上就不能执行法院的判决了。进一步说，当委员会在 45 天内未对申请作出反应，原告就此而提出不作为之诉，最后还是会出现对于判决的执行问题。法院对一项反补贴司法审查案件通常要两年才能作出判决，到那个时候，原告对于自己所主张事实的举证将会变得十分困难，而所依据的证据也已过时。① 所以不作为之诉在反补贴司法保护方面的意义不大。

三、损害赔偿之诉（Action for Damages）

《欧盟运行条约》第 340 条第 2 款规定，在反补贴调查程序中，自然人和法人可就欧盟委员会和理事会履行职责时所造成的损害起诉要求赔偿，即"在非契约性责任方面，联盟应根据各成员国法律所公认的一般原则，对由于联盟各机构或联盟各机构的公务人员在执行职务时所造成的损害予以赔偿"。

在确认欧盟机构的非契约责任时，法院考虑的因素有：情势的复杂程度、适用或解释条例时所面临的困难和争议事项所涉的自由裁量权问题。司法实践中，欧洲法院也确立了欧盟机构承担非契约责任的某些要件：一是法律授予了自然人或法人以权利，而这种权利遭受到了损害，也即有损害事实发生；二是欧盟机构或公务人员的行为严重违法；三是违法行为与损害之间存在直接的因果关系。②

对于第二个要件，法院的看法是：对于违法行为是否严重到要承担赔偿责任，要看欧盟机构是否明显地和严重地忽视对于自由裁量权行使的各种限制性规定，即委员会和理事会拥有自由裁量权时，它们在行使此裁量权时对个人造成的损失不承担责任，除非该行为明显地和严重地无视其裁量权的限制。③ 在反补贴领域，委员会和理事会对采取措施保护欧盟利益有广泛的自由裁量权，而与此同时，原告还必须提供足够证据证明欧盟机构存在违法行为，

---

① Dr Konstantions Adamantopoulos & Maria J Pereyra-Friedrichsen, *EU Anti-subsidy Law and Practice*, Palladian Law Publishing Ltd. , 2nd. ed. , 2007, p 471.

② *Medici Grimm KG v. Council*（T‑364/03）［2006］ECR. Ⅱ‑79 at［59］-［60］.

③ Dr Konstantions Adamantopoulos & Maria J Pereyra-Friedrichsen, *EU Anti-subsidy Law and Practice*, Palladian Law Publishing Ltd. , 2nd. ed. , 2007, p 472.

这就决定了原告能通过损害赔偿之诉来维护自己的利益的可能性很小。

损害赔偿之诉作为欧盟运行条约规定的一种诉讼类型，既可以和无效之诉相结合，也可以作为单独的诉讼提起，但两种模式的区别是显而易见的：前者的目标并不是要求认定某一具体措施无效并加以撤销，而是要求机构对其所造成的损失进行赔偿。更进一步说，损害赔偿之诉不能遵循判例法，它只能是在某种无效的行为涉嫌导致损害出现的情况下才得以提出。

四、先行裁决（Preliminary Rulings）之诉

根据《欧盟运行条约》第 267 条，欧盟法院有对于条约条款和欧盟机构行为及所作文件的解释权，并有权先行裁决。先行裁决程序是欧盟独具特色的一种司法程序，它在统一适用欧盟法律的过程中起了重要的作用，是连接成员国法院和欧盟法院的一个桥梁。[①] 成员国法院在审理案件时，如遇有关于欧盟法解释或效力的问题，可向欧盟法院提出申请，要求后者作出关于法律解释或有效性的裁决，提出申请的成员国法院则根据该裁决运用法律并对当前的案件作出裁决。

反补贴措施不是由欧盟机构统一实施而是由各成员国单独实施的，相关利害关系人针对成员国机关（通常为一国的海关机构）执行反补贴措施条例的行为可以要求内国法院给予司法保护，而他这种寻求司法保护的途径就是先行裁决程序。在这一程序中，利害关系人不是直接起诉欧盟的某项反补贴措施，而是等到欧共体成员国当局对其执行这一措施时向成员国法院寻求救济。通常，提起先行裁决程序是因为反补贴措施在执行过程中出现了问题，如适用的产品范围、纳税人的确定、税额的确定及利害关系人质疑条例本身的合法性等。通过先行裁决程序，原告可以间接地对欧盟法令提出抗辩，如果有关法令在先行裁决程序中被认定为无效，对原告来说，这种结果与在欧盟法院提起直接诉讼的效果是一样的。所以，在反补贴领域，先行裁决程序是一项重要的司法救济制度。

值得注意的是，提出上述四种类型的诉讼中的任何一种都不能中止争议中的措施。为了阻止上诉期间对上诉人利益造成不可逆转的损害，《欧盟运行

---

① 蒋小红：《欧共体反倾销与中欧贸易》，社会科学文献出版社 2004 年版，第 78 页。

条约》第278条和第279条允许上诉人请求欧盟法院中止争议中的措施或者命令任何其他临时措施。但是法院批准此类中止申请的标准是严格的。临时禁令的申请人必须证明存在导致紧急情况和中期的情势，必须存在迫近的、不可挽回的损害。申请人必须证明如果等到主要程序结束，他将会招致对他产生严重和不可挽回的后果的损害，因此有必要采取临时措施防止产生该损害。授予临时措施的命令也要基于事实和法律表面上支持授予此救济。欧盟法院一贯地坚持，如何平衡关键的利益有助于此类禁令的授予，授予此类禁令的条件是累积的。对于反倾销案件，在 *Descom* 案中，欧洲法院裁决："要证明存在紧急情况，仅仅是涉及征收反倾销税所固有的效果——受反倾销税影响的产品的价格上升和共同体内市场份额的下降——是不充分的。"① 在 *Technointorg* 案中，法院也没有同意授予临时措施的请求，并裁决当事人必须证明："征收反倾销税的结果对申请人造成的损害是特别的，为了平衡关键的利益而支持授予请求的临时措施不会导致欧盟利益导致明显的损害。"② 因此，要满足上述标准是十分困难的。③

---

① *Descom v Commission*（C-6/94）[1994] *E. C. R. I*-867 *at*［16］.

② *Technointorg v Council*（C-77/87）E. C. R. 1793.

③ Dr Konstantions Adamantopoulos & Maria J Pereyra-Friedrichsen, *EU Anti-subsidy Law and Practice*, Palladian Law Publishing Ltd., 2nd. ed., 2007, pp. 474-475.

第十一章 WTO 框架下欧盟和 美国反补贴规则之比较

欧盟和美国都是 WTO 的成员方，在补贴与反补贴问题上都高度遵守了《SCM 协定》的相关规定。但是，二者内部还是存在差异。本章将对二者进行比较分析。

第一节 补贴的概念和分类之比较

美国现行的补贴与反补贴规则主要体现在美国法典第 19 编第四分章中的第一、三、四部分。美国采取反补贴措施的实质要素同欧盟有所不同，它主要包括两个方面：存在可抵消的补贴以及存在损害，不包括欧盟法上的欧盟利益的要求。

一、补贴的概念

（一） 补贴的概念

补贴一般是指在一成员国领土内由一国的政府或者公共机构提供并授予某些企业以某种利益的财政资助或者任何其他形式的收入或价格支持的措施。[①]

《基本条例》对补贴定义的规定同《SCM 协定》的规定是完全一致的。由该规定我们可以看出，补贴主要包括两个要素：财政资助和授予利益。

美国反补贴法对补贴概念的规定主要体现在美国法典第 19 编第 1677

---

① 李毅，李晓峰等：《国际贸易救济措施》，对外经济贸易大学出版社 2005 年版，第 289 页。

(5)条①之中。该段对补贴的定义同《SCM 协定》的规定是大致相同的，补贴也包括财政资助和授予利益两个要素。与欧盟全盘借鉴《SCM 协定》的做法有所不同，关于财政资助，除了 19U. S. C. §1677(5)(D) 中同《SCM 协定》相同的规定之外，美国联邦条例第 19 章第 351 条②对此作了一个更为详细的规定。它包括：赠予、贷款、投股、债务的放弃、直接税收豁免、提供货物或服务、与劳动者有关的补贴、出口中进口债务的免除或退还以及上游补贴。但是，上述所列明的并非补贴的所有类型，在实践中美国商务部有权自由决定其它政府性干预是否也可能会构成一项财政资助。例如，在 *Certain Durum Wheat and Hard Red Spring Wheat from Canada* 案中，加拿大政府对财政风险的保险范围就被商务部认为是构成了一项财政资助。③ 在授予利益方面，19U. S. C. §1677(5)(E) 对此作出了详细的规定，只不过该款认为"当存在对接受者的利益时通常认为产生了利益"。该款对利益的规定极具概括性，它表明"利益"在给予财政资助的同时就已经产生了。因此，在认定是否存在补贴时，调查机构只需对补贴及其产生的利益认定一次即可，并没有义务去调查补贴后果的变化和补贴利益的转移。④ 美国法律对"授予利益"的这种认识，在实践中会引发这样一个困扰：即当补贴所授予利益的主体发生改变时，该被授予的利益是否也会转移？关于这类问题最典型的情形是发生在私有化案件中。在这些案件中，美国商务部对"利益"的判断标准经历了几个不同的阶段：第一个阶段是在乌拉圭回合一揽子协议生效后，商务部采用了一种所谓"gamma"的所有者转移的方法来判断是否存在"利益"。该方法在20 世纪 90 年代早期的英国钢铁案⑤中得到了发展。该案中一个关键的问题是：对于一个以正常市场交易价值进行私有化改革的国有企业，其私有化之前的政府补贴所产生的利益是否可延续到私有化之后的实体，从而使该实体

①　为叙述方便，本文以下简写为 19U. S. C. §1677(5)，其它条文引用类似。

②　Sec. 351 of Chapter 19 Code of Federal Regulations.

③　Rudiger Wolfrum, peter‐Tobias stoll and Michael Koebele, *WTO—Trade Remedies*, Martinus Nijhoff Publishers, 2008, p 869.

④　李本：《补贴与反补贴制度分析》，北京大学出版社 2005 年版，第 32 页。

⑤　该案发生于 1992 年 5 月，美国商务部开始对来源于英国钢铁公司的热轧铅铋碳钢产品进行反补贴调查，通过商务部和国际贸易委员会的肯定性裁决后，最后商务部对该公司私有化后的 UES 公司（United Engineering Steels Limited）征收了反补贴税。在该案中，美国商务部就采取了所有者转移的方法来判断私有化后的 UES 公司是否获得了"利益"。

面临被采取反补贴措施的威胁。商务部对此的解释是，美国虽然承认英国钢铁公司的私有化是在正常市场交易价值下完成的，但是商务部由此提出了一个假定：即该国有企业私有化之前所获得的政府补贴已经转移到了新的私营实体。同时，商务部认为，这个假定是一个"不可辩驳的假定"，无需证据证明便可直接推定。显然这种方法是极其不合理的，它受到 WTO 上诉机构的否定性裁决，理由是美国的这种做法与《SCM 协定》的相关规定不符；第二阶段是在"gamma"方法被否定后，商务部转而采用了另一种新的"同一主体（same person）"方法，[①] 即作出一个补贴已被转移至私营实体的、可被反驳的推定。遗憾的是，该方法被美国国际贸易委员会所否决，在否决的理由中委员会引用了联邦上诉法院的相关判例，认为商务部的认定方法是违背美国法律的；[②] 第三阶段是在美国对欧盟特定产品实施的反补贴措施案中，WTO 上诉机构认为，当私有化是在非关联及正常的市场交易下完成的时候，原先的政府补贴在私有化过程中，实际上已经通过后来的私营实体偿付给了政府。最后商务部履行了该裁决，并基于该裁决于 2003 年 6 月又推出了一种新的"所有者转移（change-in-ownership）"的方法，该方法适用于私人之间的买卖及私有化的情形。

总的来说，在补贴的定义上，美国、欧盟反补贴法律的规定是相似的，只是在实践中有些做法不同。例如在前面已经提到的对利益进行判断的时候，欧盟是严格遵守了《SCM 协定》规定的，但是美国却经历了从违背到逐步遵守的过程。

（二）补贴金额的计算

《SCM 协定》第 14 条规定了补贴额的计算问题。欧盟关于补贴金额的确定本书第 5 章第 2 节已作阐述。

美国反补贴法对该问题的规定与《SCM 协定》基本相同。《美国法典》第 19 章中第 1677(5)(E) 条对补贴额的计算问题作出了原则性的规定，《联邦

---

① Rudiger Wolfrum, Peter - Tobias Stoll and Michael Koebele, *WTO—Trade Remedies*, Martinus Nijhoff Publishers, 2008, p871.

② 在 *Delverde, Srl and Delverde Usa, Inc., Plaintiffs-appellants, v. United States, Defendant appellee, v. Borden, Inc., Hershey Foods Corp. and Gooch Foods, Inc., defendants-appellees* 案中，美国联邦上诉法院指出商务部的认定方法同美国法律是相冲突的。

法规》第 351 条、第 505 条、第 511 条规定了该问题的实施细则。

在美国法上，19U. S. C. §1677(5)(E)规定，补贴数额即为接受者所获的利益。同时，该款也包含了计算补贴所获利益的规则。对于补贴数额的计算方法，美国吸收了《SCM 协定》的相关规定：在涉及股本投入时，如果投资决定与股本投入国私人投资者通常的投资做法不一致时，应当被视为授予了利益。为了确定投资决定是否与私人投资者通常的做法不一致，在美国国际贸易法院实践的支持下，商务部采用了"理性投资人检验（reasonable investor test）"的方式，即考查"在合理期限内，一个理性投资人能否基于其投资而期望获得的合理回报"，该情形下所获利益为股本投入的数额；在贷款的情况下，贷款接受者对贷款支付的数额与其实际在市场上取得可比的商业贷款所支付的数额有差别时，则应视为被授予了利益。可比商业贷款是指拥有"相似"的贷款结构、贷款到期日以及货币的贷款。此时，所获利益为接受贷款的公司为该贷款而支付的数额与其实际在市场上取得可比的商业贷款所支付的数额的差额部分；在贷款保证的情形下，公司为政府贷款担保而支付的数额与其实际在市场上缺乏该种担保时取得可比商业贷款所支付的数额的差额部分即为所获利益；在提供货物或服务的情形下，如果货物或服务没有得到充分的补偿，即被认为是授予了利益。例如，在加拿大小麦案中，政府提供的铁路运输服务被认为未获得足够的补偿。为了确定政府所提供的货物或服务是否被给予了充分的补偿，方法之一就是考虑该货物或服务作为商品出卖的正常价格。由于在一国的市场中，政府可以对相同或者类似的货物的价格进行一定调整，而这种调整可能扭曲货物的价格。因此，相关部门在判断补贴利益时会考虑使用第三国的基准，在美国原木案中，上诉法院的判决支持了政府的这一做法。但是，在这一案件中，上诉法院认为在使用第三国基准时，该基准必须与该国的市场情况相关联。而且这一基准必须能够反映该国的产品的价格和数量、产品的市场、交通以及商品买卖的其他条件。此时所获利益应为公司所支付的数额同若货物或服务被给予充分补偿后公司所应支付的数额之间的差额部分。

上述所指利益构成了总的可抵消补贴，与之相关的另一个概念是应抵消的净补贴（the net countervailable subsidy），它是指从总的可抵消补贴中减去：为了适于或接受可抵消补贴的利益而支付的任何申请费、押金或类似的支付；

延迟收到而导致的可抵消补贴的价值损失，如果延迟是由政府令强制的；对向美国出口的产品所征收的专门旨在抵消受到的可抵消补贴的出口税、关税或其他收费。①

在反补贴调查中具体计算补贴额时，美国商务部要判断某一项目是否属于重复使用补贴或者非重复使用补贴。重复使用的补贴具有周期性，该补贴所获得的利益会随着时间而不断增多。非重复使用补贴不具有周期性，这种补贴所获得的利益为补贴投入产业所获利益的年平均值。政府赠款、债务免除以及投入股本等补贴都被认为是非重复使用的补贴。②

美国商务部主要使用以下几种方法判断补贴为重复使用或是非重复使用补贴：首先，这种补贴是否具有特殊性，也就是说补贴的接受者并不希望年复一年接受同一计划中的额外补贴。第二，该补贴是否获得了政府的特别授权或者政府的批准，以此来判断政府是不是存在自动赠款的情形。第三，该补贴是否被用于购买企业的主要资产。

如果补贴被认为是重复使用的，有必要确定每年补贴的分配情况。重复使用的补贴通常只分配给有生产任务的产业。如果补贴被认为是非重复使用的，某些产业多年才能获得，就必须考虑获得利益的总额在该产业资产的年均使用情况，以及资产的折旧率。

二、补贴的分类

欧盟和美国都没有采用《SCM协定》所运用的结构和语言将补贴分为禁止性补贴、可诉补贴和不可诉补贴，而是将补贴分为"可抵消补贴（countervailable subsidies）"和"不可抵消补贴（non-countervailable subsidies）"。

（一）不可抵消补贴/可抵消补贴

顾名思义，不可抵消补贴是指一般不会招致他国反补贴调查的补贴。

与《SCM协定》一样，欧盟以前的反补贴法律③对不可抵消补贴（《SCM协定》中称为不可诉补贴）也作出了规定。但是由于《SCM协定》中规定的

---

① 19U. S. C. § 1677 (6).

② Joseph F. Francois, Joseph Palmeter, *U. S.*：*Countervailing Duty Investigation of DRAMS*, *World Trade Review*, 2008, 7 (1), p55.

③ 欧盟第3284/94号条例和未经修订的第2026/97号条例。

不可诉补贴的期限已经届满，且 WTO 成员没有对不可诉补贴的期限作出延期，因此《SCM 协定》规定的不可诉补贴已于 1999 年底终止。为了同《SCM 协定》保持一致，欧盟理事会于 2002 年 11 月 5 日在第 1973/2002 号条例中废止了关于不可抵消补贴的规定。

欧盟反补贴《基本条例》中关于可抵消补贴的规定体现在条例的第 4 条当中。该条规定，可抵消补贴除了具备补贴的两个要件（财政资助和授予利益）之外，还必须具备"专向性（specificity）"。

美国 19U. S. C. §1677(5B) 对可抵消补贴也作了十分详细的规定，该款的规定也主要是借鉴《SCM 协定》的。因此，在这里不做赘述。但是，有必要指出的是，《SCM 协定》和欧盟对该类补贴的规定已经废止，而美国仍然将其列在法律之中。

在美国法上，根据 19U. S. C. §1677(5A)，可抵消补贴是指 19U. S. C. §1677(5A) 所述的专向性补贴，这类补贴也都必须具有所谓的"专向性"，它包括出口补贴、进口替代补贴以及具有专向性的国内补贴。

通过对美国、欧盟法条的分析，可抵消补贴都是全盘借鉴《SCM 协定》的内容的。除此之外，美国法还进一步规定，要认定补贴是否是可抵消的，必须通过 19U. S. C. §1677(5A) 所确定的专向性审查（specificity test），该审查的目的在于阻止 19U. S. C. §1677(5A) 所述的专向性补贴对市场所造成的扭曲影响。有关专向性的概念，第一次出现在美国法中是在 1982 年，而早在 1979 年东京回合《反补贴守则》中，美国就已提出这一概念，但是 1979 年《反补贴守则》并未采纳，直至乌拉圭回合中《SCM 协定》才明确了"专向性"的概念，可以说，美国是第一个提出专向性概念的国家。

（二）上游补贴（upstream subsidies）

在这里，需要特别指出的是，与欧盟反补贴法律有所不同，美国法律上引进了一个新的概念：即上游补贴。它是一种特殊类型的国内补贴。这类补贴对受补贴调查产品提供了竞争性利益，并且对制造或生产该产品的成本有相当大的影响，因此美国法律对这类补贴进行了规制。由于上游补贴是一种更为隐蔽的补贴形式，对其进行明确的规定，可以减少在实际中认定补贴的困难。欧盟反补贴《基本条例》虽然没有具体提到上游补贴，但上游补贴在大体上是满足《基本条例》中有关专向性的标准的。

第二节　损害之比较

一、国内同类产品和国内产业的确定

欧盟采取反补贴措施的第二个实质要素是在欧盟内部自由流通的受到补贴的产品必须引起了损害。要确定进口产品造成的补贴和损害，界定什么是国内同类产品是必要前提之一。欧盟反补贴《基本条例》关于同类产品的概念同《SCM 协定》的规定也是相同的，《基本条例》第 2 (C) 条对此有详细的规定。至于国内产业，在欧盟又称共同体产业，《基本条例》中对此也有规定。

在美国，根据 19U. S. C. §1677 (10)，国内同类产品是指与被调查的产品相同，或虽不相同，但在特征和用途上却极为相似的产品。同欧盟相比，美国法对同类产品的界定更为严格，它不仅要考查产品的特征，而且还对产品的用途进行考查。而根据欧盟法，对同类产品的界定仅是从产品的特征来判断产品之间是否相同或相似的。例如，在确定是否为相似产品时，首先要考虑该进口产品的特征和用途，对此美国国际贸易委员会通常会对以下六个因素进行考查：（1）物理特性和用途；（2）可替换性；（3）销售渠道；（4）一般生产设施、生产过程及雇佣人员；（5）消费者及生产者的感觉；以及（6）适宜的价格因素。[1]如果上述因素从总体上都被考虑进去了，那么确定某一产品是否为国内同类产品就是轻而易举的事情了。除此之外，国际贸易委员会有时还会提出这样一个问题：即处于不同生产阶段的产品是否应包括在同类产品之中？在对半成品同类产品的分析中，国际贸易委员会认为应当考虑五个因素：（1）上游产品是否附属于下游产品的生产或是拥有独立用途；（2）上游产品与下游产品两者是否存在单独的市场；（3）上游产品与下游产品在物理特性和功能上的差异性；（4）两者在成本与价值上的差异；（5）将上游产品转变成下游产品所使用方法的重要性及规模。[2]

---

① Rudiger Wolfrum, Peter‐Tobias Stoll & Michael Koebele, *WTO‐Trade Remedies*, Martinus Nijhoff Publishers, 2008, p873.

② Carbazole Violet Pigment 23 (CVP‐23) from India, USITC Pub. 3744, at 5-7.

至于国内产业，则是指上述所指国内同类产品的总体生产商，或其国内同类产品的总产量占该产品的国内生产总量的主要部分的生产商。[①] 国内产业第一次被商务部定义是在确定申请人的身份时，后来国际贸易委员会确定了对国内产业是否存在实质损害或实质损害威胁的问题。由此出现的一个问题是：某一产品，其仅有部分在美国国内生产，是否应当被视为国内同类产品？国际贸易委员会指出，"与生产相关的重要活动"发生在美国境内，对将产品视为部分国内产品是十分必要的。委员会在评估美国境内与生产相关活动的性质与程度时，通常会考虑以下因素：（1）公司资本投资的来源和规模；（2）涉及美国生产活动的专门性技能；（3）产品在美国境内的增值情况；（4）雇佣水平；（5）来源于美国零部件的数量及类型；（6）美国境内直接导致同类产品生产的任何其他费用和活动。

由此可知，在国内同类产品及国内产业的确定上，欧盟、美国还是存在一定的差异性的。如在对国内同类产品的界定上，美国法上的规定比欧盟更为严格。

二、损害的确定标准

如前所述，《基本条例》中的"损害"包括对共同体产业的实质损害、实质损害威胁以及对此类相关产业的实质性阻碍。

在确定损害的标准时，美国法仅对实质损害和实质损害威胁作出了明确规定，而对实质性阻碍没有具体规定。

1. 实质损害。美国法对实质损害作出了明确界定，即是指"不是非无关紧要、非实质性或不重要"的损害。在对其进行考查时，法律规定，国际贸易委员会应审查以下三个必备要素：所涉商品的进口数量、该进口商品的价格影响以及该商品对国内产业的影响。为了符合这三个要素，委员会有义务对相关必要信息加以搜集。

2. 实质损害威胁。由于损害威胁要比实质损害更为宽广，极易被各国调查机构所滥用，因此它的确定标准要比实质损害的确定标准更为严格。为了确定美国法上是否存在对国内产业的实质损害威胁，委员会必须对 19U. S. C.

[①]　19U. S. C. §1677（4）（A）.

§1677(7)(F)(该项是有关实质损害威胁的款项)项下所列明的因素加以考查。然而，委员会拥有一定的自由裁量权，它并不需要对该小段中所列全部因素进行考查，而且它还可以对法律并未规定的其他相关经济因素加以考查。在对这些不同的因素进行考查时，应当允许委员会确定征收反补贴税是否是刻不容缓的，并且除非反补贴税的命令已经发布或已接受中止协议，否则委员会有权确定实质损害是否发生。

3. 实质性阻碍。受补贴的进口产品阻碍美国境内某一产业的建立，这种指控在美国十分罕见，这也是为什么美国反补贴法律中对"实质性阻碍"缺乏相关规定的原因。但是，实践中，委员会在以前的案件中对该事项有所涉及。

三、公共利益问题

越来越多的国家已经认识到在采取反补贴措施时，不能只把国内工业的受损情况作为考虑重心。对反补贴从宏观上进行成本—收益分析，积极维护社会公共利益，关注社会整体福利的提高，是采取反补贴措施时应考虑的重要方面，是国际反补贴立法发展的一个基本方向。

(一) 欧盟的规定

如前所述，欧盟反补贴《基本条例》中一个独特的概念是"欧盟利益"，"欧盟利益要求进行干预"是欧盟采取反补贴措施的第三个实质要素，对补贴产品采取反补贴措施只有在欧盟利益要求进行干预的情况下才能作出。

(二) 美国的做法

由于反补贴法对国内工业的保护往往是以消费者利益和国民经济整体为代价的。1995 年美国国际贸易委员会在有关其反补贴和反倾销法的报告中，运用成本—收益法就反补贴反倾销措施所产生的经济效果进行分析，测算出如果取消 1991 年的反补贴和反倾销措施，将会产生 1.59 亿美元的福利，反补贴反倾销给美国经济造成的损失远远大于其国内生产商从反补贴反倾销措施中获得的利益。

第三节　反补贴调查程序之比较

一、反补贴调查机构

如前所述，欧盟与反补贴有关的机构主要包括三个：欧盟委员会、欧盟理事会和欧盟咨询委员会。

美国反补贴法实施的行政机构包括两个，即商务部和国际贸易委员会。除此之外，美国海关总署作为美国财政部下属的一个机构，在反补贴案件中主要负责执行反补贴法及商务部所作出的反补贴指令，并统管全国海关反补贴税的征收。

总的来说，欧盟、美国在反补贴调查机构的设置上是大体一致的，都主要是两部门分工合作的结果。但是其中分工内容的差别也是很明显的，比如对欧盟来说，对补贴和损害的认定都是欧盟委员会的职责，欧盟理事会只是决定征收最终反补贴税和临时反补贴税的机构。而对美国来说，商务部只负责对补贴的调查和确定，对损害的调查和确定则是由国际贸易委员会进行的，只有在二者都作出肯定性的裁定后，商务部才会作出最终征收反补贴税的指令。

二、发起调查

（一）发起调查（Initiatory Action）

在欧盟法上，反补贴调查通常是由共同体生产者以共同体产业的名义向委员会提出书面申请而开始的。特殊情形下，委员会也可自行发起调查。之后，在开展任何调查之前，委员会应向咨询委员会进行咨询，如果咨询意见是肯定的，大多数情形下，在提起控诉的最迟 45 天内，委员会应将发起反补贴调查程序的通知公布在欧盟官方公报上。

根据美国法，由国内生产者提出申请，发起反补贴调查。然后商务部确定是否存在补贴以及申请人是否已经提交了符合法律规定的申请书。初次确定的结果，不管是肯定的还是否定的，都应当在联邦公报上予以公布。但是，当不公平的贸易活动十分明显且又缺乏申请人提出申请时，商务部也可依职权自行发起反补贴税调查程序。

从上文我们可以看出，在发起调查方面，美国、欧盟的规定大体上都是相同的。

（二）立案（Standing）

美国法和欧盟法有关立案的要求是相同的。它们在内容上都依据的是《SCM 协定》第 11.4 条：如果申请得到总产量构成国内产业中表示支持或反对申请的国内同类产品生产者生产的同类产品总产量的 50% 以上，则该申请应被视为"由国内产业或代表国内产业提出"。但是，当表示支持申请的国内生产者的产量不足国内产业生产的同类产品总产量的 25% 时，则不得发起调查。

三、调查

（一）程序

调查是反补贴程序的重要环节。对于欧盟，在欧盟成员国的配合下，调查由欧盟委员会进行，其任务是收集并确认补贴是否是具体的、是否属于可抵消补贴、补贴所造成的损害及二者之间因果关系有关的一切必要资料，包括必要时在被指控国或第三国进行实地调查。

在美国的调查程序中，首先由商务部来确定是否发起对补贴的调查、审查申请人是否适格。然后由国际贸易委员会展开损害调查。

相对来说，美国的调查程序比欧盟的要复杂：欧盟的调查程序主要集中在欧盟委员会上，当欧盟委员会对补贴和损害作出肯定的初裁和终裁后，欧盟理事会则最后作出是否征收反补贴税的决定。而对美国来说，如果整个裁定都是肯定的，那么则要经过以下几个步骤：商务部确定是否调查、国际贸易委员会对损害作出初裁、商务部作出对补贴的初裁、商务部再次作出是否采取反补贴措施的终裁、国际贸易委员会对损害作出最后的终裁。

（二）调查期限

《基本条例》第 11（9）条规定，从正式发起调查，也即从发起通知在官方公报上发布之日起，调查应尽可能在一年内结束，任何情况下在启动后不得持续超过 13 个月。美国反补贴法规定，反补贴调查期限一般情况下不得超过 287 天，但特殊情形下可延长至 397 天。

由此可以看出，欧盟、美国的最长调查期限大体上是一致的。但是在一般情况下，美国的反补贴调查的期限要短于欧盟的规定。

第四节　反补贴措施之比较

一、临时反补贴措施

欧盟法和美国法有关临时反补贴税的规定是相似的，它们都是以《SCM 协定》第 17 条为依据的。

《基本条例》第 12(1) 条规定了采取临时反补贴措施必须满足的四个累积条件。

19U. S. C. §1671b(d) 是有关临时反补贴措施的条款。该条规定，在对被调查产品是否存在补贴作出肯定性初裁后，商务部应命令该产品的所有报关中止清关。一旦被适用了临时反补贴措施，被调查产品的进口商必须交纳押金、保函或其他担保。而且，该临时措施应当在裁决在联邦公报上公布的日期或在联邦公报上公布的发起调查的通知后 60 天后才能作出。它的最长有效期也是 4 个月。在著名的美国软木案中，WTO 专家组认定美国违反了《SCM 协定》第 17.3 条和第 17.4 条的规定，原因是美国采取的临时反补贴措施是在发起调查后 60 天内实施的，且其期限长于 4 个月的有效期。

在这里有必要指出的是，欧盟法上的临时反补贴措施的实施条件要比美国法上的更为严格，除了要求委员会的肯定性初裁外，欧盟法上还特别要求程序上的合法性，以及欧盟利益要求干涉。另外，在临时措施的时间设置方面，欧盟不单单只要求临时反补贴措施采取的时间应不早于反补贴程序开始启动后的 60 天，而且还规定了不得晚于开始后的 9 个月。而美国法上却没有最晚的规定。

二、承诺

在欧盟，承诺包括取消或限制补贴、修改价格、停止向某地区出口等。

美国反补贴法并没有对承诺作出像《SCM 协定》和欧盟那样的规定，甚至连这种措辞都没有。19U. S. C. §1671c 是关于调查的终止或中止的内容，笔者认为其中第（2）、（3）、（4）项是有关承诺的规定。被调查产品的外国出口商或原产国的政府，可以通过协定的形式与管理当局达成一致，从而使调查被终止。这种承诺主要以三种协定的形式出现：一是数量限制协定；二是完全消除或抵消可抵消补贴或停止调查对象产品出口的协定；三是消除损害效果影响的协定。这三种协定在美国法上都受限于特定的条件，尤其是数量限制协定，它要求必须符合公共利益。只有当这样一项协定符合公共利益的要求，商务部才可通过接受该协定而终止调查。除此之外，美国法律还规定，管理当局可接受外国政府的限制向美国出口被调查产品数量的协定，但不能接受出口商的类似协定。

通过以上对比，欧盟、美国对承诺的规定差别很大。欧盟在该项规定上是高度借鉴《SCM 协定》的内容的，而美国却完全没有遵循这种形式。

三、反补贴税

（一）反补贴税的征收

在欧盟，当受补贴进口产品被委员会裁定为存在可抵消补贴以及对国内产业造成实质损害或实质损害威胁的肯定性裁决时，委员会可要求理事会作出对该进口产品征收反补贴税的命令，该命令应明确每一供货商的税额。这种反补贴税主要有三种不同的形式：从价税、从量税以及差价税。

根据美国反补贴法，如果商务部的终裁是肯定的，那么，商务部应当"为每个单独调查的出口商和生产商确定估算的单个可抵消补贴率（an estimated individual countervailable subsidy rate）"以及"为没有单独调查的所有出口商和生产商及新的出口商和生产商确定估算的所有其他补贴率（an estimated all others rate）"。[①] 这里的"估算的所有其他补贴率"同欧盟法上的剩余税率十分相似，两者的主要不同在于美国法上的"估算的所有其他补贴率"缺乏对合作地位的规定。但是 19U. S. C. § 1677m 从某些方面来说，与《基本条例》有关合作地位的规定是十分相似的。例如，它为之前没有被单独调查的生产商和出口商，通过向商务部提交必要的信息，从而为获得确定单独的可抵消补贴率提供一种可能性。也即，如果满足一定的条件（提交必要信息），不合作的当事方也可以适用合作当事方的税率。但是，与欧盟不同的是，商务部可拒绝生产商和出口商的这样一个要求，如果其认为"提交该信

---

① 19U. S. C. §1671d（c）（1）.

息的生产商或出口商数量太多，以至于对其单独检查将会不当地加重负担以及阻止调查的及时完成"。① 作为一种例外，如果商务部认为，由于调查或审查中涉及大量的生产商和出口商，确定单独的补贴率是不切实际的，那么可确定适用于所有生产商和出口商的国家范围的补贴率（a country-wide rate）。这样一个国家范围的补贴率应依据与可抵消补贴的使用有关的产业范围的数据。如果国际贸易委员会的最终裁定也是肯定的，商务部应公布反补贴税令。所征收的反补贴税数额应等于一定期限内产品为消费而入关或从仓库提取的确定的或估计存在的可抵消的净补贴金额，这个期限应当是在管理当局收到该确定所依据的满意信息后 6 个月内，但不晚于生产商或出口商的财务年度结束后 12 个月。②

（二）反补贴税的追溯征收

根据欧盟法，一般来说，最终反补贴税是没有溯及力的，但是也存在例外情形：即出现所谓的紧急情势。

根据美国法，管理当局对是否为紧急情势作出肯定性裁定之后，即可对为消费而入关的或从仓库提取的被调查产品进行追溯性中止清关。如果中止清关的通知已公布，则可予以修改适用。追溯适用的期限为发起调查的通知在联邦公报上公布后，或第一次命令中止清关日前 90 天内。至于追溯征收的对象，美国法没有作出明确的规定，但是在实践中，美国的做法是除了将反补贴税包括在内外，同时它还将临时反补贴措施也包括在其中。③ 然而，这一判例被 WTO 专家组认定为与《SCM 协定》第 20 条规定不相一致，理由是《SCM 协定》第 20 条中追溯适用仅适用于最终反补贴税，临时措施不能追溯适用，因而不适用于美国法规定的临时措施。与美国不同，欧盟在这一规定上同《SCM 协定》第 20 条的规定是一致的，它们都只能对最终反补贴税进行追溯征收。

（三）征收反补贴税的期限

对于征收反补贴税的期限，美国法和欧盟法的规定是一致的，都以《SCM 协定》第 21.3 条为依据。任何一项反补贴税应当在其征收之日起的

---

① 19U. S. C. §1677m（a）（2）.

② 19U. S. C. §1671e（a）（1）.

③ *Softwood Lumber* Ⅲ 案中，美国商务部裁定对临时反补贴措施进行追溯征收。

5 年内终止，除非主管机关认为税收期终会导致补贴和损害的继续或再次发生，因而进行复审确定。

第五节　行政复审机制之比较

一、情势变更复审（Reviews Based on Changed Circumstances）

欧盟法上的情势变更复审指的是中期复审（Interim Reviews）。

在美国法上，利益当事方基于情势变更可要求商务部对已征收的反补贴税进行审查。如果当事方要求取消反补贴税令，那么其必须提供表明情势变更足以保证对反补贴措施裁定进行审查的请求。之后国际贸易委员会应进行审查并裁定反补贴税令的取消或修改是否可能会导致损害的继续或再次发生。同欧盟一样，美国法上也没有对情势变更作出具体的规定，其也主要依靠管理当局的自由裁量。至于审查期限，美国法律并未对此作出规定，只是规定在裁定或中止通知公布后 24 个月内不得进行审查，这与欧盟"至少 1 年"的规定是不同的。

二、新出口商复审（Newcomer Reviews/New Shipper Reviews）

欧盟的新出口商复审与美国在措辞上有所不同，欧盟采用的是"Newcomer Reviews"。新出口商复审在欧盟又称为加速复审。

美国法上的新出口商复审称为"New Shipper Reviews"，这是《1994 年乌拉圭回合协定法》中新增的一种审查程序。在反补贴程序的调查期间，如果出口商或生产商没有向美国出口反补贴税令所涉产品，且他们也不是向美国出口所涉产品的出口商或生产商的关联人，那么他们可以向商务部要求进行新出口商复审。商务部进行审查后，如果证据充足，则为该出口商或生产商确定单独的反补贴税率。与欧盟所不同的是，管理当局在进行审查时，可指示海关允许在所涉产品入关时以保函或其他担保代替押金入关。

三、年度复审（Annual Reviews）

年度复审是美国法上的一个独特的概念，它是指最终反补贴税实施一年以及此后每一年所进行的复审。每年，对征收反补贴税的所涉产品的外国生产商或出口商，可要求商务部对其反补贴税令进行审查。商务部在收到审查的申请并在联邦公报上公布该审查通知后，应当审查和裁决任何可抵消补贴净额，该裁决是反补贴税可能重新评估的依据。由于年度复审仅是美国法上的一种审查程序，欧盟法上没有对此作出规定。因此，在欧盟，如果没有任何正当理由是不太可能要求对反补贴税进行重新评估的。而在美国法上，只要审查要求遵循反补贴税令公布后的 12 个月的时间限制，那么生产商或出口商就可以提出审查而无需任何理由。

四、日落复审/期终复审（Sunset/Expiry Reviews）

日落复审，也称期终复审，是指在反补贴措施期终时，反补贴管理机构对反补贴措施是否如期终止而进行的审查。

在欧盟，反补贴税征收 5 年期终前，共同体生产者可要求委员会进行一次期终复审，如果存在足够的证据证明终止反补贴措施可能会导致补贴及损害的继续或再次发生，委员会也可依职权自行发起期终复审。

美国法上的日落复审也是在乌拉圭回合协定法中才开始出现的一种审查机制。它通常是在实行反补贴措施或中止反补贴调查的决定公布之后 5 年期终前 30 天，商务部应当进行对反补贴税令的审查。商务部必须评估如果反补贴税令被撤销后补贴是否有可能继续或再次发生。委员会则评估反补贴税令的撤销在合理的可预见期内是否会导致实质损害的继续或再次发生。只有当二者的裁决都是肯定的，反补贴税令才会继续生效，否则反补贴税令必须被撤销。如果反补贴税令继续，那么另一轮日落复审将在 5 年后发起且此后每 5 年进行一次直至反补贴税令最终被撤销。

欧盟法和美国法对日落复审的规定大体上是相同的，都是以《SCM 协定》为依据的。尽管如此，二者之间还是存在一些差异，这主要体现在发起日落复审的强制性上：在欧盟法上，如果没有发起日落复审，则反补贴税在期终后可自行终止。而在美国法上，发起日落复审是管理当局和委员会的义务，在反补贴税期终前 30 天，管理当局应当在联邦公报上公布发起审查的通知。

第六节 司法审查机制之比较

一、反补贴司法审查主体的比较

从管辖机构的设置上来说，根据美国《1980 年海关法院法》，在美国，反补贴等贸易救济司法审查职责是由专门法院行使的，即初审法院为国际贸易法院（the U. S. Court of International Trade，CIT），上诉法院为联邦巡回上诉法院（the U. S. Court of Appeals for the Federal Circuit，CAFC）。同时《1984 年贸易与关税法》也规定，利害关系人对于国际贸易委员会作出的损害初裁、对于商务部及国际贸易委员会作出的终裁等，都可以向国际贸易法院请求司法审查。如果利害关系人对国际贸易法院的一审判决不服，还可向联邦巡回上诉法院提起上诉。而联邦巡回上诉法院一般只在程序上对国际贸易法院的裁决进行审查，不会对争议中的普遍原则问题作出明确裁决。联邦巡回上诉法院实行法律审，只针对一审中的有关法律适用问题进行审查。[①] 如果利害关系人对联邦巡回上诉法院的裁决仍旧不服，则还可向美国最高法院提起上诉。

从原告范围上来说，根据美国《1980 年海关法院法》的规定[②]，不服反补贴或反倾销行政裁决的利害关系方（Interested Parties），可就行政裁决中的事实认定或法律结论等问题向美国国际贸易法院提起诉讼。这里的利害关系方就是能提起司法审查的原告。

依照《美国法典》第 19 编第 1677 节第（9）段的界定，利害关系方包括受诉产品的外国生产者、外国政府、美国同类产品的生产者、被认可的代表生产同类产品的美国工人的联盟以及同类产品生产者的行业协会。[③] 从这一规定我们可以看出，美国对反补贴调查中的利害关系方的界定很宽泛，但 JCM. LTD v. U. S 案确立了一个关于限定条件的判例，该案虽然是一个反倾销案件，但该限定条件在反补贴案件中仍旧适用。这个判例就是"只有参加了反补贴调查程序才享有提起反补贴司法审查的资格"，即没有按照已清楚记载于相关法律的步骤和程序参与反补贴调查，则将丧失向国际贸易法院寻求司

---

① 刘慧玲：《欧美反倾销司法审查制度比较研究》，湖南大学 2009 年硕士学位论文，第 9 页。
② Section 2631（C）（k）（1）of Customs Counts Act 1980.
③ See 19 U. S. C. § 1677.

法救济的机会。①

在被告的确定方面，由于美国反补贴实行双轨制，美国商务部和国际贸易委员会是美国反补贴的主管机关，所以，在美国反补贴诉讼中，被告是十分明确的，即商务部和国际贸易委员会。

从上述论述中我们可以看出，欧盟和美国在反补贴司法审查主体方面都承袭了 WTO 规则的精神，并且都不局限于 WTO 的规定，凸显了自身的特点。欧盟虽然没有设立反补贴司法审查的专门法院，但是其完备的诉讼程序规则能从理论上保证诉讼公平，并且法院会根据具体情况适时调整其所应采取的审判方式，以确保正义得到维护。② 美国的专门法院可以凝聚专业的力量解决国际贸易纠纷。另外，在原告范围方面，美国似乎比欧盟更加"放得开"，赋予外国政府以原告资格、同类产品生产者有诉权、重视工人联盟和行业协会的作用等，都是欧盟反补贴司法审查法律中所没有规定的。

二、反补贴司法审查受案范围的比较

如前所述，在美国，国际贸易委员会和商务部是反补贴的行政主管机关，国际贸易委员会负责调查是否给国内产业造成实质性损害，商务部负责计算因补贴行为造成的损害数量。所以，凡是国际贸易委员会和商务部在反补贴调查过程中作出的非预备性裁决，利害关系人均可以向法院起诉。

美国反补贴司法审查的受案范围集中规定在《美国法典》第 19 编第 1516a 节《反补贴税和反倾销税程序中的司法审查》第（a）小节中③，虽然针对这些裁定的诉讼能否被受理，还受其他许多因素，如起诉时限的影响，但这些规定是有弹性的，在个案中可以不必拘泥于这些规定。④ 具体如下：（1）商务部根据《美国法典》第 19 编第 1671a（c）节作出的有关不发起反补贴调查的裁定。（2）国际贸易委员会根据《美国法典》第 19 编第 1675b 节作

---

①　陈锋：《WTO 体制中司法审查制度的实证分析研究》，上海交通大学 2008 硕士学位论文，第 41 页。

②　Nerys A. Jefford, *The Rights of Private Parties: Procedure and Review Under the Antidumping Legislation of the European Economic Community and the United States*, *Boston College International and Comparative Law Review*, 1987（12），p 89.

③　See 19 U. S. C. A. §1516a（a）.

④　Joseph E. Pattison, Antidumping and Countervailing Duty Law, 2005, p 474.

出的不因情势变更而进行审查的裁定。（3）国际贸易委员会根据《美国法典》第 19 编第 1671b(a)节作出的关于损害存在的否定性初裁。（4）商务部和国际贸易委员会根据《美国法典》第 19 编第 1675(c)(3)节作出的有关日落审查的终局裁定。（5）商务部和国际贸易委员会根据《美国法典》第 19 编第 1671d 节作出的有关征收反补贴税的终局裁定。（6）商务部就某一特定种类商品是否包括在现存的反补贴裁定或反补贴税令所指向的商品种类的范围之内所作出的裁定。（7）国际贸易委员会根据《美国法典》第 19 编第 1671c(h)节的规定在对中止协议进行审查后所作出的关于损害效果的裁定。（8）商务部根据《美国法典》第 19 编第 1671c 节中止反补贴税的裁定。

通过以上分析，虽然《SCM 协定》中关于反补贴受案范围的规定很少且相对保守，但欧盟和美国在这方面可谓"下足了工夫"，都确定了非常宽泛的范围，就算在找不到可以援引来确定某种行政行为是否具有可诉性的法律或判例时，尽可能地为"遭受不可挽回的损害"的当事人提供司法救济。欧盟对反补贴司法审查的受案范围没有立法规定，判例法也没有明确的界定和归纳，欧盟委员会与理事会的判断和自由裁量权对受案范围的发展起着十分重要的作用，它们遵循的总的原则是"不能对当事人产生确定的法律效果的行政行为是不可诉的"，因此，这也就排除了那些初步决定或只是建设性行为的可诉性。另外，欧盟将抽象行政行为纳入受案范围的做法也值得提倡和借鉴。

三、美国关于反补贴司法审查标准的规定

根据《美国法典》第 19 编第 1516a 节(b)小节"审查的标准"中的有关规定，美国反补贴法中的司法审查标准可以划分为两个大类，即对实质性证据的审查标准和对自由裁量权的审查标准。

实质性证据审查标准在《美国法典》中的表述是："法院如果发现有任何裁定、决定或结论没有被记录在案的实质性证据所支持，或有其他与法律不一致的情况，法院都该认定该裁定、决定或结论为不合法。"[①] 由此，实质性证据标准在实践中的适用要考虑两个问题，即证据是否合理和证据是否记录在案。

---

① 19 U. S. C. A. § 1516a（b）（1）.

关于证据是否合理的问题，法院曾在判决中指出：实质性证据并不仅仅是一点点（more than a mere scintilla），它是关于这样的证据，即一个有理性的人可能接受作为一个结论的正当的支持。[①] 但这并不是说不允许存在其他的证据来支持一项相反的结论。正如联邦最高法院所强调的那样，"从证据中得出的两种不一样的结论的这种可能性，不能阻止行政机关的结论被实质性证据所支持"。换句话说，法院不必为了支持行政机关的决定而去证实该结论是唯一合理的，[②] 只要行政机关的判断合理，法院仍要对其予以尊重。例如，在1992年天津机械进出口公司诉美国商务部案中，关于实质性证据，美国国际贸易法院指出：从证据中得出两种不一致的结论的可能性不等于说没有实质性的证据支持，只要裁定是合理的并能得到整体上的证据支持，法院就要维持这一裁决。[③]

证据是否记录在案是法院在适用实质性证据标准时应注意的另一个重要问题。只有"记录在案的证据"才能适用实质性标准，即法院只审查美国商务部或国际贸易委员会在反补贴程序中为作出反补贴裁决所收集并使用的资料和证据，以此来判断这些裁决的合法性。这就要求支持某一案件所必需的证据必须是在反补贴程序中就已提交给政府当局，并记录在案。若利害关系人在司法审查过程中才将证据提供给法院，这样并不能补正反补贴程序中的事实遗漏，法院将不会对这些证据进行审查，更别说将其作为最终司法审查裁决的依据了。

由此看来，美国在适用实质性证据标准时有三大特点，即法院只以行政记录为基准进行司法审查；法院在司法审查中不直接调查取证；法院只对行政机关的事实认定作合理性审查，不以自己的合理性替行政机关的合理性。[④]

对于自由裁量权的审查标准，《美国法典》的表述是："法院如果发现有任何裁定、决定或结论具有武断、反复无常、滥用自由裁量权或存在其他方

[①]　*Thai Pineapple Public Co. , Ltd , v. U. S.* , 187 F. 3d 1362 21 Int'l Trade Re. （BNA）1385（Fed. Cir. 1999）.

[②]　See *Pesquera Mares Australes Ltsa. v. U. S.* , 266 F. 3d 1372, 23 Int'l Trade Re. （BNA）1486（Fed. Cir. 2001）.

[③]　龚柏华：《中美经贸法律纠纷案例评析》，中国政法大学出版社1996年版，第101页。

[④]　朱新力：《司法审查的基准——探索行政诉讼的裁判技术》，法律出版社2005年版，第429页。

面的不符合法律的情况，法院都应判决该裁定、决定或结论为不合法。"① 实践中，法院通常都会尊重行政机关的自由裁量权。个人的判断可能有错误，只要没有达到"武断或反复无常"的程度，都是可以接受的，但自由裁量权的行使也有一个限度，若该权力的行使达到非常不合理的程度，任何合理的人都不会作出这样的判断，以至于行政机构的决定没有任何合理的基础时，法院可以该标准为理由判决该结论为非法。这是针对无案卷记录可查询而结论又与正义目标相差太远的情况而设定的一项审查标准。

上述两项标准都有"存在其他方面的不符合法律的情况"的表述，这本身是种概括性的规定，正如欧盟法中规定"是否违反条约或与条约有关的任何规定"的标准一样，即法院如果认为行政机关的反补贴裁决与有关判例的做法或有关法律解释不一致，也可以认定其为非法，从而作出相应判决。

关于反补贴司法审查标准，西方两大经济发达体的规定都突出强调了两个方面：一是事实审查标准，其实质是合理审查标准；二是法律审查标准，其实质是合法审查标准，只是它们的规定各有侧重。

欧盟法院基本上采取法律审，一般只对法律规定和程序问题进行审查，在事实的认定方面则充分尊重欧盟机构的调查及据此所作的决定。事实上，欧盟的这种审查标准制度正好突出了欧盟法院的司法能动性。一方面，当欧盟法院在权衡是否应推翻欧盟机构对反补贴事实的认定决定时，它不得不考虑欧盟机构以及其他成员国相关部门对该判决的支持程度，而这也关系到欧盟法院司法审查的政治正当性基础，这就促使法院必然要慎重处理。另一方面，与对事实审查的自我克制相反，欧盟法院在对法律适用和程序进行审查时，可以不因循先例或严格按照成文法的字面意义进行司法解释，而是可以通过法律解释对法律进行创造和补充。欧盟法院的这种司法能动性决定了它的审查标准制度不同于美国的"同时坚持事实审和法律审，只是区分事实问题和法律问题分别适用不同的审查标准"的审查标准制度。

---

① 19 U. S. C. A. § 1516a（b）（1）.

第七节　反规避调查之比较

当反补贴税令开始征收后，为了规避该税收，出口商可能将征收反补贴税的产品进行拆解或改头换面或采取其他方式继续向出口国出口，因此反规避问题应运而生。十分遗憾的是，《SCM 协定》没有关于反规避问题的规定。然而欧盟和美国等出于对自身利益的考虑，均对反规避问题作出了详细的规定。

欧盟法上的反规避条款首次出现在 1987 年通过的欧共体反倾销条例中，后来 1997 年欧盟反补贴《基本条例》对其加以吸收。《基本条例》第 23 条明确规定了规避及反规避的内容。

美国具有丰富的反补贴经验，对反补贴中出口商为减少或避免被征收反补贴税采取的各种规避手段了如指掌，不仅在《1930 年关税法》第 701(e)，第 703(g)，第 771(a) 和第 780 等条款中详细规范了上游补贴和对下游产品的监督，还专门于第 781 条对在美国完成或组装的产品、在其他外国完成或组装的产品、经细微改变的产品和后期开发的产品等分别采取反规避措施。[①]

1988 年美国法律修订时，增加了反规避措施（circumvention measures）条款，赋予国际贸易局采取措施对付规避行为，1994 年《乌拉圭回合协议法》对这一规定作了一些补充。

美国法上有关规避的情况主要包括三种：（1）是在美国或其他国家完成或组装产品的行为。美国商务部认为在该情况下，要构成规避行为，必须满足（a）在美国销售或进口的产品必须是与征收反补贴的产品是同一种类；（b）该产品是征收反补贴税的产品，且其零部件是在美国或第三国完成或组装的；（c）该零部件的价值占整个产品价值相当大的部分。（2）引起产品细微改变的行为。如果某一被征收反补贴税的产品仅仅只是在形式和外观上作了细微的改变，无论改变后的产品是否属于同一关税分类，仍应被纳入到反补贴税令之中；（3）对产品进行后期开发的行为。美国法规定，对后开发的

---

① 夏兰，刘阳：《中美反补贴法律机制的几点比较》，《江西财经大学学报》2005 年第 3 期。

产品是否属于征收反补贴税的范围，商务部应当考虑以下因素：（a）后开发产品与被征收反补贴税的产品是否具有相同的物理特征；（b）消费者对二者的期待是否相同；（c）二者最终用途是否一致；（d）二者的销售渠道是否相同；（e）二者的宣传和展示方式是否相同。如果存在以上几种情形，则有可能被采取反规避措施。一旦反规避调查开始，商务部应在发起调查后的 300 天内作出裁决。

通过比较我们可以看出，二者虽然措辞有所不同，但是在内容所包括的范围上大体都是一致的。然而他们也存在有一定的差异：如美国反规避调查的期限比欧盟的要稍微宽松一点，欧盟规定的期限是 9 个月，而美国有将近 10 个月。

第十二章　欧盟提起的重要
反补贴调查案

第一节　欧盟对华铜版纸反补贴调查案

一、案情

2010 年 4 月 17 日，应欧盟纸张生产商协会（The European association of fine paper manufacturers）的申请，欧盟委员会对原产于中国的铜版纸进行反补贴立案调查。这是欧盟对华首起反补贴调查，也是欧盟 2010 年对全球发起的第二起反补贴调查。本案的补贴调查期为 2009 年 1 月 1 日 - 12 月 31 日。

在本案中，欧盟将就优惠贷款、所得税、间接税及进口关税、政府赠款、政府低价提供货物或服务以及经济开发区项目六大类项目进行调查[①]，认为得益于这些补贴，中国企业对欧出口近年来明显增加，严重挤压了欧盟铜版纸生产企业的生存空间。2010 年 2 月，欧盟曾对原产于中国的铜版纸启动反倾销调查。中国每年出口欧盟的铜版纸大约 20 万吨。

2011 年 5 月 6 日，欧盟对原产于中国的铜版纸作出反倾销和反补贴终裁（见下表），对从中国进口的铜版纸开征正式反倾销税和反补贴税。这是欧盟首次对中国产品动用反补贴措施，也是首次同时采取两项贸易救济措施。

[①]　本节有关欧盟对华提起的反补贴案件的资料主要来自念雪编译的，发表于中国贸易救济信息网（http://www.cacs.gov.cn）上的案情介绍，特此致谢！

欧盟对原产于中国的铜版纸作出的反倾销和反补贴终裁结果

企业名称	反倾销税率（%）	反补贴税率（%）
江苏镇江金东纸业股份有限公司和江苏金华盛纸业（苏州工业园区）有限公司〔Gold East Paper（Jiangsu）Co.，Ltd，Zhenjiang City，Jiangsu Province，PRC；Gold Huasheng Paper（Suzhou Industrial Park）Co.，Ltd，Suzhou City，Jiangsu Province，PRC〕	8	12
山东晨鸣纸业集团股份有限公司和山东寿光晨鸣美术纸有限公司（Shangdong Chenming Paper Holdings Limited，Shouguang City，Shandong Province，PRC；Shouguang Chenming Art Paper Co.，Ltd，Shouguang City，Shandong Province，PRC）	35.1	4
普遍	27.1	12

二、评价

（一）中国商务部的反应

中国商务部新闻发言人姚坚2011年5月14日发表谈话，对欧盟委员会终裁决定对华铜版纸征收反倾销税和反补贴税表示强烈不满和坚决反对，中方将对欧盟铜版纸案终裁裁决进行仔细研究和评估，保留依法采取相应措施的权利，以维护中国企业合法权益。姚坚说，欧盟在不承认中国市场经济地位，对华反倾销调查中采取歧视的、不公正的"替代国"做法的同时，执意对中国产品发起反补贴调查，对同一产品同时进行反倾销反补贴双重救济，违背世界贸易组织原则。

姚坚表示，中国政府有关部门和应诉企业在本案中给予欧盟委员会充分配合，提供了大量证据证明，中国的铜版纸产业是一个高度竞争的产业，企业在市场经济条件下运行，政府既不干预企业的日常经营，也不决定市场价格。欧方无视中方配合，无视该产品市场化运作事实，滥用"最佳可获得事实的方法"进行裁决，在程序中存在诸多与世界贸易组织规则不符的法律瑕疵，严重损害了中国企业的利益。[①]

（二）专家的反应

总部位于布鲁塞尔的欧盟智库欧洲国际政治经济研究中心主任李·牧山浩石认为，欧盟的做法在法律上根本站不住脚，因为中国铜版纸在欧盟市场上的份额仅为 4% 左右，如此小的市场份额不可能对欧盟产业造成损害。存在产业损害是实施反倾销和反补贴等贸易救济措施的前提条件。

代表欧盟进口商和零售商利益的外贸协会法律顾问斯图尔特·纽曼在接受记者采访时则指出，同时征收反倾销和反补贴税存在双重计算问题，他不认为根据欧盟法律可以这么做。欧盟的"双反"决定遭到了欧盟印刷企业的反对，因为这将导致它们从中国进口铜版纸的成本上升。[②]

李·牧山浩石指出，欧盟在寻找所谓的补贴证据时，居然以中国的商业银行系国有为由把它们向铜版纸生产企业发放的贷款也划归为政府补贴，这不仅违背事实，而且到头来只会"搬起石头砸了自己的脚"。李·牧山浩石说，中国的银行体系虽然还不够健全，但不容否认的是，这些国有银行都是市场化运作，银行间竞争相当激烈，几乎所有欧盟在华企业都要从这些银行贷款，欧盟的做法意味着它们也可能成为别国反补贴的靶子。此外，如果按照欧盟在该案中的逻辑，那么欧盟各国在金融危机和主权债务危机中为银行业提供了大笔救助并补充流动性，这种政府介入实际降低了银行的贷款利率，是否也可以被视为是对借款企业的补贴？

在欧盟委员会 5 月 13 日专门召开的内部吹风会上，一名欧洲记者问道：既然欧盟不认为中国是市场经济体，也就是说中国没有土地市场，那么又凭什么判定中国政府在向铜版纸生产企业出让土地使用权时价格过低，构成补贴呢？一位不愿公开姓名的欧盟委员会贸易官员向记者证实，在低价出让土地使用权问题上，欧盟是用中国台湾地区的土地价格作为参照。

由于欧盟迄今不肯承认中国的市场经济地位，因此在反倾销案件中，欧盟经常随意选择一个替代方来计算涉案产品的正常价格，通常要比中国国内

---

① 《欧盟首用"双反"制裁中国产品 商务部坚决反对?》，http://news.xinhuanet.com/fortune/2011-05/16/c_121419625.htm，访问日期：2011-12-16.

② 《欧盟首次对中国产品征收反补贴税》，http://news.xinhuanet.com/world/2011-05/14/c_121415196.htm，访问日期：2011-12-16.

价格高，然后用这个正常价格来衡量中国产品是否在欧盟市场上低价倾销并计算出倾销幅度，用于确定反倾销税率。

欧盟之所以这么做，法律上的逻辑就是中国不是市场经济体，所以中国国内市场上的商品价格因为各种政府补贴被人为压低了，在衡量是否对外倾销时不能作为参考。也就是说，即便中国政府存在补贴，欧盟在计算反倾销税时因为替代国的使用已经把补贴部分考虑在内，放大了倾销幅度。现在又加征反补贴税，构成双重计算和重复惩罚，违背了基本法理。

（三）WTO 的相关裁决

1. 对"双反"措施中双重救济问题的裁决

如前所述，在进口国同时征收反倾销税和反补贴税的情况下，极有可能出现双重救济问题。GATT/WTO 规则对于"双反"措施中双重救济问题的处理经历了一个令人费解的演进过程。GATT1947 第 6.5 条只处理了出口补贴情形下的双重救济问题，1979 年《东京回合补贴守则》明确处理了非市场经济背景下的双重救济问题，WTO《反倾销协定》和《SCM 协定》都没有明确处理双重救济问题。WTO 上诉机构通过解释和适用《SCM 协定》第 19.3 条中的宽泛用语"每一案件中的适当数额"，将双重救济问题纳入 WTO 规制范围，对于进口国调查当局施加了采取适当措施避免双重救济的义务。[①]

在中美某些产品"双反"案中，美国对于中国出口的四种产品（非公路用轮胎、复合编织袋、薄壁矩形管、圆形焊接碳钢管件）同时征收了反倾销税和反补贴税。在反倾销调查中，鉴于中国的非市场经济性质，美国使用了替代国价格计算倾销幅度。中国指控美国的"双反"措施违反了《SCM 协定》第 10 条、第 19.3 条、第 19.4 条、第 32.1 条和 GATT1994 第 6.3 条。中国指控的核心法律依据是第 19.3 条和第 19.4 条。对此，2011 年 3 月 25 日，WTO 争端解决机构正式通过的"美国—对某些中国产品征收反倾销税和反补贴税案"的上诉机构报告[②]做了详细分析。上诉机构根据第 19.3 条中的反补贴税数额适当性要求（"每一案件中的适当数额"），裁定美国采取双反措施

---

① 胡建国：《论反倾销和反补贴措施中的"双重救济"问题》，载《2011 年中国国际经济法学会年会暨学术研讨会论文集》，第 473 页。

② Case concerning *United States – Definitive Anti-Dumping and Countervailing Duties on Certain Products from China*. WT/ DS379 /AB/R. Adopted on 25 March 2011.

但却不考虑双重救济问题的做法与《SCM 协定》第 19.4 条不一致，因此也与《SCM 协定》第 10 条和第 32.1 条不一致，但上诉机构没有审查美国"双反"措施与《SCM 协定》第 19.4 条和 GATT1994 第 6.3 条的相符性。

上诉机构最为重要的观点是，WTO 义务的累积性质要求各成员要同时考虑《反倾销协定》和《SCM 协定》的义务，进行一致且协调的理解。上诉机构认为，《SCM 协定》第 10 条和第 32.1 条提及 GATT1994 第 6 条、第 6 条本身以及适用于征收反倾销税的成员和征收反补贴税的成员的义务许多相似之处表明，对于《SCM 协定》第 19.3 条意义上的反补贴税"适当数额"的任何解释都一定不要拒绝考虑 GATT1994 第 6 条和《反倾销协定》条款提供的上下文。上诉机构得出结论，根据《SCM 协定》第 19.3 条，如果不考虑针对相同产品征收的、抵消相同补贴的反倾销税，就无法确定反补贴税数额的适当性。为了消除对于国内产业的相同损害，在反补贴税代表了补贴总额并且同时征收至少在某种程度上以相同补贴为基础而计算出来的反倾销税的情况下，反补贴税数额不可能是"适当的"。[1]

2. 对中国国有商业银行是否是"公共机构"的裁定

上述"美国—对某些中国产品征收反倾销税和反补贴税案"的上诉机构报告仍然维持了专家组将中国国有商业银行界定为"公共机构"的裁定，理由之一是中国《商业银行法》的规定明确揭示了商业银行需按照国家政策开展贷款业务。[2] 这一规定构成了中国商业银行履行政府职能的直接证据。这一裁定对我国商业银行开展出口企业贷款业务是十分不利的。其原因在于，由于《商业银行法》所规范的对象不仅包括国有商业银行，还包括其他非国有性质的商业银行，它们都要按照国家政策来开展贷款业务，这无疑使得非国有商业银行针对出口企业开展优惠贷款业务时，同样面临着构成《SCM 协议》第 1 条项下"公共机构"的风险。为了防止这一情况出现，可在适当的时候修改或删除《商业银行法》第 34 条的规定，避免在国外调查机关认定出

---

① 胡建国：《论反倾销和反补贴措施中的"双重救济"问题》，载《2011 年中国国际经济法学会年会暨学术研讨会论文集》，第 476～477 页。

② 《中华人民共和国商业银行法》第 34 条规定：商业银行根据国民经济和社会发展的需要，在国家产业政策指导下开展贷款业务。

口补贴时授人以柄。①

第二节　欧盟对华数据卡反补贴调查案

2010 年 9 月 16 日，应比利时无线网络设备生产商 Option 的申请，欧盟对原产于中国的数据卡（又称无线宽域网络调制解调器，英文名：wireless wide area networking modem）进行反补贴立案调查。这是欧盟 2010 年第二起对华反补贴调查。本案的补贴调查期为 2009 年 4 月 1 日–2010 年 3 月 31 日。②

申请人声称，被调查的原产于中国的产品的生产商已经从中国政府的一系列补贴中获利。补贴包括但不限于所得税政策（如根据"两免三减半"政策的所得税减免、高新技术产业的所得税减少、国有企业采购国产设备的所得税抵免）、间接税与进口关税政策〔如进口设备的进口关税与增值税（VAT）免除〕、优惠贷款方案（如包含从国有商业银行与政府政策性银行出口融资的政策贷款）、赠款计划〔如电子信息产业发展基金（IT 基金）、国家核心技术项目改造基金、驰名商标奖励〕、政府提供的商品和服务低于正常的市场价格（如土地使用权的供给）以及地方政府的优惠政策，包括特区与工业园区的优惠（如深圳、上海、北京、西安的优惠政策）。

2010 年 6 月 30 日，欧盟对中国数据卡同时发起反倾销及保障措施调查，涉案金额约 41 亿美元。欧盟委员会在其官方公报中表示，欧盟委员会在接到比利时无线网络设备生产商 Option 的投诉后认为，存在初步证据支持发起反倾销调查。

2011 年 1 月 26 日，欧盟委员会发布公告称，由于申请方于 2010 年 10 月 29 日提交了撤销保障措施调查的申请，因此决定终止对数据卡的保障措施调查。2010 年 10 月 26 日 Option NV 申请撤销其关于原产于中国的进口数据卡的反倾销和反补贴的申请。撤销的原因是该企业已经与中国的出口商签署了合作协议。依据《欧盟理事会第 1225/2009 号条例》第 9(1) 条和《欧盟理事会

---

① 廖诗评：《中美"双反措施案"中的"公共机构"认定问题研究》，载《2011 年中国国际经济法学会年会暨学术研讨会论文集》，第 488～489 页。

② 本节有关欧盟对华提起的反补贴案件的资料主要来自念雪、张辉编译的，发表于中国贸易救济信息网（http://www.cacs.gov.cn）上的案情介绍，特此致谢！

第597/2009号条例》第14(1)条，若申请人撤销其申请，除非终止不符合欧盟利益，该程序可以终止。2011年3月3日，欧盟对原产于中国的数据卡作出反倾销和反补贴终裁，决定自公告发布之日起正式取消该反倾销和反补贴调查。

第三节 欧盟对华有机涂层钢板反补贴调查案

2012年1月9日，欧洲钢铁工业联盟（Eurofer）称，已于6日针对从中国进口的有机涂层钢板向欧盟提出反补贴调查。2012年2月22日，欧盟委员会对原产于中国的有机涂层钢板进行反补贴立案调查。[①] Eurofer表示，其提供了大量证据，显示欧盟进口自中国的有机涂层钢板规模激增是中国大幅补贴的结果。欧盟曾于2011年12月对我国出口的有机涂层钢板进行反倾销立案调查。

申请人声称被调查的原产于中国的产品的生产商已经从中国政府的一系列补贴中获利。补贴包括但不限于免除所得税和其他直接税，间接税和关税减免（如固定资产增值税减少），优惠贷款和利率补贴（如政策性贷款、无息贷款、内部财务担保），股权方案（如债转股、股权注入、股息免付），政府提供的商品（如土地使用权、水、电、原材料）低于正常的市场价格，而以高于市场价格收购产品，对外商投资企业的税收优惠政策，赠款政策（如中国驰名商标政策、各省市驰名商标政策），此外还有各地有利于钢产业的各种政策（如天津地方政府、东北地区、江苏省和湖北省）。

申请人已经提供了调查中的原产于涉案国的进口货物在市场份额和绝对数量增长的证据。申请人提供的初步证据显示，除其他后果，调查中的进口货物的数量和价格对欧盟产业的销售额、价格水平以及市场份额有消极的影响，进而导致了欧盟产业总体上的绩效、财务状况以及就业状况的实质性不利后果。

2013年3月15日，欧盟对原产于中国的有机涂层钢板作出反补贴终裁

---

① 念雪编译：《欧盟对华有机涂层钢板进行反补贴调查》，http://www.cacs.gov.cn/cacs/news/newshow.aspx? str1=2&articleId=94782，访问日期：2012年8月26日。

（见下表）。①

欧盟对原产于中国的有机涂层钢板作出的反补贴终裁结果

企业名称	反补贴税（%）
联合铁钢（中国）有限公司（Union Steel China）	13.7
张家港攀华薄板有限公司、重庆万达薄板有限公司、张家港 Jiaxinda 国际贸易有限公司（Zhangjiagang Panhua Steel Strip Co.，Ltd；Chongqing Wanda Steel Strip Co.，Ltd；Zhangjiagang Jiaxinda International Trade Co.，Ltd）	29.7
浙江华东轻钢建材有限公司，杭州 P.R.P.T. 金属材料有限公司（Zhejiang Huadong Light Steel Building Material Co. Ltd；Hangzhou P.R.P.T. Metal Material Company Ltd）	23.8
鞍钢钢铁有限公司（Angang Steel Company Limited）	26.8
包头市佳隆金属制品有限公司（Baotou City Jialong Metal Works Co. Ltd.）	26.8
常熟科弘材料科技有限公司（Changshu Everbright Material Technology Co. Ltd.）	26.8
常州常松金属复合材料有限公司（Changzhou Changsong Metal Composite Material Co. Ltd.）	26.8
内蒙古包钢钢联股份有限公司（Inner Mongolia Baotou Steel Union Co. Ltd.）	26.8
济钢集团有限公司（Jigang Group Co.，Ltd.）	26.8
马鞍山钢铁有限公司（Maanshan Iron&Steel Company Limited）	26.8
青岛邯钢彩涂板有限责任公司（Qingdao Hangang Color Coated Sheet Co. Ltd.）	26.8
山东冠洲股份有限公司（Shandong Guanzhou Co. Ltd.）	26.8
深圳华美板材有限公司（Shenzhen Sino Master Steel Sheet Co. Ltd.）	26.8

---

① 念雪编译：《欧盟对华有机涂层钢板征收反补贴税》，http://www.cacs.gov.cn/cacs/newcommon/details.aspx? navid=&articleId=110542，访问日期：2013 年 10 月 26 日。

企业名称	反补贴税（%）
唐山钢铁集团有限公司（Tangshan Iron And Steel Group Co. Ltd.）	26.8
天津市新宇彩板有限公司（Tianjin Xinyu Color Plate Co. Ltd.）	26.8
武汉钢铁股份有限公司（Wuhan Iron And Steel Company Limited）	26.8
浙江天女彩钢有限公司（Zhejiang Tiannu Color Steel Co. Ltd.）	26.8
普遍	44.7

第四节　欧盟对华自行车反补贴调查案

英国《金融时报》2012 年 4 月 11 日消息，欧洲自行车生产商协会（The European Bicycle Manufacturers Association，EBMA）在 3 月提交的一份机密申请文件中称，中国政府向本国自行车厂家提供了大量不公平的竞争优势，从优惠贷款条件，到优惠税收待遇。包括德国 Derby 和荷兰 Accell 在内的欧洲企业，要求欧盟委员会对据称的补贴行为展开调查。

2012 年 4 月 27 日，应欧盟自行车生产商协会的申请，欧盟对原产于中国的自行车进行反补贴立案调查。实际上，欧盟自 1993 年开始对我国自行车征收反倾销税，至今已长达 20 年，并于 1997 年开始将反倾销税扩展至自行车零部件，于 2005 年 7 月将对华自行车的反倾销税率由 30.6% 上调到 48.5%。来自中国自行车协会的统计数据显示，2011 年，我国累计出口自行车 5572.2 万辆，同比下降 4.2%；出口金额为 29 亿美元，同比增长 11.2%。其中，出口欧盟整车仅为 94.5 万辆，占我国出口自行车数量的比重仅为 1.7%。[①]

申请人声称调查中的原产于中国的产品的生产商已经从中国政府的一系列补贴中获利。补贴包括但不限于免除所得税和其他直接税，间接税和关税减免，优惠贷款和利率补贴，政府提供的商品低于正常的市场价格（如政府投入的原材料、电力和土地使用权），赠款政策（如天津循环工业园区发展援

---

① 念雪编译：《欧盟对华自行车进行反补贴调查》，http://www.cacs.gov.cn/cacs/news/newshow. aspx？str1=2&articleId=97456，访问日期：2012 年 8 月 26 日。

助基金，天津滨海新区特殊建设和发展援助基金，驰名商标奖励政策），以及经济开发区（EDZ）政策（如天津滨海新区、天津静海经济开发区、天津经济技术开发区、大港经济开发区、武清经济开发区、东莞华南工业园）。

申请人已经提供了调查中的原产于涉案国的进口货物在市场份额和绝对数量的增长的证据。申请人提供的初步证据显示，除其他后果，调查中的进口货物的数量和价格对欧盟产业的销售额、价格水平以及市场份额有消极的影响，进而导致了欧盟产业绩效、财务状况以及就业状况的实质性不利后果。

2012 年 11 月 14 日，欧盟委员会发布公告称，欧盟委员会于 2012 年 9 月 26 日，对原产于中国，自印尼、马来西亚、斯里兰卡、突尼斯（无论是否标明原产于印尼、马来西亚、斯里兰卡、突尼斯）转口的自行车进行反规避立案调查，由于上述反规避调查的产品范围与欧盟于 2012 年 4 月启动的反补贴调查的产品范围相同，因此决定对反规避调查产品范围是否存在补贴进行调查。[①] 2013 年 5 月 23 日，欧盟委员会发布公告称，由于申诉方欧盟自行车生产商协会于 2013 年 3 月 22 日提交了撤销对华自行车反补贴调查的申请，因此决定正式取消上述反补贴调查。

第五节　欧盟对华光伏产品反补贴调查案

一、申请

根据代表产量占欧洲晶体硅光伏组件及关键零部件总产量 25 % 以上的生产商的欧盟光伏产业联盟 EU ProSun（申请人）于 2012 年 9 月 26 日提出的申请，2012 年 11 月 8 日，欧盟对原产于中国的晶体硅光伏组件及关键零部件进行反补贴立案调查。

二、被调查的产品

此次被调查的产品为晶体硅光伏组件或电池板以及适用于晶体硅光伏组件或电池板的电池和晶片。电池和晶片的厚度不得超过 400μm（涉案产品）。

---

① 念雪编译：《欧盟对华自行车反规避案中的涉案产品进行反补贴调查》，http://www.cacs. gov. cn/cacs/newcommon/details. aspx？ navid = &articleId = 106265，访问日期：2013 年 10 月 28 日。

以下的产品类型被排除在涉案产品的范围内：（1）由少于六块电池组成的太阳能充电器，此充电器是便携式的并且为设备或充电电池提供电力。（2）薄膜光伏产品；（3）永久集成于电子产品中的晶体硅光伏产品，此电子产品的功能不同于发电机设备并且这些产品消耗的电力来源于集成的晶体硅光伏电池。

三、补贴的指控

申诉中称涉案产品的中国厂商得益于来自中国政府的大量补贴。这些补贴包括但不限于：（1）对太阳能电池产业的优惠贷款（如国有商业银行以及政府政策性银行提供的低息政策性贷款和信用额度、出口信贷补贴项目、使用离岸控股公司补助、政府偿还贷款）；（2）补助项目（如出口产品研究与开发基金、"驰名品牌"和"世界顶级中国品牌"补助、广东省对外扩张产业基金、金太阳示范工程）；（3）政府以不充分的报酬提供货物和服务（如提供多晶硅、铝挤出制品、玻璃、电力和土地），（4）免征、减征直接税计划〔如在"二免三减半"政策下的所得税减免，对出口型外商投资企业（FIEs）的所得税减免、基于地理位置对外商投资企业所得税减免、对生产性外商投资企业（FIEs）的地方所得税减免、对购买国产设备的外商投资企业的所得税减少、对外商投资企业的研究和开发税收抵销、对外商投资性企业利润再投资的出口导向型企业的退税、对高新技术型生产性外商投资企业的企业所得税优惠、对指定项目内的高新技术企业的减税、对东北地区的企业所得税优惠政策、广东省税收计划〕；（5）间接税及进口税项目（进口设备的增值税的减免、外商投资性企业购买中国产设备的增值税出口退税、购买对外贸易发展计划内的固定资产的增值税和关税减免）。

申诉人主张以上项目便是补贴，因为这些项目使得涉案产品的出口生产商得益于来自中国中央政府或者地方政府（包括公共机构）的财政资助，并因此授予接受者利益。上述补贴据称基于出口实绩和/或基于使用国产货替代进口货和/或限于特定企业和/或产品和/或地区，因此具有专向性和可抵消性。

四、有关损害事实及因果的主张

申请人提供了证据证明，由中国进口的涉案产品在绝对数量和市场份额上都全面增加。申请人提供的初步证据显示，除其他后果，调查中的进口货物的数量和价格对欧盟产业的销售额、价格水平以及市场份额有消极的影响，进而导致了欧盟产业绩效、财务状况以及就业状况的实质性不利后果。

五、程序

在咨询欧盟咨询委员会之后，欧盟委员会确定该申请已经由欧盟产业提起或者代表欧盟产业提起，并且程序启动的正当性有着充分的证据。该调查将决定调查中的原产于涉案国的产品是否存在补贴以及该补贴是否对欧盟产业造成了损害。如果结论是肯定的，该调查将检验采取强制措施是否会违背欧盟利益。中华人民共和国政府被邀请参加磋商。

2013 年 8 月 7 日，欧盟委员会发布公告称，欧盟将继续对原产于中国的晶体硅光伏组件及关键零部件进行反补贴调查，但不征收临时反补贴税。欧盟委员会决定将对华光伏产品反倾销案和反补贴案合并调查。2013 年 12 月 2 日，欧盟对本案作出终裁，并接受 121 家中国企业的价格承诺，该措施有效期 2 年。其他企业中旺能光电的反补贴税率为 0，合作中国企业的反补贴税率为 3.5% ~11.5%，普通税率为 11.5%。

第六节　欧盟对华太阳能玻璃反补贴调查案

2013 年 4 月 27 日，应 EU ProSun Glass 的申请，欧盟对原产于中国的太阳能玻璃进行反补贴立案调查。涉案的太阳能玻璃是由钢化钠钙平板玻璃组成，铁含量小于 300ppm，太阳能透射率超过 88%（根据 AM1，5 300－2 500nm 测量），热电阻不超过 250°C（根据 EN 12150 测量），耐热震性 Δ150 K（根据 EN 12150 测量）和机械强度 90N/mm2 或更高（根据 EN 1288－3 测量）。2013 年 2 月，欧盟曾对原产于中国的太阳能玻璃进行反倾销立案调查。①

由欧盟地区的行业巨头、德国 GMB 领衔的欧盟太阳能玻璃协会在向欧盟委员会提出的申诉中称，中国玻璃制造商在欧洲的份额已经从 2010 年的 8%

---

① 念雪编译：《欧盟对华太阳能玻璃进行反补贴调查》，http://www.cacs.gov.cn/cacs/newcommon/details.aspx? navid=&articleId=112167，访问日期：2013 年 10 月 16 日。

提升至 2012 年的 27%，并认为中国太阳能玻璃制造商在电力供应方面得到国家的"不正当补贴"，从而能够以低于生产成本的价格在欧盟市场出售产品。这些企业要求欧盟对中国产太阳能玻璃征收 100% 以上的关税。根据欧盟委员会的数据，欧盟光伏玻璃市场规模不到 2 亿欧元，和欧盟从中国进口产品总额相比，这只是很小的一部分。2011 年，欧盟从中国进口产品总额就达到 2930 亿欧元。

这一围绕太阳能玻璃的纠纷已在欧洲太阳能行业内部引发反对意见。提供太阳能电池板安装服务的欧洲零售商表示，此举可能也会伤害欧洲自身——导致商品最终价格提高、伤害消费者并迫使各零售商裁员。

第七节　欧盟对印度对氨基苯磺酸反补贴调查案

一、案件简介

2001 年 5 月，产量超过 65% 的欧盟对氨基苯磺酸产品总产量的 Sorochimie Chimie Fine 作为申请人，代表共同体产业请求对原产于印度的对氨基苯磺酸发起反补贴调查。

申请人宣称，有关产品的生产者从印度政府所授予的一系列补贴中获得了利益，这些补贴项目为税收授予传递（passbook）项目及其之前的传递项目，对位于出口加工区的企业和出口导向单位进行补贴，其内容为所得税豁免和以出口促进为目的的资本产品计划。这些项目涉及了由印度政府提供的财政投入，并且对接受者授予了利益，故具有专向性及可诉性。根据估算，这些项目所提供的补贴总量相当可观。

同时，申请人提供证据证明，由印度进口的有关产品在绝对数量和市场份额上都全面增加。所诉补贴所造成的后果包括进口产品数量和价格的变化，这对共同体产业所销售产品的市场份额、销售量和价格水平都造成了重大的负面影响，损害了共同体产业的整体表现、财政和就业状况。

在咨询了咨询委员会之后，欧盟委员会认为申请人代表共同体产业，有充分证据证明发起调查程序是适当的，因此 2001 年 7 月 6 日，欧盟委员会在《欧盟官方公报》上进行公告，根据《基本条例》第 10 条，正式对原产于印度的对氨基苯磺酸产品发起了调查。

为了证明原产于印度的有关产品是否得到补贴及其是否造成损害，委员会运用抽样调查法和问卷调查法等进行调查，收集了有关信息并组织了听证，对产业利益进行了审查。

二、程序

1. 案件的发起

2001 年 7 月，欧盟委员会在《欧盟官方公报》上发布公告，对原产于印度的对氨基苯磺酸开始了反补贴调查程序。该程序因为 Sorochimie Chimie Fine 在 2001 年 5 月提出的申请而发起。Sorochimie Chimie Fine 在本案中代表了 65% 以上的主要产量。申请人提交的证据显示了被诉产品得到补贴并对共同体产业造成了实质损害，故欧盟委员会认为，具有足够证据证明能够发起对被诉产品的调查。同期，《欧盟官方公报》中发布了对原产于中国和印度的相同进口产品的反倾销调查。

根据欧盟 2026/97 号条例第 10(9) 条的有关规定，在调查程序发起之前，欧盟委员会就其所收到的书面申请情况事先通告了印度政府，在该申请中声称原产于印度的对氨基苯磺酸补贴进口产品对欧共体产业造成了实质损害。印度政府同时还受邀参与磋商，从而对申请内容进行澄清并期望达成解决方案。此后，印度政府在与委员会于布鲁塞尔进行的磋商中，并没有提供足以驳倒申请的决定性证据，但其对有关补贴进口产品及欧共体产业所蒙受的实质损害的观点被记录在案。

欧盟委员会正式将调查发起的情况通知了已知的相关对氨基苯磺酸产品出口生产商、进口商及销售商、出口国代表、用户、供应商和共同体生产商。利害关系方获得了书面表达意见及在调查发起程序公告所设定的期限内申请听证的机会。

就申请人所知，相当数量的印度生产商在调查发起时知晓了反补贴调查将会采用抽样调查方式，但是只有少量出口生产商知会了委员会并提供了调查发起公告中所要求的信息。因此，委员会认为运用抽样调查法并无必要。

此外，委员会向所有已知的相关方及其他在设定期限前所知悉的公司寄发了问卷，并从两个共同体生产商、印度政府和印度出口生产商及其在共同体的相关进口商处回收了问卷。委员会还从七个用户、一个供应商及一个分销商处收到了答复，他们所提供的信息在评价共同体产业利益方面足以充分并具有代表性。有些公司则选择仅仅提交一些评论而非完成问卷，这些评论在适当时也得到了委员会的参考。

总之，为了审查补贴、损害及欧盟利益方面的问题，委员会查找并验证了所有的有关信息，对补贴和损害的调查期间自 2000 年 7 月 1 日至 2001 年 6 月 30 日止，对损害的相关趋势的审查期间则始于 1997 年 1 月。

2. 初裁

2002 年 4 月，欧盟委员会对本案作出了实施临时反补贴税的裁定。

在调查中，欧盟委员会发现技术性纯度的对氨基苯磺酸和高纯度对氨基苯磺酸产品具有相同的化学特性和分子式，且在大多数实际应用的情况中能够相互替代，故将其视为同一种产品，委员会因此对在印度国内市场及其销往共同体的产品与共同体制造商制造并销售的产品作为同类产品进行了调查。

根据申请者所提供的材料和委员会所回收的问卷，委员会初步认定，由印度政府所实施的出口加工区（Export Processing Zones）/出口导向单位（Export Oriented Units）项目、出口后税收凭据借贷项目（Duty Entitlement Passbook Scheme）、所得税豁免项目（Income Tax Exemption Scheme）、先行许可——预先发放凭证项目（Advance License—Advance Release Orders Scheme）与出口实绩相关，Maharashtra 政府投资促进一揽子项目（Package Scheme of Incentives of the Government of Maharashtra）则具有地区专向性，政府通过税收豁免、信贷提供、退税等形式向某些企业授予了利益，因此以上项目具有可诉性，为欧盟 2026/97 号规则所禁止。

在对共同体产业的损害方面，委员会调查了共同体对对氨基苯磺酸产品的消费情况、由印度向共同体出口的进口对氨基苯磺酸产品、有关进口产品的库存及价格、共同体产业现状等问题，初步裁定由于被诉产品在所调查期间对对氨基苯磺酸产品所造成的价格削低及价格抑制，共同体产业蒙受了实质性损害，使之无法从对对氨基苯磺酸产品的投资活动中获得回报，而其扩大生产计划亦受到了损害。

委员会同样对补贴产品与产业损害之间的因果关系进行了分析，除了补贴进口产品所造成的影响之外，委员会调查了原产于其他国家的进口产品、消费形势变化、共同体产业的出口表现及其市场准入情况，认定原产于印度的进口对氨基苯磺酸产品以其不能获利的过低价格，对共同体产业造成了实质性损害。

此外，委员会向原材料的进口商和供应商、涉案产品的工业用户等相关方发放了 27 份问卷，在规定期限内收到了 9 份回复。据此，委员会研究了将要实施的反补贴措施对有关产品的贸易商、供应商、用户等共同体产业的影响，及有关措施可能引发的竞争及贸易扭曲效果，初步认为在本案中并不存在不可实施反补贴措施的有力理由。

基于以上调查，欧盟委员会裁定对原产于印度的被诉产品实施 9.2% 的反补贴税。

3. 终裁

在据以实施临时反补贴措施的关键事实和考量被披露之后，委员会组织了听证，并继续寻求和验证了作出最终裁定所必需的有关信息，参考了相关方所提交的口头和书面意见，审查了初步裁决的内容，对其中所认定的主要问题进行了确认。

在初裁之后，相关方所提出的意见主要针对相关产品的确定，对出口后税收凭据借贷项目、所得税豁免项目、先行许可——预先发放凭证项目以及 Maharashtra 政府投资促进一揽子项目项目的定性，可诉补贴数量计算，共同体产业及其损害的认定，相关进口产品，欧盟利益与因果关系等问题，在审查了所有证据后，委员会肯定了其在初步裁决所作出的大部分认定，但对部分内容作出了以下修正：

（1）重新计算了所得税豁免项目下印度政府对某些公司所授予的利益，并否定了初裁中的计算结果。

（2）认定 Maharashtra 政府投资促进一揽子项目中，受益者从税收递延中所获得的利益应当被分配到调查期间的总销售额，故此修改了对补贴数量的计算，进行了相关调整。

（3）考虑到印度方面对调查的高度配合，将对参与合作的出口生产商所认定的补贴水平适用于所有相关补贴。

由于初裁的损害消除的程度高于补贴幅度，委员会最终裁定对原产于印度的对氨基苯磺酸产品所实施的反补贴税为 7.1%，终裁作出前印度相关方根据初裁所交纳的多余部分得到了退还，而提供合作的印度出口生产商所提供的价格承诺则被认定符合《基本条例》第 13 条第 1 款的要求，得到了欧盟委员会的肯定。

4. 中期复审

2003 年 6 月，欧盟委员会根据反倾销基本条例第 12 条的内容，对原产于中国的对氨基苯磺酸产品发起了反吸收再调查（absorption reinvestigation），同年 12 月，印度相关公司告知委员会其企图撤回价格承诺的意向。

此后，欧盟委员会于 2004 年 2 月对原产于中国的进口对氨基苯磺酸产品作出了调查结论，将对中国有关产品所实施的反倾销税由 21% 提高到了 33.7%，同年 12 月，印度公司根据反倾销基本条例第 11 条第 3 项及反补贴《基本条例》第 19 条的内容请求欧盟委员会进行中期复审，重新审查其接受价格承诺的决定，声称中国出口商造成了价格抑制并阻碍了价格承诺的作用，并提供了充分表面证据以证明价格承诺作出后，公司内并没有发生可能影响价格承诺可接受性（acceptability）与可行性的结构变化。

2005 年 4 月，委员会在《欧盟官方公报》上公告，正式发起了对原产于印度的进口对氨基苯磺酸产品的中期复审调查，该调查仅限于审查有关公司所提供的价格承诺是否可以接受。

在调查发起后，委员会通知了出口国代表、申请人及共同体产业，给予了所有直接相关方与之联系并申请听证的机会，进一步搜集并验证了所有相关信息，申请人则重新正式提交了其原先所作出的价格承诺。

最终，因为中期复审调查的范围有限，委员会否决了印度公司的申请，重新接受了其原本所作出的价格承诺。

5. 日落复审

2007 年 4 月，两个代表共同体 100% 对氨基苯磺酸产品产量的生产商向委员会提出申请，要求其就对原产于印度的对氨基苯磺酸产品所实施的反补贴措施进行日落审查。

委员会审查了申请人所提交的证据，并咨询了咨询委员会，于 2007 年 7 月 24 日通告其发起了对相关产品的日落复审，在调查发起前，委员会通知印度政府其已收到了书面请求并邀请印度政府参与磋商，印度政府并没有对此作出反应。而根据中期复审时委员会与印度官方所进行的磋商，双方并没有达成能使相关措施免于日落复审的一致意见。

委员会确定的调查期间自 2006 年 4 月 1 日起至 2007 年 3 月 31 日，对损害的相关趋势的审查期间则始于 2003 年。

此后，出口生产商、进口商、用户、出口国代表、申请人和共同体生产商得到了通知，并向所有已知相关方寄发了问卷，印度政府、两个提出申请的共同体生产商和相关国家的出口生产商以及四个用户对此作出了答复。

最终，委员会决定对原产于印度的对氨基苯磺酸产品实施 4.7% 的反补贴税。

三、初裁与终裁中所涉及的主要问题

（一）本案涉及的"同类产品"的确定

委员会在初裁阶段查明，对于对氨基苯磺酸产品，根据其纯度基本分为两个等级，技术性等级和高纯度等级，后者在商业中有时可作为对氨基苯磺酸盐。这两种等级的对氨基苯磺酸产品具有相同的化学特征和分子式，虽然其中作为杂质的苯胺和碱性物含量由不到 0.1% 至 2% 不等。在销售中，对氨基苯磺酸产品通常以粉末或溶液形式出现，是生产光学提亮剂、稳定性添加剂、食品着色剂和特殊染料的原材料。尽管对氨基苯磺酸产品的用途不尽相同，但大多数情形下，使用者在合理情况下对于两种等级对氨基苯磺酸产品的使用可以相互替换，因此，委员会在初步裁定中将两种等级的对氨基苯磺酸产品作为一种单一产品。

在初裁结果公布后，一些相关方提出，委员会对本案中所涉及"产品"的定义存在错误。他们认为，技术等级和高纯度等级的对氨基苯磺酸产品由于其纯度差异而存在实质性区别，且具有不同的性质与用途，两者之间具有不可替代性。虽然高纯度等级的对氨基苯磺酸产品在所有的情况下都能被使用，但是技术等级的对氨基苯磺酸产品中含有较多主要为苯胺的杂质，不能将之用于生产光学提亮剂和食品着色剂。

委员会认为，高纯度对氨基苯磺酸产品，是由技术等级的对氨基苯磺酸产品在去处杂质后取得的。这一加工过程并没有改变化合物的分子属性及其与其他化学物质发生反应的方式，因此这两种等级的产品具有相同的基本化学特性。某些相关方所提出的不可替代性仅仅是单向的，并且是因为其中所含杂质，这一说法并不足以使委员会将不同等级的对氨基苯磺酸产品作为两种产品而分别进行调查。尽管委员会承认在对氨基苯磺酸产品的纯化过程中需要投入额外成本，但其在计算价格削低水平和损害消除程度时，对共同体生产商与出口国生产商所生产的不同等级产品进行了比较，已经考虑到了这一因素。

因此，委员会没有采纳相关方所提出的意见，仍然将技术性等级的对氨基苯磺酸产品和高纯度对氨基苯磺酸产品作为相同产品进行分析。

（二）补贴

1. 出口加工区/出口导向单位项目

该项目自 1965 年起开始实施，是旨在鼓励出口的"进出口政策"的一部分。原则上，出口所有生产产品和服务的公司能参与此项目，当其地位被确定后，就能获得某些利益。请求获取出口导向单位待遇或在出口加工区中的住所的公司必须向有关主管机关提出申请，该申请中包括五年内预计产量、出口价值、进口要求和原料要求。主管机关接受申请后，将会就相关接受条件与申请公司进行交流，同意接受某一公司加入项目的许可在五年内有效，但可续期。

在此项目下，有关公司可以获取以下利益：

（1）免除所有制造、生产、加工所需或相关产品的进口税，如果该产品并不被进口清单所禁止；

（2）免除从原材料中所获得产品的使用税；

（3）在 2010 年之前，免除应根据所得税法第 10A 部分和第 10B 部分规定的对出口销售利润所征收的所得税；

（4）中央返还地方所缴纳的产品销售税；

（5）可以为完全外国股份；

（6）帮助在国内市场出售一部分产量。

参与项目的公司除了保留并定期提交必要财务凭据账册之外，还要根据有关政策保证一定出口比例和实绩，并遵循最低外汇净收入要求。

出口加工区/出口导向单位项目在原材料进口和从国内市场获得原材料时得到了运用，委员会发现，出口生产商使用了与对原材料关税豁免相关的关税减让、对源自原材料的产品的使用税豁免以及中央返还地方所缴纳的产品销售税等待遇。因此，委员会主要审查了这些减让的可诉性。经分析发现，对源自原材料的产品的使用税豁免以及中央返还地方所缴纳的产品销售税措施中，印度政府财政收入因此而减少，由此产生的利益传递给了接受者，因此构成了印度政府对项目下出口生产商的财政资助。

委员会进而认定，如果某一公司并不接受一项出口义务，就无法获得这一补贴，故该项目符合《基本条例》第3(4)(a)条所规定的出口实绩补贴，具有专向性和可诉性，由于并没有当事方对此提出异议，这一观点在终裁中得到了确认。

2. 税收凭据借贷项目

本项目由34/97号公告发布，自1997年4月1日起实施，其替代了之前于1997年3月31日结束的借贷项目（Passbook Scheme），该项目包括两种类型，出口前税收凭据借贷项目和出口后税收凭据借贷项目。

印度政府称出口前税收凭据借贷项目在2000年4月1日终止，因此在所调查的阶段并未被适用，其同时也证明并没有任何公司从该项目中获得利益，故委员会在本案中并没有证明该项目可诉性的必要。

而出口后税收凭据借贷项目的参与对象为所有出口制造商或出口销售商。在此项目下，所有符合条件的出口商能够申请信贷，该信贷按比例被计为出口成品价值的一部分，印度政府证明了针对大多数产品的这一比例，包括涉案产品，而有关出口商能自动获得载有信贷数额的许可。除了受到限制和禁止的产品之外，该项目下的出口商能使用这些信贷进口原材料等产品，而利用这些信贷进口的产品能在国内市场上销售或作他用。本项目中的许可自签发后12个月内有效，它能被自由转让，故在实际情况中经常被买卖。有关公司必须向相关主管机关支付相当于所接受信贷0.5%的费用。

此项目和出口实绩息息相关，当某一公司出口产品时，可以使用信贷来抵消将来进口产品时所产生的关税或直接出售该信贷。无论某一投入是否被进口、税收是否就此发生，无论该投入是否或以何种数量被运用于出口产品，信贷都依据固定公式来计算。即使某一公司并不进口产品或从其他渠道购买进口产品，都能够申请获得这一信贷许可。

委员会在初裁中认定，出口后税收凭据借贷项目并不是反补贴《基本条例》中所允许的减让/退税项目。这是因为出口商并没有承担在生产过程中实际消耗免税进口产品的义务，而信贷数量的计算也与所实际使用的投入无关。

因此本案中涉及了过量的减让，事实上，所减让的税收并不仅仅局限于能在出口产品生产过程中所消耗的产品。在此案中，涉案公司并未使用许可来进口免税产品，而是通过出售该许可来获得利益。

基于以上原因，委员会裁定此项目构成了印度政府向涉案公司授予财政资助，与出口实绩相关且具有专向性。由于对项目下信贷许可的销售完全是商业决策行为，并不能改变涉案公司从项目中取得的补贴数量，所以计算利益时不应当考虑许可的销售价格。补贴数量在调查期间被分配到所有的出口产品，故而在扣除了取得补贴所必需的费用后，委员会认定涉案公司获得了1.7% 的补贴。

在初裁作出后，印度政府声称，委员会没有在个案中调查出口后税收凭据借贷项目实际应用的行为不但不符合《SCM 协定》的规定，且违背了其精神。他们认为，委员会对利益的评价是错误的，因为根据反补贴《基本条例》第 2 条的规定，只有过量的退税才能被认定为一项补贴，因此，为了证明补贴是否存在，必须查明是否具有"过量"退税的存在。

委员会在终裁中运用了反补贴《基本条例》第 2(1)(a)(ii)条的规定，认定在未来产生的财政收入并没有被收取，这能体现印度政府提供了财政资助。而根据《基本条例》第 2(2)条，出口生产商无需缴纳正常情况下的进口税，因此而获得了利益。最后，根据《基本条例》第 3(4)条，在不存在该规则所规定的例外情形时，与出口实绩相关的出口后税收凭据借贷项目补贴具有可诉性。

委员会的以上分析表明出口后税收凭据借贷项目并非退税或替代退税项目。这一项目并没有确定这样一项义务，仅仅针对在生产出口产品时所消耗的进口产品，这一义务能确保该项目符合《基本条例》附件一第 1 条的内容。此外，本案中也不存在检测进口产品是否在生产过程中被消耗的监督系统。因为进口产品无需与国内渠道获得的投入具有相同数量和性质，这也不是替代退税项目。最后，无论出口生产商是否进口产品，都能获得本项目下的利益。因此，出口后税收凭据借贷项目并不符合《基本条例》附件一至三的要求，对于补贴定义的例外不能得到适用，本案中的可诉性补贴即为对所有进口产品所应当征收的进口税总额的减让。

所以，将对进口税过量减让作为补贴数额的情况只应用于退税和替代退税的情形，而出口后税收凭据借贷项目的补贴并不属于以上两种情况，故利益的计算不应依据所谓"过量减让"，因为所有的税收减让在本案中都属于"过量"的。

委员会因此在终裁中否定了印度政府所提出的主张，确认了初步裁定对出口后税收凭据借贷项目的认定及该项目下利益的计算。

3. 促进出口资本货物项目

该项目始于 1992 年 4 月 1 日，所有出口制造商或出口销售商可参与该项目，但经过调查，本案中的出口生产商并没有参与此项目。

4. 所得税豁免项目

实施本项目的法律依据是 1961 年的所得税法，其内容每年通过财政法予以修订，财政法是收缴税款及进行不同税收豁免及扣除的依据。在所得税法第 10 部分和 80HCC 部分中规定了对出口销售利润所得税提供豁免的内容。

如果某一公司想要获取上述税收豁免或扣除，必须在每一计税年度末提交纳税申报单时向税务主管机关提出有关申请，主管机关的最终评估可能在有关公司提出申请三年后作出，而某一参与公司最多只能获取一项抵扣。

根据《基本条例》附件一对出口补贴的列举，"与出口相关的，对直接税……的部分或全部豁免"构成了出口补贴，在本项目下，如果涉案公司未申请本项目下的所得税豁免，印度政府将会以直接税收的形式取得财政收入，而目前其该部分收入则被免除，印度政府构成了对有关公司的财政资助。

由于该补贴所豁免的仅仅是从出口销售中获取的利润，故与《基本条例》第 3(4)(a) 条所定义的出口实绩相关，被委员会认定具有专向性。

由于印度的纳税年度自 4 月 1 日起至次年 3 月 31 日讫，故而委员会以调查期间所覆盖的 9 个月进行计算，计算了获取税收豁免的税额与正常税额之间的差额，此年度所征收的企业税率为 39.55%，补贴税额被分配到 2000/2001 的总出口数额之中。

在初裁中，委员会认定涉案公司获得了本项目下 0.3% 的利益，但涉案公司其后指出，在计算其在本项目下获得的利益时，委员会并没有完全考虑到该公司所实际支付的税额，因为最初的计算中只包括了最低替代税，而没有包括其在之前年份中所预先支付的所得税。委员会在仲裁中采纳了这一意见，并对补贴利益重新进行了计算。

5. 预先许可

本项目依据1992年外贸法，（该法于1992年8月7日开始实施），所有的出口商都能参与此项目，从而免除进口用于生产出口产品的产品关税。

本项目下的进口产品数量取决于出口成品的某一比例，预先许可允许以数量或价值进口产品，许可中所允许的物品必须用于相关出口产品的生产。预先许可的持有者如果想要从本土而非进口渠道获得原料，可以选择预先发放许可。在这种情况下，预先许可与预先发放许可同样有效，而前者可以在特定物品送达时背书给供应商。这一背书行为使供应商获得了类似于出口退税和税收返还的利益。

由于只有出口公司获得了许可，且能用此来抵消对进口产品或依据预期进口产品所应当征收的关税，所以该项目被认定与出口实绩相关。在初裁阶段，委员会证明在调查期间使用预先发放许可所购买的原料并没有被用于生产对氨基苯磺酸产品，而是被销往了国内市场。此外，委员会发现在此项目下没有必要的监督机制确认利用预先发放许可所购买的项目是否或是否全部用于生产出口产品，以及是否产生了超出进口关税的利益。

依据以上认定，委员会认为本项目下的预先发放许可并不是《基本条例》所允许的减让或退税项目。在本案中，涉案公司相当有限地将此预先许可用于进口免税原材料，而是将其更换为预先发放许可，并将此许可背书给了当地供应商以获取商业利益。该项目构成了印度政府的财政资助并与出口实绩相关，构成了《基本条例》第3(4)(a)条所规定的专向性。

委员会依据涉案公司在调查期间使用预先发放许可获得材料所适用的进口税计算了补贴数量，该数量被分配到了调查期间的所有出口产品中，涉案公司被认定获得了3.2%的补贴。

初裁作出后，印度政府向委员会提出，预先发放许可项目只是对法定替代退税项目的合法扩大。印度政府声称，事实证明，所获得的许可与制造出口产品所必要的进口产品之间存在着不可分割的联系，而印度政府也运用了组织和管理系统从而防止过量退税的可能性。

印度政府认为，替代退税项目并不要求获得进口原料退税利益的公司在生产相关出口产品时精确地消耗进口原料，如果在国内购买的原料所消耗的数量与进口税减免利益所代表的原料数量相同，涉案公司就可以在制造出口产品的过程中消耗从国内购买的原料。印度政府进一步指出，预先发放许可的使用者只能将其用于购买预先许可中载明的原料产品。

然而，退税系统允许退还对消耗于生产另一种产品的原料所征收的进口产品税，而出口该种产品所包括的国内原料与其所代替的进口原料具有相同的质量和特性。这有可能出现这样一种情况，某一种缺乏免税原料的公司，能够在出口产品时使用国内原料，而在此之后进口相应数量的免税原料。在此情况下，监督系统或程序的存在是非常重要的，因为这使得印度政府保证并证明退税原料的数量并没有超过类似出口产品的数量，而对进口产品的退税也没有超过最初对涉案进口原料所征收的税款。

此外，由于预先发放许可并不要求进口原料，因此这并不是一项退税项目，换言之，如果具有进口要素存在，则此项目只能被认为是正当税收的退税项目，进口材料的数量必须与出口产品相对应。

基于以上原因，委员会没有采纳印度政府的意见，维持了其在初裁中的认定，即该项目具有可诉性，而其对补贴利益的计算也得到了确认。

6. Maharashtra 政府投资促进一揽子项目

为了鼓励在印度的不发达地区发展工业，Maharashtra 政府授权对发展中地区的新兴开发区促进投资。自 1964 年起，"投资促进一揽子项目"作了多次改动，"1993 年项目"实行至 2001 年 3 月 31 日，该项目在 2001 年作了最新改动并被沿用至 2006 年。该项目的主要内容是对不发达和落后地区的产业给予销售税利益。

如欲合法地参与本项目，有关公司必须通过建立新工厂或扩大规模投资已有工业区来向较不发达地区投入资本。这些地区根据其经济发展程度分为不同类别，奖励数量的标准是企业所处位置及其投资规模。

印度政府称本项目符合《基本条例》第4(3)条的标准，因此是一项"绿箱"不可诉补贴。而欧盟委员会认定，根据《基本条例》第4(3)条的规定，对产品原产国或出口国领域内较不发达地区的补贴必须符合特定标准，其中最主要的是：(1) 符合地区发展的总体计划；(2) 所涉及的地区在地理区域上必须有明确设定的经济和行政特征；(3) 根据法律或其他官方文件所明确规定的中立客观标准来确定不发达地区。

这些标准中必须包含对经济发展程度的评价，并至少依据以下的一种标准：人均收入、户均收入、人均国内生产总值或三年失业率。而印度政府并没有提供任何有关信息表明其使用了中立和客观的标准来确定本案中的"不发达地区"。由于缺乏此类信息，委员会只得利用其所能得到的事实作出判断，印度政府所提出的"绿箱"主张缺乏足够的证据支持。因此在初裁阶段，委员会认为本项目并不符合《基本条例》第4(3)条的有关规定，它只适用于那些在 Maharashtra 特定落后地区进行投资的公司，而在此之外的公司则无法参与此项目，因此该项目根据《基本条例》第3(2)(a)条和第3(3)条的规定具有专向性。

通常而言，根据交易所进行的地点，产品必须缴纳中央销售税和地方销售税。对于进口或出口产品并不征收销售税，而对国内销售则根据所适用税率征收销售税。而在此项目之下，所设定单位则无须或能延迟就国内交易缴纳销售税，延迟可基于资金限额或特定期限；在豁免计划中，有关单位不用交纳任何销售税，而在延迟计划中，销售税的缴纳在 12 年后而非每月特定日期。

本案中有关公司的 3 个单位都位于本项目下所指定的落后地区。根据本项目，该公司获得了国内采购产品的销售税豁免，并得以将国内销售的地方销售税延迟至计税年份 12 个月后进行缴纳。

本案中出口生产商所获取的利益，应当依据调查期间中应当到期的数额进行计算，这部分数额的销售税得到了 Maharashtra 政府的免除，有关利益的数量应当被分配到调查期间的所有销售额中。被延迟的地方销售税数额，被认定相当于由 Maharashtra 政府所提供的无息贷款。因此，该部分利益的计算应当依据在调查期间该公司所能获得的商业贷款的利息，此利益数量同样被分配到调查期间所有的销售额。故根据以上所述，该公司在此项目下所获得的利益为 2.6%。

以上初裁作出后，Maharashtra 政府致信印度商务和产业部长，指出本项目适用于位于 Maharashtra 的 Munbai - Thain 地带中除了相对发达地区之外的所有区域，而地带外的落后地区则以低于地区平均人均收入来认定，所提供的数据显示，本项目所适用地区的人均收入为 Maharashtra1982/1983 年度人均收入的 74.54% 和 1989/99 年度人均收入的 74.81%。然而，委员会认为这些数据缺乏足够的证据予以证明，且 Maharashtra 地区在 1996 年至 1999 年三年为原产国或出口国平均收入的85%，而非以特定地区为参照标准。虽然本项目中合格区域的人均收入不到地区平均水平的85%，但其远高于国家平均人均收入，故根据此标准，本项目并非"绿箱"补贴。对于失业率，印度政府并没有提供其他有关信息。

基于以上分析，委员会并没有否定 Maharashtra 的主张，坚持认为本项目具有专向性和可诉性。

对于本项目下利益的计算，印度政府和涉案公司提出，根据税收延迟所获得的利益应当被分配到调查期间所有的销售中，而不应当仅仅限于被临时分配的国内销售，因为这一利益被作为整体授予有关公司而不应仅仅归于其国内销售。此外，他们还提请委员会注意在计算涉案公司从销售税豁免中所获利益时的某些因素。委员会认为，其对税收延迟所致利益分配的主张是有效的，并为此作出了相应调整，同时，在考虑了相关方意见并重新审查了初裁之后，委员会对税收豁免下的补贴计算进行了调整。

根据修改后的计算，委员会最终认定涉案公司所获得的补贴数额为0.8%。

7. 补贴的计算

根据以上论述，出口生产商所获得的补贴总额为7.1%，由于印度的配合度较高，委员会决定将此标准同样适用于剩余产业的补贴幅度，即7.1%。

（三）欧盟产业

在欧盟国家中，有两个制造对氨基苯磺酸的公司，它们是申请人 Sorochimie Chimie Fine（Sorochimie）和 Quimigal S. A.（Quimigal），而前者在调查期间制造对氨基苯磺酸产品，后者则是从1999年方才开始生产并销售对氨基苯磺酸产品。然而，其他的生产商在调查期间都停止了生产对氨基苯磺酸产品，他们或是涉及了其他经营活动，或是从外部渠道获取了对氨基苯磺酸产品。因此在决定"欧盟生产"时并不将其考虑在内。同时，委员会还注意到，这一共同体市场上所发生的重要变化使 Sorochimie 和 Quimigal 能够提高其产量和销售量。

虽然 Quimigal 并不是申请人，但其在调查过程中表现了完全的支持与合作。故委员会在初裁中认定，由于 Sorochimie 和 Quimigal 代表了自调查发起之日起共同体100%的对氨基苯磺酸产品产量，所以符合《基本条例》第10

(8)条的要求，构成了《基本条例》第9(1)条所定义的"欧盟产业"。

初裁公布后，并没有任何相关方提出异议，因此委员会在终裁中确认了以上裁定。

（四）损害

1. 欧盟对涉案产品的消费

共同体对对氨基苯磺酸产品的消费依据以下标准确定：依据第 81 条（recital 81）所证明的进入欧盟的有关进口产品；被证实的欧盟产业在欧盟市场中的总销售量；在调查中予以配合的前述有关产品欧盟生产上的反映；其他前述生产商在申请中的证据。

共同体市场在调查阶段对氨基苯磺酸产品的消费大约是 11000 吨，这一数据比调查期间初期高出大约 13%，该消费量在 1997 年和 1998 年两年趋于稳定，但在 1999 年略有下降，直至 2000 年再次回升。

2. 自印度进入共同体的进口产品

涉案产品所属的关税序列编号下包含了其他产品，所以委员会只得尽可能地使用已经掌握的事实来证明进口对氨基苯磺酸产品的数量和价格。由印度进口的产品数据主要是依据合作出口生产商对委员会问卷的回复，由中国和美国进口的产品数量则以申请人所提供的信息为准，这是因为中国生产商对委员会的调查配合度较低，而唯一的美国出口生产商则向委员会提供了其在调查期间对出口产品的保密估测。委员会对这些进口产品价格的认定则主要以欧盟统计局的数据为准，同时也参考了提供配合的中国生产商对委员会问卷的答复。关于原产于日本和匈牙利的进口产品的数量和价格，委员会则比较了欧盟统计局的数据和消费者对委员会问卷的答复。调查还表明，由印度进口的产品主体由唯一提供合作的出口生产商所生产，所以有必要将目前数据与这些进口产品结合分析，从而能够保证这些信息的保密特性。除了以上所述的这些国家，调查还证明在所调查期间并没有来自第三国的进口产品。

3. 有关进口产品的数量和价格

在所调查期间，相关进口产品的数量几乎成倍增长，超过了 1700 吨，而其市场份额在同一阶段增长了大约 50%，这一数据代表了共同体大约 15% 的消费量，而相关进口产品的平均价格增长了约 7%，在 1999 年达到了谷底。

（详见下表）

	1997 年	1998 年	1999 年	2000 年	调查期间
进口数（吨）	100	149	119	118	192
市场份额	100	143	124	113	171
单位均价（吨/欧元）	100	92	88	91	107

如上所示，委员会比较了欧盟产业在共同体市场上向非关联消费者出售产品的平均价格与有关进口产品的平均出口价格，该比较考虑到了折扣等有关价格扣除因素，而欧盟产业的价格被调整到工厂价格之上。有关进口产品的价格根据关税和进口后成本进行了适当调整。

考虑到了印度出口生产商的高度配合，委员会决定将其对该公司所使用的价格削低程度适用于所有原产于印度的进口产品即 13%，并特别注意到，有关进口产品对欧盟产业该产品的价格产生了价格削低和抑制上升的影响，使其在所调查期间蒙受了损失。

4. 欧盟产业的现状

为了满足某些商业信息的保密要求，有必要以指数形式提供构成欧盟产业的两家公司的信息。此外，由于其中一个公司从 1999 年才开始生产产品，故而决定提交其有别于 Sorochimie 的信息从而更好地分析调查期间的产业趋势。因此，以 100 为标准的两项指标，分别代表将 1997 年作为 Sorochimie 的分析基数，将 1999 年作为 Quimigal 的分析基数。

根据《基本条例》第 8(5) 条的要求，就补贴进口产品对欧盟产业影响的审查包括对所有经济因素和产业特定指标的评价。

（1）生产、生产能力及生产力运用

欧盟产业在调查期间对对氨基苯磺酸产品的生产水平超过了所调查期间初期的两倍，这反映了 Sorochimie 在调查期间增加了 51% 的产量而 Quimigal 在 1999 年进入了市场。欧盟产业的生产能力在此期间也同样有所提高，但与其实质产量相较稍低。这两个因素导致了生产能力运用率在调查期间的显著上升，Sorochimie 和 Quimigal 在调查期间都实现了较为理想的生产力运用水平。（详见下表）

		1997 年	1998 年	1999 年	2000 年	调查期间
产量（吨）	Sorochimie	100	126	125	142	151
	Quimigal	0	0	100	288	348
生产能力（吨）	Sorochimie	100	115	115	115	115
	Quimigal	0	0	100	133	133
生产力运用的提高（%）	Sorochimie	100	110	109	124	132
	Quimigal	0	0	100	216	261

（2）库存

Sorochimie 在调查期间末期的年末库存量高于其 1997 年的库存量，然而按照生产产品的比例来看其库存量有所下降。Quimigal 的库存水平在进入市场后有所下降，因此其库存大约相当于其在调查期间 5% 的产量。欧盟产业的年末库存水品对此产业而言并无异常。

		1997 年	1998 年	1999 年	2000 年	调查期间
库存（吨）	Sorochimie	100	94	76	69	108
	Quimigal	0	0	100	73	59

（3）销售量、份额与增长

欧盟产业在调查期间的销售量比 1997 年的记载高出 75%，委员会特别注意到部分增加是由于 Quimigal 在 1999 年进入市场。单独而论，Sorochimie 在调查期间增加了将近 40% 的销售量。

欧盟产业在调查期间增加了近 50% 的欧盟市场份额，其中最高的纪录为 2000 年。然而，由于补贴进口产品的销售量增长高于市场总体水平，欧盟产业失去了一部分市场份额。欧盟产业市场份额的增长主要是因为 Quimigal 的产品进入销售。但是由于一些其他生产商退出了市场，Sorochimie 仍然得以在调查期间增加其市场份额。因此，Sorochimie 和 Quimigal 的销售产量增长均高于产品消费，这是由于将生产力运用推动到了较高的水平，而补贴进口产品销量的增加使他们不能从对氨基苯磺酸产品生产结构的重组和推进扩大生产中完全获取利益。

		1997 年	1998 年	1999 年	2000 年	调查期间
销售（吨）	Sorochimie	100	93	96	135	138
	Quimigal	0	0	100	243	238
市场份额（%）	Sorochimie	100	92	103	132	126
	Quimigal	0	0	100	222	202

（4）销售价格与成本

Sorochimie 在调查期间的平均销售价格下降了 9%，该价格在 1997 年和 1998 年之间曾经出现过大幅度的跌落，这是由于苯胺（产品最重要原材料）价格的下跌，以及补贴进口产品对欧盟市场所施加的价格压力。因为欧盟对产品的消费量有所增加，且某些生产商退出了市场，Sorochimie 的平均销售价格自 1999 年起有小幅上升，但这一上升幅度低于苯胺价格上升的幅度。因此，这可以证明补贴进口产品在调查期间对 Sorochimie 产品的价格产生了价格抑制的影响，使后者无法弥补其主要原材料价格上升所带来的损失。而 Quimigal 平均销售价格增速快于 Sorochimie 的产品，但由于试图建立自己的市场，其销售量相对较低。虽然其销售价格上升，但它并不足以抵消调查期间的生产成本和其他损失。

		1997 年	1998 年	1999 年	2000 年	调查期间
平均销售价格（欧元/吨）	Sorochimie	100	85	86	87	91
	Quimigal	0	0	100	103	119

（5）利润

欧盟产业在调查期间蒙受了损失，其中尤以 2000 年为甚。自调查阶段开始起，补贴进口产品以低价大量进入欧盟市场，表现为其在 1997 年占有大约 10% 的市场份额，而其价格则比欧盟产业所生产的产品低大约 13%。Sorochimie 的净销售损失为个位数，Quimigal 则遭受了两位数的损失。Quimigal 从销售中获得的净回报包括其十年期直线贬值，这排除了其为加速分配形式的额外启动成本。此外，由于调查期间的生产力利用水平较高，委员会并没有将较低启动量对单位成本的影响纳入所审查的数据。

因此，欧盟产业获得较高销售价格的可能性为其长期损失画上了一个休止符。

（6）投资和获得资本的能力

以下表格表明，欧盟产业在调查期间继续投资于对氨基苯磺酸产品的有关活动。对 Sorochimie 而言，这些投资主要运用于维护现有资产，而 Quimigal 在 1999 年之前进行了大量投资，该公司在欧盟市场产品价格上升之前数年已决定进入对氨基苯磺酸产品的销售市场。

Sorochimie 获得资本的能力受到了补贴进口产品的影响，因为必要的费用在当时的环境下并不能带来足够的回报，其扩大生产力的投资计划受到了搁置。Quimigal 也由于市场状况而延迟了扩大生产的计划。

		1997 年	1998 年	1999 年	2000 年	调查期间
投资（欧元）	Sorochimie	100	39	92	91	81
	Quimigal	100	826	291	100	99

（7）投资回报与现金流

由于欧盟产业在调查期间遭受了损失，表现为用于生产对氨基苯磺酸产品的资产净账面价值的税后投资回报数据没有被采用。

Sorochimie 在调查期间具有现金能力，虽然在 1998 年至 2000 年仅为微量。而 Quimigal 在其进行销售的 1999 年具有现金能力，而在 2000 年和调查期间则不能实现现金流转。

（8）就业率、劳动生产率与工资

下表说明了 Sorochimie 和 Quimigal 所雇用工人数量的变化和平均雇用成本，生产率数据则按照每位雇员所生产产品的数量来计算。对整个欧盟产业而言，雇员数量在调查期间与初期相比并无变化，但是该两个公司在此方面的趋势不同，前者所失去的岗位与后者进入市场后所增加的岗位相同。

欧盟产业合理地证明了其在调查期间的生产率，这发生于 Quimigal 实现了其在调查期间的计划生产率之后，这表现了其市场竞争力。

		1997 年	1998 年	1999 年	2000 年	调查期间
雇员数（人）	Sorochimie	100	96	89	86	86
	Quimigal	0	100	100	133	133
平均雇用成本（欧元/人）	Sorochimie	100	121	133	134	132
	Quimigal	0	100	278	208	208
生产率（吨/人）	Sorochimie	100	131	140	166	177
	Quimigal	0	0	100	216	261

（9）补贴规模

根据补贴进口产品的数量和价格，补贴实际幅度的影响是存在的

（五）补贴与损害之间的因果关系

根据《基本条例》第8(7)条，委员会审查了涉案进口产品所造成的损害是否达到了"实质损害"的程度，除了补贴进口产品之外，委员会还分析了所有其他可能同时给欧盟产业造成损害的因素，从而保证这些因素所造成的损害不会被归因于补贴进口产品。

1. 补贴进口产品的影响

在所调查期间，补贴进口产品的进口数量激增了逾90%，其在1997年和1998年的增长尤其迅速，而价格则降低了大约8%，这一进口数量的增加造成了 Sorochimie 产品售价的急剧下滑。因此，补贴进口产品的低售价和高销量对欧盟产业的同类产品产生了价格削低影响，这使得欧盟产品的售价无法完全反映其所增加的成本。最后造成的结果是，虽然欧盟的其他生产者退出了市场，而市场对产品的需求量有所上升，欧盟产业却无法增加其生产能力。

2. 其他因素

（1）来自中国的倾销进口产品

在与本案调查同时进行的反倾销调查中，初步认定原产于中国的倾销进口产品对欧盟产业造成了实质损害，因此在本案中裁定来自中国的倾销进口产品对欧盟产业所蒙受的损害具有一定作用。

（2）来自除印度和中国之外的第三方国家的进口产品

除了在1999年欧盟对产品的消耗达到了所调查期间的最低点，在其他年

份中，来自第三方国家的进口产品数量大约稳定地维持在 2000 吨左右。总体而言，其在 1997 年失去了大约 21% 的市场而在调查期间则失去了大约 18% 的市场。根据所能获得的事实，在调查期间，只有来自美国和匈牙利的进口产品数量超过了欧盟消费量的 1%。值得注意的是，日本唯一的对氨基苯磺酸产品生产商在 1999 年停止了相关产品的制造，故所调查期间从该国进口的产品数量并不显著（低于 100 吨），因此其进口产品在此调查中忽略不计。

来自美国的进口产品数量在调查期间则有较大增长，其市场份额大约达到了 10%，这发生于欧盟中原先存在的某些生产活动的重新配置。原产于美国的进口产品的价格远高于欧盟产业所生产的产品。

来自匈牙利的进口产品数量在所调查期间减少了将近半数，其平均售价高于补贴进口产品价格，大致与欧盟产业产品价格相同。

（3）消费模式的变化

在所调查期间，欧盟产业对氨基苯磺酸产品的消费有所增长，由 1997 年的约 10000 吨增加到了调查期间的 11000 吨左右。欧盟产业的市场份额在同期也占有了其他退出的欧盟生产者所留下的市场。因此，消费的变化并没有对欧盟所遭受的损害造成影响。

（4）欧盟产业的出口实绩

在所调查期间，Sorochimie 出口产品占总销量的 1/3，与调查初期并无太大变化。在 1998 年和 1999 年，由于某些单方面中止的合同，这一比例有所扩大。而 Quimigal 的出口产品与总销量的比例在调查期间则大约为 1/2。欧盟产业产品出口价格水平与其在欧盟市场上的售价相似。因此，欧盟产业的出口实绩并没有对欧盟产业所遭受的损害造成影响。

（5）Quimigal 进入市场

Quimigal 在 1999 年开始生产和销售对氨基苯磺酸产品，成为了欧盟产业的一部分，在此之前其作出决定时，欧盟市场对氨基苯磺酸产品的售价较高。据相关方所称，欧盟产业的损失至少应部分归因于 Quimigal 进入市场，因为其在第一年的经营中单位成本较高而售价较低。这一主张受到了委员会的否决，因为倾销进口产品的价格畸低，这迫使 Quimigal 将其产品价格降低到相似水平，从而在一段合理期间内维持其市场份额。Quimigal 的产品售价在此之后小幅度回升。

　　此外，为了保证欧盟产业所受损害不会被错误地归因于倾销进口产品，委员会考虑了 Quimigal 启动成本所造成的影响，并在"利润"部分中进行了阐释。

　　基于以上原因，委员会在认定 Quimigal 进入市场并没有造成欧盟产业所蒙受的实质性损害。

　　在分析了以上因素之后，委员会认为，印度补贴产品的大量进口对欧盟产业平均销售价格造成了严重的价格削低影响，欧盟产业为了维持其市场占有，被迫以极大幅度降低了售价，从而保证其理想的市场利用率。欧盟产业之所以能增加其市场份额，是由于其他一些欧盟生产商退出了对氨基苯磺酸产品的市场。虽然欧盟产业在 1998 年起提高了其产品售价，但这并不足以使之从生产中获利，因为倾销和补贴进口产品对价格产生了抑制影响，在同一期间，印度的补贴进口产品数量仍然持续上升。

　　虽然来自中国的进口产品的市场份额有所增加，其较低售价确实造成了价格抑制，从而对欧盟产业所遭受的实质损害具有影响，但单独考虑印度补贴进口产品时，仍可以认定其造成了欧盟产业的实质损害。

　　在初裁作出后，一些相关方认为，欧盟产业所遭受的损失部分应由其自己负责。一些相关方质疑了 Sorochimie 的管理能力、产品和客户服务，并提出了其在调查期间进口对氨基苯磺酸产品的事实。一当事方声称，Sorochimie 的损失是因为其其他商业活动在调查期间面临困境。对于 Quimigal，则有说法认为，其损失是因为其进入市场时决定在启动阶段降低售价的决策失误。最后，有当事方提出，欧盟产业受到较严苛的环保规则约束，其劳动成本和运输成本高于印度出口商所承担的成本，因此原产于印度的进口产品具有竞争优势，其产品售价并非损害性定价。

　　委员会认为，调查表明 Sorochimie 却是因为主导市场的较低价格而遭遇财务困境，但仍然在所调查期间获得了新的消费者并使产品能投其所好，由于该公司的生产设备处于维修阶段，其只得购买一定数量的产品以满足客户的要求，这一事实并不能说明 Sorochimie 应当对其所遭受的损失负责。同样，企业为解决生产困境的额外收入也与有关产品无关，因此委员会将其排除于所调查的因素之外，损害指标对此并无反映。

　　至于有关 Quimigal 决策失误的说法，Quimigal 证明其进入市场时，欧盟对产品的需求有所增加,而在欧盟和外部的供应商数量都有所变化,Quimigal 提出为建立市场份额,其只能将价格维持在与补贴和倾销进口产品售价相一致的程度,其在 1999 年和 2000 年的市场份额较低,这说明 Quimigal 只是价格接受者而远非制定者。然而,由于印度补贴进口产品大量涌入,Quimigal 的市场份额在调查期间仍稍有减少。因此,没有证据表明欧盟产业所处境况的恶化是因为欧盟产业内部的过分竞争而造成的。

关于以上针对环境规则、生产成本等因素的主张,委员会认为在确定产品正常价值时已经考虑到了进口产品的竞争优势。

在调查期间,印度补贴进口产品的数量和市场份额都大量增加,其售价比欧盟产业产品售价低 13%,因此委员会认定原产于印度的补贴进口产品对欧盟产业造成了实质性损害。

此外,委员会判定消费模式变化和欧盟产业的出口实绩对此并无影响。

（六）欧盟利益

虽然对涉案产品作出了存在损害性补贴的结论,委员会仍然需要审查是否存在为了欧盟利益而不采取反补贴措施的理由。基于这一目的,根据《基本条例》第 31（1）条的规定,委员会依据相关方提交的证据考虑了可能采取的措施对所有当事方的影响,并分析了如果不采取措施将会产生怎样的后果。

在调查中,委员会向原材料供应商、进口商、相关产品的工业用户以及其他委员会所知晓的当事方。委员会总计发出了 27 份问卷,但在期限内只回收了 9 份问卷,他们分别由 7 个涉案产品的用户、一个销售商和一个原材料供应商提供,在这 9 份问卷中,某些当事方选择提交评论而非填写问卷,这些评论得到了委员会的适当考虑。

1. 对欧盟产业可能产生的影响

本案中的欧盟产业由一个法国公司和一个葡萄牙公司组成。虽然欧盟产业在所调查期间蒙受了实质性损害,但毫无疑问在公平贸易的条件下,欧盟产业从长远来看仍然具有竞争力。欧盟产业已经制定提高其生产能力的计划以面对不断增长的共同体市场需求。然而,这些计划由于补贴进口产品所造成的较低价格而受到了阻碍。

欧盟产业与低价的补贴进口产品产生竞争时面临了困境,这使后者在所调查期间的市场份额大量增加。补贴进口产品所带来的竞争压力同样迫使某些欧盟生产商退出了市场。

可以预见的是，对有关补贴进口产品所实施的措施将会恢复市场的公平竞争，欧盟产业也将因此能够提高其销售数量和价格，实现必要的投资回报率，保证对其生产设施的持续投资。

无论是否实施反补贴措施，欧盟产业已经遭受的损失在所调查期间仍然会继续，其也无法从投资于新的产能获益并与第三方生产商进行有利的竞争。Sorochimie 在商业上遭遇困境后已经申请了债权保护，其目前的贸易活动由当地法院所指定的行政部门进行监督，如果不实施有关措施，该公司将难以继续。

在本案中，印度出口产品自 1993 年起已经被美国采取了反倾销和反补贴措施，除了欧盟市场外，这些出口产品受到了第三方国家的限制。

因此，委员会认为实施反补贴措施将有利于欧盟产业。

2. 对贸易商可能产生的影响

委员会从一个在初裁作出前不久进口涉案产品并销售对氨基苯磺酸产品的公司处收到了问卷，该公司指出，在共同体内实施反补贴措施将会导致某些用户重新配置其生产设施，或是离开某些终端用户市场。因此该公司担心其将会丧失在欧盟的生意。但委员会根据其之后的分析，认为此贸易商的担忧不可能成为现实，并初步裁定将要实施的反补贴措施并不会对对氨基苯磺酸产品造成重大影响。

3. 对对氨基苯磺酸产品原材料供应商可能产生的影响

委员会仅仅从一个原材料（苯胺）供应商处取得了问卷，这一问卷来自于 Quimigal，在所调查期间内，其出售给对氨基苯磺酸产品生产商的数量只占其在欧盟市场苯胺销量的极小部分，尽管如此，该公司仍然强调了其销售对对氨基苯磺酸产业的重要性。由于其他原材料供应商并没有配合此次调查，所以委员会初步裁定实施反补贴措施对供应商而言并无任何利弊。

4. 对工业用户可能产生的影响

对氨基苯磺酸产品的运用较为广泛，根据欧盟产业、有关出口生产商和欧盟生产商所提供的数据显示，光学提亮剂是对氨基苯磺酸产品最重要的使用部门，其消费量占欧盟对氨基苯磺酸总消费量的大约 65%，而稳定性添加剂则占 15%，特殊燃料和着色剂则占 10%，余下部分的消费运用并不明确。

委员会试图量化反补贴措施对用户的财政影响，其中包括其在所调查期间对对氨基苯磺酸产品的采购及其在总制造成本中的比例。为此，委员会推定补贴进口产品价格上涨的数量与反补贴税的数量相等。

（1）光学提亮剂

在欧盟生产光学提亮剂的企业中，三个公司提交了问卷，一个公司提交了书面意见。光学提亮剂通常由造纸业和去垢产业的消费者用作荧光漂白剂。虽然一个问卷答复方并没有提供其在所调查期间的利润信息，但由于其他两个公司在调查期间所消费的对氨基苯磺酸产品达到了问卷答复者所使用数量的半数，故其所提交的信息被认为是具有意义的。

提供合作的光学提亮剂生产商使用了高纯度等级的对氨基苯磺酸产品或高纯度等级的对氨基苯磺酸溶剂产品。在所调查期间，其所采购的对氨基苯磺酸产品大约有一半来自欧盟产业，余下部分则来自其他国家，其中包括涉案国家。对氨基苯磺酸产品只用于某些种类的光学提亮剂，且其用量不尽相同。综合考虑三个公司所提供的信息，委员会认定对氨基苯磺酸产品在此区域占到了光学提亮剂 10% 的生产成本，因此可以推定实施有关措施对光学提亮剂成本的助长值超过了 1%，而考虑到销售、经营成本时，其总成本只可能上升不到 1%。

光学提亮剂的生产商认为，市场上所能得到的产品种类差异甚微，因此光学提亮剂被视为一种日用品，其生产商之间的竞争颇为激烈，两个生产商所提交的利润数据可对此事实予以证明，数据显示销售含对氨基苯磺酸的光学提亮剂的回报在所调查期间急剧下降，虽然他们能以倾销价格获得对氨基苯磺酸，而总制造成本在同一时期的下滑更为明显。

还有一些光学提亮剂的生产商认为，如果采取了反补贴措施，其他国家的光学提亮剂生产商将会得到极大的价格优势，有一个生产商指出，如果光学提亮剂的生产回报率由于反补贴措施而降低，它将考虑是否继续在市场上维持。

委员会认为，目前并没有证据证明如果采取措施将会使欧盟以外的光学提亮剂生产商得到明显竞争优势。例如在最大的光学提亮剂生产国——美国的对氨基苯磺酸产品市场上，已经对一些进口产品实施了反倾销和反补贴措施。同时，考虑到光学提亮剂的生产总成本将会上升不到1%，而光学提亮剂只占到造纸业制造成本的一小部分，这并不能说明欧盟内这些产品的生产将会受到威胁。近年来，光学提亮剂生产商在欧盟内大量投资于其生产设施，具有一定规模的市场和客户，故这些生产商仍然会在欧盟存在。

因此，委员会认定实施反补贴措施并不会对这一用户群体造成主要的负面影响。

（2）稳定性添加剂

委员会从两个稳定性添加剂生产商处回收了问卷，从一个生产商处得到了书面意见。稳定性添加剂被用于改进某些稳定特性。

用户的问卷数据显示，对氨基苯磺酸被运用于制造所有种类的稳定性添加剂，综合考察该两个公司提交的数据及其所代表的产品规模，可以认定对氨基苯磺酸代表了其制造成本的大约15%。因此，如果对对氨基苯磺酸产品实施反补贴措施，稳定性添加剂的制造成本将会增加2%，其总成本则会略低于此数字。

只有一个被调查者提供了有关其产品销售利润的数据，委员会因此难以对措施可能带来的财务影响作出精确估算。然而，包含对氨基苯磺酸的产品周转只代表了提交问卷的两个公司产品总周转量的极少部分（少于5%）。因此，虽然有关措施无疑会对稳定性添加剂产业带来影响，但是该两个公司的总体经营活动却无虞，因为这两个公司并没有提交其难以吸收成本增加或将成本增加转嫁于消费者的证据。

此外，该两个公司还提出他们将会失去在世界市场上的竞争性，因为其他国家的生产商可以获取未被实施反补贴税或反倾销税的印度及中国进口产品，因此对反补贴措施非常抵触。这一主张被委员会以一系列理由驳回。首先，并无证据证明其他国家稳定性添加剂的生产商将会施加竞争压力；其次，措施对稳定性添加剂成本的影响并不会对其竞争性产生负面作用。

（3）染料与着色剂

三个染料与着色剂生产商提交了问卷，另有一个生产商提供了书面意见。其在调查期间所购买的对氨基苯磺酸产品数量相对较少，大约一半来自于欧盟产业所生产的产品，其余部分则来自于涉案国家的生产商。结合考虑三个公司所提供的数据及其产品规模，能够发现对氨基苯磺酸产品占其制造成本的 5%～10%。这些产品的周转数量约占这些公司总周转量的 1/3。经过计算，措施所带来的成本影响之可能造成染料制造成本上升 1%，而其总成本的增加则不到 1%。然而，由于并没有公司提交关于其利润的具体细节，故而无法准确判断措施对其财务状况所可能产生的影响。

一个受调查者提交书面意见说明了染料经营的竞争性及低利润的市场环境。据称从印度和中国进口的染料产品具有极强的价格优势，由于这些补贴和倾销产品及对氨基苯磺酸价格的增加，在欧盟继续生产染料可能具有非常严峻的困境。但是，补贴和进口产品在下游市场的存在并不会阻碍有关方面运用适当贸易防卫方法以补救倾销进口产品对欧盟对氨基苯磺酸产品生产者所造成的有害影响。

同样由于缺乏有关染料生产利润的信息及对氨基苯磺酸产品在制造总成本中微不足道，委员会裁定实施反补贴措施对此类产品用户并无损害性后果。

5. 竞争和贸易扭曲影响

委员会根据调查结论和相关方意见考虑了措施可能带来的对竞争和贸易扭曲的影响，相关方的意见主要关注了对涉案进口产品的后续需求，这是因为欧盟产业所生产的产品无法满足市场的需要。一个用户提出，如果从印度和中国进口的产品供应减少的话，Sirochimie 就能与美国竞争者一起控制对氨基苯磺酸产品在欧盟市场上的价格。

委员会认为，所采取的措施只是保证进口产品的价格不再是损害性的补贴价格，而不会阻碍产品向欧盟进口，来自于不同渠道的进口产品仍然能满足相当部分的市场需求，而且欧盟产业已经计划提高其生产能力，只要对氨基苯磺酸产品销售回报率能达到一个可以被其接受的程度。所以，如果反补贴措施能够消除补贴进口产品所带来的损害性影响，欧盟产业将会实行其已经制定的投资计划。根据初裁阶段的调查，对氨基苯磺酸产品在欧盟外的生产限于印度、中国、美国和匈牙利，因此为了欧盟用户的利益，欧盟产业必须在公平竞争的条件下进行经营，使市场能够取得内部供应商的产品。

委员会认为用户所提出的第二个主张是缺乏证据支持的，如果不实施有关措施，欧盟产业将被迫终止生产对氨基苯磺酸产品，如果发生这样的情况，欧盟市场的供应商将会进一步减少，而剩余的供应商就能够提高价格而就此获利。

（七）总结和结论

综上所述，由于在终裁作出之前，损害消除水平高于所证明的损害幅度，最终措施依据后者而作出，对印度所征收的反补贴税为 7.1%。

四、案件评析

（一）对于"同类产品"的认定

在《SCM 协定》中，将"同类产品"定义为"相同（identical）的产品，即与考虑中的产品在各方面都相同（alike in all respects）的产品，或如果没有此类产品，则为尽管并非在各方面都相同（although not alike in all respects），但具有与考虑中的产品极为相似的特征（has characteristics closely resembling）的另一种产品。"① 而欧盟反补贴法中关于"同类产品"的法律定义与《SCM 协定》的规定措辞一致。② 根据以上规定，对于同类产品的确定，要考虑该产品是否"完全相同"或者"极为相似"。这一定义是较为严格的，其应当理解为不仅限于"特性"和"用途"的比较，而应当综合考量有关产品与考虑中的产品的各个方面的异同，从而确定"同类产品"。

在本案中，欧盟委员会将两种等级的对氨基苯磺酸产品视为"完全相同"的产品，而无需考虑是否存在其他"相似"产品。就"同类产品"的检测标准，委员会考察了产品的物理、技术和化学等方面的基本特性以及产品的最终用途，这两种因素在确定"同类产品"时起到了决定性因素，而加工投入等因素虽然为委员会在确定补贴幅度和损害消除程度时所考虑，但这一产品质量差异并不足以判定不同等级产品属于"非同类产品"。

此外，委员会在分析"同类产品"时，关注了不同等级对氨基苯磺酸产品在商业用途中是否存在"可替代性"（commercial interchangibility），由于技术等级的对氨基苯磺酸产品与高纯度等级对氨基苯磺酸产品所针对的市场基本相同，彼此之间存在直接竞争，因而委员会将其判定为"同类产品"。

值得注意的是，"商业可替代性"在美国反补贴实践中被视为"终结性"要素，对其他因素的分析，往往归结于产品是否具有"商业可替代性"的分

---

① 《SCM 协定》注释 46。
② Regulation（EC）No. 2026/97, art. 1（5）。

析，即分析产品之间是否相互竞争，相互替代。① 从市场分析的角度关注产品的可替代性，从而联结其"竞争性"和"用途"等方面的分析，具有一定的合理性。然而美国商务部在司法实践中发展出了"消费可替代性"与"生产可替代性"两方面的比较步骤，而欧盟在分析"商业可替代性"时仅仅限于一个提法，缺乏一定的理论指导，其作为一个标准显然具有一定的不确定性，如委员会在排除"单向不可替代性"时并无明确依据，应当对"商业可替代性"赋予其应有的可预测性。

根据 WTO 有关规则的要求，调查主管机关在确定同类产品时享有极大的自由裁量权，可以根据市场竞争情况、产品的物理和化学特性及用途、产品的商业可替代性等多种情况来认定有关产品是否属于同类产品，虽然欧盟委员会对"同类产品"的判断存在合理性，但仍具有扩大同类产品范围的倾向，这对与之进行贸易的外国生产商而言较为棘手，并不利于自由贸易的进行。

此外，委员会对"同类产品"的范围界定为共同体生产商销售和生产的产品及产于印度的进口产品。

（二）损害确定问题

在 GAT T1994 第 6.6 条中有以下表述："缔约方不得对另一缔约方领土的进口产品征收反倾销税或反补贴税，除非其确定倾销或补贴的效果会对国内一已建立产业造成实质损害或实质损害威胁，或实质阻碍一国内产业的建立。"在本案中，欧盟委员会认定产自印度的对氨基苯磺酸产品对欧盟产业造成了实质损害。

对损害的确定涉及了三项因素的考察：（1）补贴进口产品的数量；（2）补贴进口产品对国内市场同类产品价格的影响；（3）这些进口产品对此类产品的国内生产者由此造成的影响。

对于补贴进口产品的数量，调查主管机关应当考虑补贴进口产品的绝对数量或相对于进口成员中生产或消费的数量是否有大幅增加。关于补贴进口产品对价格的影响，调查主管机关应考虑与进口成员同类产品的价格相比，补贴进口产品是否大幅削低价格，或此类进口产品的影响是否是大幅压低价

---

① 甘瑛：《国际货物贸易中的补贴与反补贴法律问题研究》，法律出版社 2005 年版，第 184 页。

格，或是否在很大程度上一直在其他情况下本应发生的价格增加。① 对于审查补贴进口产品对国内产业的影响时，应对与该产业状况相关的所有经济因素和指数进行评估，包括但不限于产出、销售量、市场份额、利润、生产能力、投资收益、设备利用率的实际和潜在的下降；影响国内价格的各因素；对现金流、库存、就业、工资、增长、筹措资金或投资能力的实际和潜在的消极影响，以及在农业方面是否为政府支持计划增加了负担。②

本案中欧盟委员会对有关产品所造成损害的定性和定量是较为慎重的，其根据受补贴产品的出口价格和国内同类产品价格相比较以计算价格削低或价格抑制幅度，尽可能地将损害量化。根据《SCM 协定》，反补贴税是按照补贴的水平来征收的。欧盟要求所征收反补贴税"不应超过"可诉性补贴总额，因此欧盟委员会在分析案件时不仅考虑补贴金额，还关注了补贴所导致的损害程度，这使最终所征收的反补贴税等于补贴幅度与损害幅度中的较低值，足以使有关进口产品的价格恢复到国内产业尚未受到损害时的水平，而不会对有关进口产品造成过苛的经济负担。欧盟较为和缓的反补贴税征收标准有利于其进口有关产品，但并不会对其国内产业造成损害。这是因为其在损害定量过程中运用了"市场份额""投资回报""库存"等考虑因素，客观评价欧盟产业所遭受的损害，根据综合分析所得出的结论误差较少。同时，通过问卷调查等形式，委员会全面和充分地了解了反补贴措施对欧盟产业所有相关方所可能产生的影响，以保护其产业利益，这一做法是值得我国借鉴的。

（三）有关因果关系的问题

在实践中，造成国内产业损害的原因是很多的，除了补贴进口产品对国内同类产品的竞争之外，还可能存在需求减少、消费模式变化、国内产业政策等多方面的原因。因此调查主管机关对因果关系的确定，必须符合《SCM 协定》的有关要求。

GATT 1994 第 6 条反倾销和反补贴条款隐含了对因果关系要求：任何缔约方不得对从另一缔约方进口的任何产品，除非他断定该补贴的效力，按其

---

① 《SCM 协定》第 15.1 条。

② 《SCM 协定》第 15.4 条。

具体情况，已造成或威胁造成对已有国内产业的重要损害，或对某项国内产业的建立造成阻碍。GATT 1994 第 6 条的目的是为了防止成员方对反补贴措施的滥用影响国际贸易的正常进行。但这一规定对因果关系的要求并不明确，在实践中缺乏可操作性。

《SCM 协定》第 15（5）条对因果关系提出了进一步的要求。该条规定："必须证明通过补贴的影响，补贴进口产品正在造成本协定范围内的损害。证明补贴进口产品与对国内产业损害之间存在因果关系应以审查主管机关得到的所有有关证据为依据。主管机关还应审查出补贴进口产品外的、同时正在损害国内产业的任何已知因素，且这些其他因素造成的损害不得归因于补贴进口产品。"

根据该条款的规定，调查主管机关应当注意以下事项：

首先，调查主管机关对补贴进口产品采取反补贴措施，必须证明其"通过补贴影响"对国内产品造成了"实质损害""实质损害威胁"或"实质阻碍"，且对因果关系的认定应当以获得的客观证据作为依据。由于申请人在请求发起调查时应提供补贴、损害以及补贴进口产品和损害之间的因果关系，调查主管机关须对其所掌握的证据进行全面的审查，按照第 15（2）条和第 15（4）条所列举的因素考察补贴进口产品数量的变化、以及这些补贴进口产品对国内市场同类产品价值的影响和由此对国内产业的影响。

其次，调查主管机关除了审查造成国内产业损害的补贴进口产品的增加外，还应当审查其他对国内产业造成损害的因素，并将之排除。调查主管机关在此方面应当审查的因素包括未接受补贴的所涉及产品的进口数量和价格、需求的减少或消费模式的变化、外国和国内生产者的限制贸易做法及它们之间的竞争、技术发展以及国内产业的出口实际和生产率。[①] 这些因素造成的对国内产业的损害不应当归咎于涉案的补贴进口产品，不得计入补贴进口产品造成的损害。

最后，调查主管机关无需将补贴进口产品的增加与造成国内产业损害的其他因素进行比较或衡量，即补贴进口产品的增加并不被要求是造成国内产业损害的主要原因或实质原因。这与《反倾销协定》对因果关系的要求是一致的，

---

① 《SCM 协定》第 15.5 条。

只要证明补贴进口产品是产生国内产业损害的原因之一即可，这可以有效为受到补贴进口产品损害的国内产业提供救济，及时制止不公平竞争行为。

与《SCM 协定》的规定相同，欧盟反补贴法的实践只要求了补贴进口产品是对国内产业损害的"原因之一"，并不要求其为主要或实质原因，无需调查主管机关衡量造成国内产业损害的各个原因之间的轻重程度，只有完全排除了补贴进口产品是造成国内损害的因素的可能时，主管机关才可以不对涉案的补贴进口产品采取反补贴措施。在本案中，欧盟委员会分析了多种因素对欧盟产业所造成的损害并将其从损害总量中剔除，所余下的即为所调查产品对欧盟产业的损害。

如果对因果关系制定较高的标准，即要求补贴进口产品是造成国内产业损害的"首要原因""重要原因"或"实质原因"，可以减少成员方对反补贴措施的使用，从而防止反补贴措施对国际贸易的扭曲，促进国内产业和进口产品的竞争。然而，较高的因果关系的标准可能使受到损害的国内产业难以得到合理的救济，对国内产业的生产力发展和成员方的整体经济环境带来负面的影响；同时还有可能为不正当的补贴行为提供庇护，刺激补贴进口产品数量的增加，使国际贸易的自由化受到阻碍，不利于公平贸易的正常进行。

而对因果关系的成立标准确立较低的标准，如协定只要求补贴进口产品是造成国内产业损害的"原因之一"，可以有效遏制不公平的竞争行为，保护国内产业，但有可能阻碍国外产品的进口，造成国内生产者对进口救济措施的依赖，不利于国内产业的长期发展。

根据《SCM 协定》，各成员方可以根据其国内政策自行通过法律采用不同的因果关系标准。

五、本案对我国的启示

我国目前的补贴政策主要以财政补贴为主，直接的财政资助主要包括：资金的直接转移、潜在的资金或债务的直接转移、税收优惠、政府提供除一般基础设施外的货物、服务或者政府采购四种类型；而间接财政资助则为政府委托或者指定国家开发银行等中国政策性银行提供的无息或低息贷款等。[①]

---

① 单一著：《WTO 框架下补贴与反补贴法律制度与实务》，法律出版社 2009 年版，第 407～413 页。

由于包括欧盟、美国在内的许多国家始终将中国视为非市场经济国家，所以直至 2004 年，加拿大对中国发起 3 起反补贴调查，中国才遭遇了国外反补贴调查。此后，中国于 2006 年遭受了美国对华铜版纸的反补贴调查。目前，已有超过 70 个经济体承认了我国的完全市场经济地位，正视我国现存和即将面临的反补贴问题可谓刻不容缓。

首先，在本案中，印度政府以出口实绩为条件所给予的补贴是《SCM 协定》所明令禁止的，对出口企业的所得税及流转环节税所给予的退抵减免、费用补贴、利润留成、加速折旧、贷款、贴息等政策都有可能构成事实上和法律上的出口补贴，我国中央政府和地方政府都应当对此加强关注。此外，虽然出口退税制度是 WTO 所允许的国际通行做法，但是出口退税的金额应当不超过该产品实际所含间接税金额，否则就可能构成补贴。因而在实际操作中，有关部门须注意防止征少退多的情况，否则可能构成事实上的补贴。由于目前我国出口商品增值税征收力度大于实际退税力度，因此可以考虑在今后充分利用有关规则，建立合理退税制度，增强我国产品的国际竞争力。

其次，在《中国加入 WTO 工作报告书》中，我国政府承诺在经济特区中对外商投资企业所提供的任何优惠安排，均将在非歧视基础上进行。这意味着有关优惠政策必须公平地扩展到 WTO 各成员和国内各种类型的投资者。因此，我国在制定一些区域发展政策时应当避免构成地区专向性补贴的情况。在对如西部等一些地区提供扶贫补贴时，尽管这些补贴对推动落后地区经济发展至关重要，能够改善当地产业结构，引进先进技术，可能属于《SCM 协定》过去所允许的"绿箱"补贴政策，然而在政策执行过程中，有关部门须明确特定的客观标准，如以人均国内生产总值或失业率等能够反映某一地区经济发展水平的指标作为提供补贴的标准，并对有关政策实行情况进行通报并妥善资料，以防止授人以柄，出现不必要的贸易摩擦。

最后，在面临其他国家对我国出口产品所采取的反补贴调查或反补贴措施时，除了关注该国反补贴立法及有关程序的合法性之外，还要分析该国市场和国内产业情况，例如在本案中产品被采取临时反补贴措施后，印度政府注意到来自中国的同类产品对欧盟市场的倾销，其对欧盟产业造成了一定程度的损害，并及时将这一情况反馈欧盟委员会，减轻了该国产品对欧盟产业实质损害所造成的责任。我国在遇到类似问题时也应当积极收集和提交有利于我国产业的信息和各类证据，与有关政府进行磋商以争取合理权利，必要时可诉诸 WTO，避免其他国家由于贸易歧视政策对我国产品实施不合理的反补贴措施。

第十三章　欧盟反补贴立法与实践对我国的启示

第一节　欧盟近期反补贴趋势及原因分析

为了减少中欧贸易摩擦，在应对欧盟反补贴调查中做到知己知彼，认真分析欧盟近期反补贴趋势及原因，有着重要的现实意义。

一、欧盟反补贴调查总趋势

自 1995 年世界贸易组织成立至 2010 年底，欧盟共发起 533 起贸易救济调查，其中反倾销调查 464 起，反补贴调查 61 起，保障措施调查 9 起。其中反补贴调查仅占欧盟贸易救济调查总数的 11.44%，远远低于欧盟发起的反倾销调查。在 WTO 成员当中，欧盟发起的反补贴调查数量排名第二，仅次于美国的 102 起。在欧盟发起的这 61 起反补贴调查中，有 52 起已经作出终裁，其中 25 起征收了反补贴税，占已作出终裁案件数量的 48.08%。

（一）欧盟反补贴调查立案情况分析

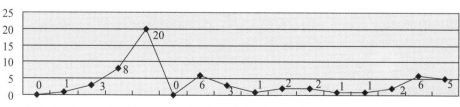

图 1　1995—2010 年欧盟反补贴调查立案情况

从图1中可以看出，在世界贸易组织成立的第一年即1995年，欧盟反补贴调查的数量为零，随后逐年上升，1999年达到峰值——20起，2000年又回落到零起，2001年回升到6起，2003年至2008年是欧盟反补贴调查的低谷，每年发起的反补贴调查数量都为1起或2起。2009年，欧盟共发起6起反补贴调查，与前几年相比显著增加。2010年前9个月，欧盟已发起5起反补贴调查。在21世纪的前几年里，欧盟很少利用反补贴这一贸易救济措施，而是主要利用反倾销措施。直到2009年，欧盟才开始再次大规模利用反补贴调查。

（二）欧盟反补贴调查涉案产品分析

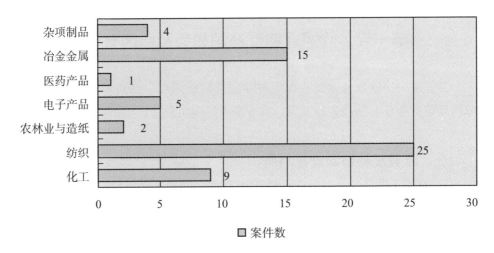

图2　1995—2010年欧盟反补贴调查涉案产品分布

从图2中可以看出，自1995年世界贸易组织成立以来，欧盟反补贴调查的涉案产品分布从高到低为纺织、冶金金属、化工、电子产品、杂项制品、农林业与造纸、医药产品。其中纺织产品遭受欧盟反补贴调查25起，占全部案件的40.98%，其次为冶金金属15起，占全部案件的24.59%。这与欧盟反倾销调查的涉案产品分布大体是一致的，即重点分布于纺织产品、冶金金属和化工产品。从欧盟反补贴调查与反倾销调查涉案产品的比较中可以发现，遭受反倾销调查的产品很可能同时或再次遭受反补贴调查。

（三）欧盟反补贴调查涉案国家和地区分析

在欧盟发起的这61起反补贴调查中，印度以19起位居榜首（占总数的

31.15％），韩国和中国台湾各6起位居第二，泰国5起，印度尼西亚和马来西亚各4起，美国、中国和新加坡各2起，加拿大、巴西、澳大利亚、挪威、伊朗、沙特阿拉伯、阿联酋、以色列、巴基斯坦、菲律宾、南非各1起。在这些案件中，有54起针对亚洲国家，占欧盟反补贴调查总数的88.52％，比例非常高。可见，亚洲国家和地区是欧盟反补贴调查的主要对象。此外，欧盟反补贴调查所针对的国家分布还表现出另一个特征，即调查对象大部分是发展中国家。

二、欧盟对华反补贴调查的新趋势

（一）欧盟对华反补贴从无到有

近年来，欧盟的贸易保护主义倾向愈发明显，对华贸易救济措施的手段不断翻新，反补贴措施就是欧盟对华贸易救济措施的一种新手段。2010年4月17日，欧盟对原产于中国的铜版纸发起反补贴调查，这是欧盟对华首例反补贴调查。如前所述，截止到2013年9月底，欧盟共对我国发起了6起反补贴调查。

（二）欧盟对华反补贴调查呈曼延之势

虽然欧盟目前只对中国发起6起反补贴调查，但这就如同打开了潘多拉盒子，中国的塑胶、机械、纺织品等其他领域很可能遭到欧盟接踵而来的反补贴调查。我国曾遭到欧盟反倾销调查的产业以及曾遭到美国等其他国家反补贴调查的产业都应提高警惕，未雨绸缪，做好应对欧盟反补贴调查的准备。

（三）欧盟对华反补贴调查与其他贸易救济措施同时进行

欧盟对华6起反补贴调查所涉产品都同时遭到了欧盟的其他贸易救济调查，欧盟对华铜版纸、有机涂层钢板和自行车反补贴调查案同时伴随着反倾销调查，欧盟对华数据卡反补贴调查案更是伴随着反倾销和保障措施调查，即用尽了反倾销、反补贴和保障措施三种贸易救济手段。这种"两反一保"同时进行的调查形式在全球贸易救济史上是极为罕见的。欧盟对同一种产品用尽三种贸易救济调查，是典型的贸易保护主义做法，是滥用贸易救济调查干扰正常贸易秩序。

（四）欧盟对华反补贴调查向高科技产品延伸

欧盟对华首例反补贴调查的涉案产品为铜版纸，是低技术含量的资源消耗型产品。而欧盟对华第二例反补贴调查的涉案产品数据卡是高科技产品，涉案企业是华为、中兴等高科技骨干企业，这表明了欧盟的反补贴等贸易救济调查已经不再像以往那样围绕服装、玩具、铜版纸、钢铁等低端产品了，而是开始向高科技产品延伸了。因此，以往很少遭到贸易救济调查的高科技企业也要做好应对欧盟反补贴等贸易救济调查的准备。

（五）指控的补贴项目具有高度同一性

在欧盟对华铜版纸反补贴调查案中，欧盟进行调查的补贴项目为优惠贷款、所得税、间接税及进口关税、政府赠款、政府低价提供货物和服务以及经济开发区项目六大类项目。[①] 在欧盟对华数据卡反补贴调查案中，欧盟进行调查的补贴项目为所得税、间接税和进口关税、优惠贷款、政府赠款、政府低价提供货物和服务以及地方政府优惠政策六大类项目。[②] 在有机涂层钢板案中，欧盟进行调查的补贴项目为所得税和其他直接税、间接税和关税减免、优惠贷款和利率补贴、政府低价提供商品、对外商投资企业的税收优惠政策、赠款政策等。在自行车案中，欧盟进行调查的补贴项目为所得税和其他直接税、间接税和关税减免、优惠贷款和利率补贴、赠款政策以及经济开发区政策。这些案件指控的补贴项目具有高度同一性，其中有五大类项目在措辞上完全一样，另有一类补贴项目虽然措辞不一样，但属于同一类补贴项目，即铜版纸案中的经济开发区项目和数据卡案中的地方政府优惠政策（包括经济特区和工业园提供的优惠）。

在具体的补贴项目中，这些案件也具有相似性。如优惠贷款项目都包括从国有商业银行和政府政策性银行获得的政策性贷款，所得税项目都包括两免三减半项目下的所得税减免、高新技术产业所得税减免、内资公司购买国产设备所得税抵免，间接税和进口关税项目都包括增值税和进口设备关税免税，政府赠款都包括国家重大技术创新基金和名牌奖励，政府低价提供货物和服务都包括低价提供土地使用权。

[①] Notice of initiation of an anti-subsidy proceeding concerning imports of coated fine paper originating in the People's Republic of China, Official Journal of the European Union, p30－31, 17.4.2010.

[②] Notice of initiation of an anti-subsidy proceeding concerning imports of wireless wide area networking (WWAN) modems originating in the People's Republic of China, (2010/C 249/08), Official Journal of the European Union, 16.9.2010.

这些案件当中，都指控了高科技补贴，即高新技术产业所得税减免。此处的高科技补贴是不是《SCM 协定》中的不可诉补贴呢？根据《SCM 协定》第 31 条的规定，不可诉补贴只能临时适用，时间为 5 年，自 2000 年 1 月 1 日起不可诉补贴条款失效。因此，只要高科技补贴存在专向性，并造成对另一成员的损害、利益丧失或减损或严重侵害，其他成员就有权就此类措施通过反补贴措施或多边争端解决程序获得补偿。为了与《SCM 协定》保持一致，欧盟理事会于 2002 年 11 月 5 日在第 1973/2002 号条例中废止了关于不可抵消补贴的规定。因此，我国政府要在清理已有高科技补贴政策的基础上，把高科技补贴以符合《SCM 协定》的形式提供给企业。

三、欧盟近期反补贴调查增多的原因分析

（一）受美国等其他国家的影响

欧盟并不是第一个对中国发起反补贴调查的经济体。早在 2004 年 4 月 13 日，加拿大对原产于中国的烧烤架发起反补贴调查，这是我国遭遇的第一起反补贴调查。2006 年 12 月 20 日，美国对原产于中国的铜版纸发起反补贴调查。在美国对华铜版纸发起反补贴调查时，就有学者认为此次调查打开了潘多拉盒子，不仅美国会紧接着对我国的其他产品发起反补贴调查，而且其他国家也会效仿美国对中国发起反补贴调查。不出所料，美国随后又对我国发起了 30 多起反补贴调查。此外，还有印度、澳大利亚、南非和墨西哥等国家对我国发起了反补贴调查。自 2004 年我国遭遇首起反补贴调查以来，我国遭受反补贴数量之多、频率之快、涉及产品范围之广，在全球贸易救济史上是罕见的。在美国等国的影响下，欧盟于 2010 年对华发起反补贴调查也是意料之中的事情。

（二）受欧盟债务危机的影响

当前欧盟尚未走出债务危机的阴霾，复苏步伐缓慢，失业率居高不下，欧盟内部急需扩大就业，于是希望通过贸易保护来扩大就业，但光靠反倾销可能未必能提供足够的保护，所以同时在 2010 年对中国产品发起了首例反补贴调查。

（三）欧盟内部的政治原因

与反倾销相比较，反补贴"更加政治正确"，在欧盟内部更易获得支持。

欧盟内部在反倾销问题上已经形成了明确分野。由于经济实力不同，意大利、西班牙、葡萄牙等南欧国家支持反倾销，而英国、北欧国家则明确站在反对一边。然而反补贴背后的逻辑是减少政府干预和公平竞争，这会让支持自由贸易的经济强国也投出赞成票。①

（四）为承认中国市场经济地位做准备

欧盟承认中国市场经济地位的趋势越来越明显，欧盟需要未雨绸缪，准备应对承认中国市场经济地位后的中欧贸易争端。因为在中国市场经济地位得到欧盟承认后，欧盟在对华反倾销调查中将不再容易使用对其有利的替代国政策。因此，欧盟需要在反倾销调查之外开辟新的战场——反补贴调查。此外，不能对非市场经济国家发起反补贴调查的观念在欧盟也有一定的影响力，因此，承认中国市场经济地位扫除了这一观念上的障碍，虽然 WTO 规则从未禁止对非市场经济国家采取反补贴措施。在布鲁塞尔法律界流传着这样一种说法，即反倾销已经成为律师界的"夕阳产业"，欧盟会将贸易救济的重点放在反补贴上。

第二节　欧盟反补贴调查的应对

在欧盟对华数据卡反补贴调查案中，我国采取了非常有效的措施，比如由商务部、地方商务主管部门、行业协会以及涉案企业组成了"四体联动"小组共同应对。这一做法在应对此后的反贴调查中应继续发扬。此外，我国还可以从以下方面应对欧盟反补贴调查。

一、主动预防欧盟反补贴调查

（一）我国政府的预防措施

我国政府应该对容易遭受反补贴调查的一些补贴项目进行调整，这是应对欧盟反补贴调查的根本措施，是一个治本的措施。具体来说，我国应该取消禁止性补贴，掌握可诉补贴的数量界限和形式，适当增加科研与开发补贴、

---

① 袁雪，《华为中兴遭遇欧盟"三反"调查》，21 世纪经济报道，2010 年 9 月 16 日，http://www.21cbh.com/HTML/2010 - 9 - 17/xMMDAwMDE5ODExMg_ 2.html。

落后地区的补贴和环保补贴等原来为不可诉补贴的力度和范围。比如，《企业所得税法》中的一些税收优惠措施仍然具有专向性，在以后修改《企业所得税法》时，应将这些具有专向性的补贴以符合 WTO 规则的形式提供，或以较为隐蔽的不易被证明的方式提供。

（二）企业的预防措施

尽管补贴是一种政府行为，但反补贴的效果却要由企业来实际承受。如果欧盟对我国采取反补贴措施，这将严重阻碍我国产品打入欧盟市场。所以各出口企业必须高度重视反补贴问题。在欧盟，反补贴申请主要是由欧盟的共同体产业或共同体产业的代表提起的。因而在一般情况下，如果中、欧企业之间没有大的矛盾和冲突，欧盟主管当局不会主动发起反补贴程序。因此，中国企业要了解欧盟的反补贴规则和欧盟市场，注意预防矛盾和冲突，防患于未然。

对国内企业来说，首先要靠科技、效率和产品质量参与国际竞争，杜绝低价出口行为。对于任何补贴，如果企业不把其用作谋取价格竞争优势、大幅度提升市场份额的手段，就不太可能引起竞争企业提起反补贴诉讼。所以企业要规范自身的出口行为，实现从"以廉取胜"到"以质取胜"的转变，不竞相压价，不以低于生产成本的价格抛售商品，努力提高质量、增加花色品种、改进包装、提高售后服务质量，并根据市场行情及时提价，提高产品技术含量、提高附加值，从而体现商品的综合竞争力。另外，我国企业要改变"走出去"的模式，在条件成熟的情况下，可尝试海外直接投资，在欧盟直接建立工厂以代替"产品"的直接出口，避免遭受欧盟的反补贴调查。

其次，调整和完善出口战略，实现目标市场多元化。尽量分散受补贴产品的出口对象国家和被替代的进口产品来源国，全方位开拓欧盟市场，从而避免在短期内，由于在有关国家该产品的进口迅速增加或出口急剧减少而导致他们以对国内市场或产业造成损害为由采取反补贴措施。[①]

第三，密切注意自己所生产的产品的国际行情，以便了解自己的产品是否有被欧盟采取反补贴措施的可能性。密切注视欧盟国家相关产业及市场的

[①]　周天欢：《反补贴法对我国的适用》，《国际贸易》1994 年第 11 期。

发展状况和趋势，估计出其对补贴的"危害承受度"，以便及时制定出适当的营销策略，最大限度地获取出口利益。

第四，要跟踪与自己竞争的欧盟进口产品的商情，注意此类进口产品在他国销售的反应及其补贴的嫌疑，并以此作为威慑的手段，如果必要时可配合本行业和我国有关主管部门采取必要的反补贴措施。

二、积极参加欧盟反补贴应诉

我国涉案企业证明以下情形之一，就可以使欧盟作出不采取反补贴措施的裁决。这些情形包括：没有获得补贴、欧盟产业没有遭受损害、欧盟产业遭受的损害与我国的出口产品之间没有因果关系以及采取反补贴措施不符合欧盟利益。在有没有获得补贴方面，虽然我国有很多补贴政策，但涉案企业可以证明自己没有从这些补贴政策中获得利益。在欧盟产业有没有遭受损害方面，涉案企业很难提出有效的抗辩。在因果关系方面，涉案企业可以提出抗辩，主张欧盟产业的损害不是中国的出口产品造成的。具体来说，可以证明如果没有中国出口的产品，欧盟产业同样很难生存，欧盟产业所受到的冲击，是产品成本高、竞争力低造成的。在欧盟利益方面，欧盟委员会具有较大的自由裁量权，一般在平衡欧盟产业、进口商、下游用户和消费者的利益的基础上认定是否符合欧盟利益。我国企业要做的是，联系欧盟的客户，让其向欧盟提交采取反补贴措施不符合欧盟利益的意见。虽然要证明采取反补贴措施不符合欧盟利益比较困难，但这毕竟在补贴、损害与因果关系都已确定的情况下提供了一次免征反补贴税的机会，因此我国涉案企业要充分利用欧盟利益这一安全阀。

如果中国企业不应诉或者在应诉时没有积极配合调查机关的调查，欧盟委员会有权根据《基本条例》规定的"可获得的最佳事实"作出裁决。反倾销实践已经证明，如果不积极应诉，后果将是灾难性的。相反，如果勇敢地应诉，即使不能取得应诉的胜利，也能通过其他一些方式（比如承诺）而取得比完全不应诉更好的结果。另外，欧盟反补贴调查的时间要求紧迫，从反补贴立案到答复调查问卷不到 40 天的时间，通常在这段时间有很多事情要做，组织应诉，查询海关资料，统计调查期间出口的数量和金额等，而且全部用英文，工作量很大。所以不但要积极，还要快速做出反应。

三、掌握必要的反补贴应诉方法和技巧

（一）联合友好的欧盟进口商和用户

一般来说，欧盟进口商、批发商、零售商和最终用户等利益团体都不希望国内产业提起反补贴调查。因为一旦征收反补贴税，意味着这些利益群体的成本将会直接或间接增加。因此，企业可以在反补贴调查中联合这些利益群体。从理论上讲，被诉方只有在申请方的反补贴申请被欧盟当局受理，决定开始进行反补贴调查，并在《欧盟官方公报》上公告或向所涉当事方通知后，被诉方才会知道其出口的产品遭到了反补贴。但是，事实并非如此，因为《基本条例》规定申请至少要得到 25% 的同类产品的生产商的支持，欧盟委员会才会立案。因此，在很多时候，申请方为了能够使自己的申请合法有效，往往要多次与欧盟委员会接触，以就申请的形式和实质问题进行咨询和征求意见，这时候有关的进口商就有可能会对此略知一二。在这种情况下，被申请方就可以通过进口商的商业关系分化欧盟内部申请生产商的立场，设法使申请不能成功。另外，《基本条例》第 31 条规定，采取反补贴措施必须具备的条件之一就是要符合欧盟利益，在反补贴实践中，欧盟就有在立案前征求所涉产品的消费者的意见的做法。因此，通过所涉产品的最终用户的力量进行游说，使欧盟当局在权衡"公共利益"时充分考虑它们的利益。

（二）遵守应诉期限、组织专门应诉小组收集材料

反补贴诉讼可分成不同的阶段，如立案审查阶段、证据提交阶段、初裁阶段、终裁阶段、价格承诺阶段等等。《基本条例》对于这些阶段的期限都作了明确的规定。如正式申请提出后 45 天内要作出是否立案调查的决定，收回调查问卷的期限是 30 天，征收临时反补贴税应不早于程序启动后 60 天，但也不得晚于程序启动后 9 个月，临时反补贴税最长征收 4 个月的时间，案件作出终裁的期限一般是从调查开始之日起 12 个月，等等。被诉方应严格根据规定遵守应诉阶段的期限。在反倾销领域，曾经就有我国出口商向欧盟有关当局所提交的材料因过了各阶段的期限规定而被拒绝采用，并将我方这种行为视为"不合作"，而适用"可获得的最佳事实"规则，作出了不利于我方的裁定。能否很好地遵守应诉期限在很大程度上取决于被诉企业，因为大部分材料和证据是来自国内的。

由于应诉工作千头万绪，面广量大，时间紧迫，必须有一个强有力的专门班子，才能出色地完成任务。收集材料的范围应依据欧盟反补贴法的规定，如欧盟反补贴法要求调查被诉产品在欧盟产业申请之前一年的情况，这就要求我国应诉企业要搜集这段时间内的有关材料。

值得注意的是，尽管我国的财务制度已经实现了与国际惯例的接轨，但是仍然有相当数量的企业在市场成本及其他财务会计制度方面还不严格，账目经不起检查，有的甚至没有原始凭证和明细账。因此，要建立健全完备的财务制度，这样才能在外国提起反补贴诉讼时可以准确迅速地提供翔实可靠的资料。

（三）认真填写调查问卷

在通常情况下，欧盟委员会对一起反补贴申请立案后，会将调查问卷寄给所涉产品的出口商、生产商或商会，并说明要求在多长时间内回答完毕并寄回有关机构。调查问卷是欧盟委员会收集证据的主要途径之一。调查问卷涉及的内容很多，比较复杂，包括公司的组织结构、财务制度、出口和国内销售的详细交易记录、实际生产成本等。这往往要求应诉企业在很短的时间内按时完成（一般是 30 天）。对调查问卷的回答尤为重要，如果不答复、不详细答复或答复不准确，委员会将根据"可获得的最佳事实"，依据申请人提供的证据作出对出口商非常不利的裁决。

在填写调查问卷时，应当与律师充分沟通，注意填写问卷的策略，以便提出最佳的抗辩方案。而且，正确详细地完成调查问卷是被申请方应该履行的一项程序性义务，同时也是被申请方依据事实提供抗辩材料的一种主要方式，是其可享受的一项抗辩权利。所涉企业应该根据所收集的材料，认真做好该项工作。笔者认为企业在填写调查问卷时，应该遵循以事实为根据、以胜诉为目标的原则。回答调查问卷就是想通过提供证据说明其出口产品不存在补贴或未造成损害或两者之间不存在因果关系。所以在答卷时，一定要紧紧围绕着这一根本目的进行。但是这决不意味着答卷可以违背事实、胡编乱造，而应该是答卷的各项内容均能反映客观事实，能经得起当局的核查，否则将被当局视为"不合作"而适用不利于出口商的"可获得的最佳事实"进行裁定。所以对调查问卷必须严格按照欧盟反补贴法的精神进行回答。搞清答卷各个部分的目的，根据不同的目的，采取不同的措施。答卷时还要做到重点突出，详略得当。所提供的答卷的内容必须保持一致，不能相互矛盾，提高证据有效性。这里必须注意：所提供的内容应有证据，经得起将来的检查；出口商的答卷能与进口商的答卷协调起来，不能有较大的出入；答卷上所填写的内容，如果需要提供有效文件和法令佐证时，应该能与其相协调。

（四）充分配合实地核查

调查机关通常会进行实地核查以进一步查证事实，应诉企业应当精心准备，充分配合调查机关的实地核查，实地核查的结果往往决定最终裁决。所以一定要全力以赴，绝不能掉以轻心。应该注意的是，实地核查只有一次，机会不容错过。在实地核查中，无论是财务部门，还是生产销售部门都要有专人负责，对核查人员提出的任何问题以及这些问题的目的都要透彻地理解，泰然面对。①

（五）积极参加听证会

根据反补贴案件的进展情况，应诉企业应该利用《基本条例》规定的听证的权利促使案件向有利于应诉企业的方向发展。虽然这一听证会并不是必须的程序，只有应一方当事人的要求才会举行，任何一方都没有参加该听证会的义务，而且也不会因为没有参加听证会而使该方的利益受到损害。但是，对出口商而言，参加听证会是很重要的，因为出口商可以在欧盟委员会面前陈述事实和理由，对申请人的指控进行反驳，影响已经先入为主的调查人员。所以中国应诉企业可以适时地提出召开听证会的要求，利用听证会阐述有利于自己的观点，并同时对调查问卷的一些不足之处进行补充。

（六）及时提出承诺

在反补贴调查程序中，一旦调查机关作出肯定性初裁以后，反补贴当局就有可能选择征收反补贴税或接受承诺，所以应诉企业可以在被征收反补贴税和价格承诺之间进行权衡，审时度势地进行价格承诺谈判。因为《基本条例》第13（5）条规定，承诺一经生效即应中止反补贴调查。与征收反补贴税相比，承诺有许多优点：第一，承诺可以消除因继续调查而使出口商处于不稳定状态并由此给出口商带来更为消极的影响。第二，出口商提价，出口产

---

① http://www.cacs.gov.cn/DefaultWebApp/showNews.jsp? newsId = 201190000143. 访问日期：2007 年 3 月 3 日。

品可以增加销售利润，在一定程度上抵消了销售量减少所带来的损失。第三，如果随着市场情况的变化，继续履行义务已经成为不必要时，撤回承诺比较容易。第四，承诺可以减少费用和时间的进一步耗费。当然出口商不能因为承诺而承诺，如果承诺不当也会带来不应有的损失。

（七）充分利用反补贴复审

在应诉企业的产品已经被征收反补贴税之后，应诉企业可以根据《基本条例》第18条、第19条、第20条的规定申请复审，要求变更反补贴税率或撤销反补贴措施，以便重新进入市场。如果第一轮时没有做好抗辩，复审则是一个弥补、挽救的机会。相反，如果第一轮做好了抗辩，也要提防对方在复审时的反击。因此，不能对复审置之不理，更不要以为复审只对欧盟申请方有用。还有，如果出口企业在最初的反补贴调查期间没有向欧盟地区出口所涉产品，或者目前还未出口，但能证明自己受到不可撤销的合同义务的约束，根据《基本条例》第20条的规定可以申请新出口商复审。

（八）找出调查机关存在的问题

若企业认为出口产品不属于被调查产品的范围，可以按照产品分类与欧盟调查机关联系，明确陈述企业出口的产品不属于被调查产品，或在对是否属于被调查产品不太确定时请求欧盟调查机关予以确认。如果事实如此，则可以不用参加此后的调查。同样，如果在调查期内没有出口，则企业可将"调查期内没有出口"的事实直接告知欧盟调查机关。此时，企业有两种选择，在此后的调查中不应诉，或联合其他企业应诉损害调查，主张无损害抗辩。[①] 同时，我们应该注意欧盟的做法是否符合《SCM 协定》。欧盟反补贴规则有些规定较严，在执行中我们可以《SCM 协定》某些较宽松的规定为标准，抗辩欧盟的过分要求，最大程度地保护自己的权利。

（九）聘请具有专业经验的优秀律师

反补贴案件是比较复杂的，而且专业性很强，涉及的面也比较广，出口企业很难在没有律师的情况下独立进行应诉。因此，选择律师又是反补贴诉讼的关键。在欧盟反补贴应诉中，不仅要聘请欧盟律师代理、应诉，还要聘请中国律师参与诉讼。律师队伍之所以要包括欧盟当地的律师，是因为他们

---

① 李先云：《企业如何应对反补贴调查》，《造纸信息》2007 年第 2 期。

对自身的反补贴法律制度和实践比较熟悉，而且与调查当局沟通起来也比较容易。但是，外国律师往往对中国的国情不太了解，律师费用也高，所以聘请中国律师参与诉讼是很有必要的。具体原因如下：首先，我国的出口商作为反补贴诉讼的被告方，其出口产品在境内生产，许多需要向欧盟提供的证据在中国，中国律师可以比较容易地准备较完整的证据材料；其次，中国律师了解自己的国情，所提供的证据材料比较真实有效，而欧盟律师正好缺乏这方面的优势；最后，中国律师与被诉方同属一国，开展工作时也比较方便，没有语言障碍，有利于与国内有关企业相互沟通和协调。所以最好的办法是中外结合，实行欧盟律师和中国律师联合办案的策略。那么选择怎么的律师呢？笔者认为选择律师时一定要考虑以下几点：一是从事反补贴应诉的经验及胜诉率；二是与当局的协调能力；三是吃苦耐劳、认真细致的工作作风；四是既能熟练运用反补贴规则，又具有扎实的财务知识。

四、积极利用 WTO 争端解决机制

如果欧盟对我国的反补贴措施违反了 WTO 规则，我国政府可以将其提交 WTO 争端解决机构。在欧盟应诉只能解决个案问题，而且由于欧盟当局或多或少会偏向欧盟产业，因此并不一定能得到理想的结果。而将欧盟反补贴措施提交 WTO 争端解决机构，不仅能获得公正的裁决，而且对欧盟以后的反补贴调查会产生影响。

第三节　借鉴欧盟反补贴立法完善我国立法

我国现行《反补贴条例》规则较原则，涉及内容不够全面，与《SCM 协定》和欧盟反补贴立法相比还存在着一些需要加以改进的地方。

一、完善我国反补贴立法应遵循的原则

（一）多层次立法原则

与我国多层次立法体制相适应，我国反补贴立法应采取多层次立法的方式，具体有三个层次：法律层次、行政法规层次和行政规章层次。目前我国法律层次的立法只有《对外贸易法》。我国虽然建立了较为完善的反补贴立法

体系，但作为其主体的《反补贴条例》仍为行政法规，位阶不高，权威性不强，影响力也不足够大，并且在具体的适用中缺乏足够的信服力。反补贴措施作为 WTO 允许的贸易保护手段，对我国国内产业和对外贸易有重要的保护作用。因此，笔者认为，在总结经验、条件成熟的情况下，我国应进一步强化目前的行政法规和政府规章，提高其位阶，使其升格为国家的基本法律之一，并制定更多的配套法规及规章，建立更加完善的反补贴法律体系。

（二）与国际规则接轨的原则。我国应按照现行的和将来制定的有关国际规则修改和完善我国立法，使之与国际规则接轨。

（三）适当保护原则

过分保护不但容易遭致报复，也会限制正常贸易，减少我国从进口中适当获利的机会，因此过于苛严的立法，不宜采用。

（四）非歧视、无差别待遇原则与对等原则并行不悖

非歧视原则和无差别待遇原则表现为对来自不同国家的被控产品，主管机构按同一确定的程序处理，按同一标准认定补贴的程度和采取反措施。对等原则是指他国对我国出口产品采取歧视性反补贴措施的，我国可根据实际情况对该国采取相应的措施作为报复。

（五）综合效益最优化原则。在立法及行政执法过程中，尽可能简化程序，降低办案成本，在实体方面注意原则性与灵活性结合，授权主管机关既考虑对相关产业的保护，又兼顾下游产业及消费者利益，以综合效益最大化为主旨决定是否征税及其税率高低。

（六）透明度原则。按照《SCM 协定》的要求，我国反补贴立法，包括反补贴条例及配套的程序法，均应以公开形式发布。①

二、应对补贴进行分类

《SCM 协定》把补贴分为禁止性补贴、可诉性补贴和不可诉补贴。虽然不可诉补贴的规定已经暂时失效，但是 2007 年 11 月 WTO 规则谈判组的主席 Amb. Guillermo Valles Galmés 散发的反补贴协定的经整理的主席修订草案仍然保留了上述三种分类。

---

① 杜厚文主编：《世贸组织规则与中国战略全书（中卷）》，新华出版社 1999 年版，第 911 页。

我国现有立法没有对补贴作出《SCM 协定》相应的三类分类。也没有对"用于工业研究和开发、扶持落后地区、环境保护等补贴"作出特别规定，这被很多学者看作是一项重大缺陷。① 限于《SCM 协定》在我国的非直接适用效力，且国际上还有其他非 WTO 成员，从我国发展科技产业、开发西部地区、改造工业环境等实际经济活动来看，我国调查机关在区分这类补贴是否属于不可诉补贴时同样会遇到无法可依的情况。因此，在积极参与关于不可诉补贴地位的国际谈判的同时，我们也应在国内法中对此问题作出灵活又不违背国际规则的规定。

三、我国应将确定补贴的专向性标准作弹性化处理

我国的《反补贴条例》明确规定下列补贴具有专向性，应采取反补贴措施，具体如下：由出口国政府明确确定的某些企业、产业获得的补贴；由出口国法律、法规明确规定的某些企业、产业获得的补贴；指定特定领域内的企业、产业获得的补贴；以出口实绩为条件获得的补贴；以使用本国产品替代进口产品而取得的补贴。

而欧盟反补贴《基本条例》第 4 条作了如下规定：授予机关或其运作所根据的立法将补贴的获得明确限于某些企业，则此种补贴有专向性；某些补贴虽然形式上表现为非专向性，但有理由认为补贴可能事实上具有专向性，则可以考虑其他因素。此类因素为：有限数量的某些企业使用补贴计划、某些企业主要使用补贴、给予某些企业不成比例的大量补贴以及授予机关在作出给予补贴的决定时行使决定权的方式。在适用本项时，应考虑授予机关管辖范围内经济活动的多样性程度，及已经实施补贴计划的持续时间。

相比之下，欧盟的相关规定具有更大的弹性和灵活度，能够在长时间维持法律的稳定，并能够适应社会的发展。而我国的《反补贴条例》虽然容易实施，只需对号入座就可，但过于具体，缺乏一定的灵活性，随着经济的发展，条例规定的五种情形将难以容纳新事物的出现，因而有必要对其进行弹性化处理。此外，我国应将《SCM 协定》关于"不得将有资格的各级政府所采取的确定或改变普遍适用的税率的行动视为专向性补贴"以及"对专向性

---

① 甘瑛：《国际货物贸易中的补贴与反补贴法律问题研究》，法律出版社 2005 年版，第 36 ~ 42 页。

的确定应依据肯定性证据明确证明"等的规定补充到我国的反补贴法中。

四、在《反补贴条例》中突出"公共利益"的相关内容

《反补贴条例》第19条所定义的反补贴案件的"利害关系方"包括申请人、已知的出口经营者和进口经营者、出口国（地区）政府以及其他有利害关系的组织、个人。这一定义没有突出消费者组织和产品的用户。我国目前的反补贴制度更侧重维护国内产业的利益。当然，考虑到我国目前的经济发展状况以及加入世界贸易组织逐步开放市场之后，我国的国内产业越来越容易遭受到以补贴方式进口的产品的损害，保护国内产业应该是我国反补贴政策的主要目标。

但是，同时我们也应该看到，由于反补贴法对国内工业的保护往往是以消费者利益和国民经济整体为代价的。1995年美国国际贸易委员会在有关其反补贴和反倾销法的报告中，运用成本—收益法就反补贴反倾销措施所产生的经济效果进行分析，测算出如果取消1991年的反补贴和反倾销措施，将会产生1.59亿美元的福利，反补贴反倾销给美国经济造成的损失远远大于其国内生产商从反补贴反倾销措施中获得的利益。越来越多的国家已经认识到在采取反补贴措施时，不能只把国内工业的受损情况作为考虑重心。对反补贴从宏观上进行成本—收益分析，积极维护社会公共利益，关注社会整体福利的提高，是采取反补贴措施时应考虑的重要方面，是国际反补贴立法发展的一个基本方向。[1]

我国反补贴制度在这方面也应该有所体现，对反补贴调查和采取反补贴措施时，不能只着眼于某个行业的局部利益，还要把消费者和用户的利益、对市场竞争的扭曲与损害综合考虑进去，从国家经济与社会福利的整体利益作出权衡。对于反补贴法的国际规则而言，纳入更多的促进竞争的条款，引入公共利益规则，是限制和防止某些国家滥用反补贴法来保护本国工业的途径。

---

[1] Marco J. Bronckers, *Rehabilitating Anti-dumping and Other Trade Remedies through Cost–Benefit Analyses*, *Journal of World Trade*, 1996。

五、应在《反补贴条例》中对反规避措施作更为具体的规定

2004 年修订的《反补贴条例》第 54 条规定，商务部可以采取适当措施，防止规避反补贴措施的行为。但何为"具体措施"，它并没有作出详细规定。虽然我国原《反补贴产业损害调查与裁决规定》在第五章细化了"规避与反规避"问题。但是，由于该规定已经失效，因此其关于"规避与反规避"的规定当然也失效了。

鉴于《SCM 协定》无关于规避反补贴措施的规定，《基本条例》第 23 (4) 条对规避行为作了具体规定，许多其他发达经济体也在国内法中制定了反规避规则。因此，应该尽早修改我国的反规避规则。

首先，我们需要借鉴欧、美的立法经验，并结合《邓克尔草案》，构建包括反规避制度在内的完整的反补贴法律制度。我国在借鉴欧、美立法经验、构建自己的反规避制度时，应侧重于以下方面：（1）对规避行为进行明确的界定；（2）规定规避行为的种类。对规避行为的种类可采取列举和概括式综合规定的方法。应包括 4 种主要形式，即第三国组装或加工、产品细微改变、在中国组装成品、发展后期产品。在具体列举各种规避行为之后，可同时规定一个总括条款，规定凡是规避我国反补贴措施的行为都构成反规避行为，从而有效规制在新的贸易和投资方式下出现的规避行为。[①]

其次，应健全采取反规避措施的程序。（1）明确反规避措施的实施时间。即以反补贴程序实施前的一段确定时期内发生的规避行为为反规避措施的适用对象，并以规避行为的价值的一定比例作为确定规避行为的并行适用条件。（2）明确对规避行为可采取的具体措施。商务部一经确定存在规避行为，即可发布对该行为征收反补贴税的决定，该决定效力所及商品的范围，仅限于商务部认定的对国内产业造成损害的产品范围。

六、应在《反补贴条例》中对退税制度作更为综合性的规定

我国在《反补贴条例》第 44 条第 3 款对退税制度规定：终裁决定确定的

---

① 武长海：《积极防范新贸易壁垒——反规避调查》，中国贸易救济信息网，访问日期：2006 年 11 月 14 日。

反补贴税，高于保证金或者保函所担保的金额的，差额部分不予收取；低于保证金或者保函所担保的金额的，差额部分应当予以退还。

　　欧盟的相关立法规定：当出现可抵消的补贴（税额是以这一数量为基础计算的）已被取消或已被减少到低于现行征收的反补贴税水平时，进口商可要求退还已征的反补贴税。同时规定只有在申请包含应退还反补贴税额的详细数据及计算与支付这一数额的海关单证时，这种退税申请才被视为有充分的证据作支持。它应包括在一有代表性的期间内，向出口商或生产商（反补贴税适用的对象）征收的反补贴税数额。如出现进口商与出口商或生产商无联系，这些信息不能立刻得到，或出口商或生产商不愿将此信息提供给进口商时，申请书中应包括出口商或生产商的一个声明，表明按本规则的规定已将可抵消的补贴取消或减少，相关的证据将提供给委员会。如果在合理期限内，出口商或生产商没有提供这类证据，申请应被驳回。

　　比较两者：欧盟体现典型的"不告不理"特征，这样使得当事人可以积极主动地维护自身的权益，而不是被动的等待。但这也要求当事人对形势的充分了解，并且在举证上要求当事人提供足够可信的证据也使得当事人在证据缺乏情况下就无法取得退税。而我国相关规定，使得当事人取得退税更为简便，但却加重了国家机关的负担。《SCM 协定》第 20.3 条规定，如最终反补贴税高于现金保证金或保函担保的金额，则差额部分不得收取。如最终税低于现金保证金或保函担保的金额，则超出的金额应迅速予以退还，或保函应迅速予以解除。《SCM 协定》没有规定当事人是否应当提出退税申请。因此，我国可以考虑借鉴欧盟立法的规定，要求当事人提出申请和证据。

七、我国应在相关立法中增加反补贴税的透明度

　　我国《反补贴条例》第 42 条规定，对于没有被调查的出口经营者的补贴产品，应当按照合理的方式确定其反补贴税。"合理的方式"具体指何种方式？另外，《反补贴条例》第 47 条规定，经复审确定终止征收反补贴有可能导致补贴和损害的继续或者再度发生的，反补贴税的征收期限可以适当延长。"适当延长"是多长时间？本条与《SCM 协定》第 21.3 和第 21.4 条关于反补贴措施复审的关系如何？随着今后实务工作的开展和经验的积累，应该尽快将上述的规定严格界定清楚。

八、在《反补贴条例》中增加若干附件

我国《反补贴条例》应根据《SCM 协定》附件 1 – 3（出口补贴清单，关于生产过程中投入物消耗的准则、关于确定替代退税制度为出口补贴的准则）的规定，补充相应的附件。

附录

欧盟理事会 2009 年 6 月 11 日关于对来源于非欧洲共同体国家的补贴进口货物可采取的保护措施的第 597/2009 号条例①

（经整理的版本）

欧福永　译

欧洲联盟理事会，

考虑到建立欧洲共同体的条约，特别是其第 113 条；

考虑到建立农业市场共同组织的诸规则和依照条约第 308 条通过的、适用于从农产品加工得到的产品的条例，以及特别是上述条例中关于可不遵循"边境上的保护性措施仅可为条例规定的措施所取代"这一一般原则的规定，

考虑到委员会的建议，

鉴于：

（1）《欧盟理事会 1997 年 10 月 6 日关于对来源于非欧洲共同体国家的补贴进口货物可采取的保护措施的第 2026/97 号条例》② 已经被实质性地修改几次③。从清晰和合理的角度来说该条例应该被整理。

（2）乌拉圭回合多边贸易谈判的结束导致世界贸易组织的成立（WTO）。

（3）欧共体 1994 年 12 月 22 日第 94/800/EC 号决定批准了《建立世界贸易组织的协定》（以下称《WTO 协定》）的附件 IA。作为乌拉圭回合多边谈

---

①　本译文参考了欧福永、刘琳译：《欧盟理事会 1997 年 10 月 6 日关于对来源于非欧洲共同体国家的补贴进口货物可采取的保护措施的第 2026/97 号规则》（经 2004 年第 461/2004 号条例修改），《国际法与比较法论丛》2005 年第 16 辑，第 616～666 页。

②　OJ L 288，21. 10. 1997，p. 1。

③　See Annex V。

判（1986 – 1994）达成的协议①，附件 IA 特别包括《1994 年关税及贸易总协定》（以下称为 GATT 1994）、《农业协定》、《实施 1994 年关税及贸易总协定第 6 条的协定》（以下称为《1994 年反倾销协定》）及《SCM 协定》（以下称为《补贴协定》）。

（4）共同体为确保分别实施《1994 年反倾销协定》和《补贴协定》制定的规则时应有的透明度及效率，有必要通过两个独立的条例分别为这两种商业保护工具作出足够而详细的规定。

（5）为确保充分及透明地实施上述两个协定，应尽可能将新协定的语言纳入共同体立法之中。

（6）而且，应详细解释：补贴何时应视为存在，按什么原则确定该补贴应抵消（特别是补贴具有专向性时），及按什么标准计算可抵消补贴的金额。

（7）在决定补贴是否存在时，必须证明在一国的某地区内，政府或任何公共实体给予了财政支持，或存在 GATT 1994 第 16 条定义的收入或价格支持，且使受补贴企业获得利益。

（8）在计算补贴接受者获得的利益时，如果所涉国家不存在市场基准（Benchmark），则使用根据该国实际可利用的因素对该国普遍的标准或条件进行调整后确定的基准。如果这不可行，特别是因为此类价格或成本不存在或者不可靠，则适当的基准需要根据其他国家的标准或条件来确定。

（9）在决定受补贴的进口商品是否引起实质损害或实质损害威胁时，应该为与确定损害有关的因素制定明确而详细的指南。在证明相关的进口产品的数量和价格水平引起共同体产业的损害时，应该特别注意其他因素的影响及共同体中一般的市场条件。

（10）应该对"共同体产业"一词作出解释，且应将与出口者相关的当事方排除在共同体产业之外，且应该对"相关"一词作出解释。有必要规定为共同体某一地区生产者的利益采取征收反补税的措施，且有必要对这类地区的界定制定指南。

（11）有必要规定谁可以提起反补贴申请，包括：该申请应获得共同体产业多大程度的支持，该申请应包括的有关可抵消补贴的信息，损害及因果联

---

① OJ L 336，23. 12. 1994，p. 1。

系，且有必要规定拒绝受理申请的程序或启动调查的程序；

（12）主管当局可要求利害关系当事方将信息通知给主管当局，有必要对通知此类信息的方式作出规定，且利害关系当事方应有足够多的机会提供相关证据并保护其利益。有必要就调查期间应遵循的规则和程序作出明确的规定，特别是有关下述问题的规则：利害关系当事方使自身为主管当局知晓，及在特定的期限内提出供主管当局加以考虑的观点和信息。利害关系当事人在特定条件下可接触或对其他当事人提交的信息作出评论，就这些特定条件作出规定是合适的。成员国和委员会间就收集信息方面有必要进行合作。

（13）有必要规定何种条件下可征收临时性关税，包括该临时性关税的征收应不早于程序启动后 60 天，但也不得晚于程序启动后 9 个月。该临时性关税在所有情形下应由委员会征收，时长为 4 个月。

（14）由于可用接受承诺的方式来消除或抵消可抵消补贴及其损害性后果，从而代替临时性或最终关税措施，有必要对接受承诺的程序作出详细规定。对违反或撤销承诺的后果也应该作出规定。出现违反承诺的情形应征收临时性关税或在这种情况下应作进一步的调查，对以上两者应作出规定。在接受承诺时，应注意承诺及其实施是否会导致反竞争行为。

（15）通过单一的法律行为允许撤回承诺并征收反补贴税是适当的。为了确保反补贴措施的适当实施，有必要使撤回程序通常在 6 个月的期限内终止，无论如何不超过 9 个月。

（16）无论采取最终措施与否，在启动调查程序 12 个月后，在任何情形下不超过 13 个月，应结束案件的审查，对此作出规定是必要的；

（17）当发现补贴的金额可忽略不计，特别是进口产品来源于发展中国家，进口商品的补贴金额或损害可忽略不计时，调查或其他程序应予以中止，对这类情形的判断标准作出定义是恰当的。如果要采取措施，有必要规定调查的终止，和反补贴税额可低于可抵消补贴金额，只要该反补贴税足以消除补贴造成的损害。另外，对取样过程中计算反补贴税的方法应作细化的规定。

（18）如果适当的话，可追溯性地征收临时性关税，对此作出规定是合适的。为了不损害最终反补贴措施的适用，也有必要规定在何种情形下可追溯性地征收关税。在出现违反或撤回承诺的情形时，可征收有追溯力的关税，对此作出规定是必要的；

（19）除非中期复审表明应维持反补贴措施的效力，否则反补贴措施在实施 5 年后应失去效力，对此作出规定是必要的。如果有充分的证据表明，情势发生了变化，应进行中期复审或进行调查来决定反补贴税的退还是否是正当的。

（20）即使《补贴协定》无关于规避反补贴措施的规定，但这种规避行为确实存在，这种规避行为与反倾销的规避行为类似。因此，在本条例中规定反规避是适当的。

（21）有必要澄清哪些当事人可以请求发起反规避调查。

（22）有必要澄清哪些行为构成对反补贴措施的规避。规避行为可以发生在共同体内，也可以发生在共同体外。因此，有必要规定进口商豁免于扩展适用的反补贴税，或者当规避行为发生在共同体外时，规定出口商豁免于扩展适用的反补贴税。

（23）当市场条件发生暂时性的变化，使得继续实施反补贴措施变得暂时不合时宜，在这种情况下，应允许中止反补贴措施。

（24）有必要规定，正接受调查的进口产品在进口时应予以登记，目的是能对这些进口产品随后实施反补贴措施。

（25）为确保反补贴措施的适当实施，有必要让成员国监管并向委员会报告以下内容：接受调查的或受制于反补贴措施的进口产品交易情况，及根据本条例征收的关税数额。也有必要规定，在遵守保密规则的基础上，委员会要求成员国提供用于监控价格承诺以及核实实施中的措施的效力水平的信息的可能性。

（26）有必要规定，在调查的特定阶段，应与咨询委员会磋商；委员会应由成员国的代表组成，且应由委员会的代表担任主席。

（27）有必要规定，为核实有关可抵消补贴及其损害的信息，可进行核查，但这种核查是有条件的，即在收到有关调查问卷的恰当反馈后才能进行。

（28）当出现当事方数量多或交易量大的情形，为在指定的期限内完成调查，有必要规定只进行取样调查。

（29）有必要规定，如果当事方不能以令人满意的方式进行合作，可使用其他信息来支持裁决；与当事方合作的情形相比，这些信息可能不利于该当事方。

（30）有必要对机密信息的处理方式作出规定，目的是不泄露商业或政府机密。

（31）很有必要规定，对有资格获取信息的当事人，可向其适当披露基本事实和考虑；在适当顾及共同体决策程序的前提下，这种信息披露应在一定期限内进行，以便当事人保护其利益。

（32）有必要对行政体系作出规定，在这种体系下，可对反补贴措施是否符合共同体利益进行辩论，其中共同体利益包括消费者利益。也应规定提供此类信息的期限以及相关当事人的披露权。

（33）在实施《补贴协定》的过程中，为了维持协定试图确立的权利和义务的平衡，共同体应充分考虑其主要贸易伙伴通过立法或确立的惯例对该协定作出的解释。

已经通过本条例：

第1条　总则

1. 征收反补贴税的目的是抵消直接或间接向产品的加工、生产、出口或运输提供的补贴，此类产品在欧盟内自由流动会造成损害。

2. 尽管有第1款的规定，当产品不是直接从原产国进口，而是经中介国出口到共同体时，本条例的条文应完全得到适用，如果适当，该笔交易或数笔交易，应视为在原产国和共同体之间发生。

第2条　定义

为本条例的目的，

（a）一产品从第3、4条定义的可抵消补贴中受益，可认定该产品为补贴产品。此类补贴可由进口商品的原产国政府提供，或由中介国政府提供并由该中介国出口到共同体，本条例将该中介国称为"出口国"。

（b）本条例将"政府"定义为：原产国或出口国内的政府或公共实体。

（c）"同类产品"应被解释为同一产品，即在各方面与争议的产品是同样的，或者在没有这种产品时，指虽然在各方面与争议产品不完全相同，但有与争议产品极为相似的特征的产品。

（d）除非另有规定，"损害"应解释为对共同体产业造成的实质损害，对共同体产业造成的实质损害威胁或对这类工业建立的实质性阻碍，且应按本条的第8条规定进行解释。

第 3 条　补贴的定义

如果出现以下情形，补贴可视为存在：

1. （a）原产国或出口国存在政府提供的财政资助，即如果：

（i）政府的做法涉及资金的直接转移（如赠款、贷款和投股），潜在的资金或债务的直接转移（如贷款担保）；

（ii）放弃或未征收在其他情况下应征收的政府税收（如税收抵免之类的财政鼓励），就这一点而言，对出口产品豁免其同类产品供国内消费时承担的税收，或这种税收豁免在数量上不超过已累积征收的数量，就不构成补贴，条件是这种免除是按附件 I、II 和 III 的规定进行；

（iii）政府提供除一般基础设施外的货物或服务或购买货物；

（iv）政府向一筹资机构付款，或委托或指示一私营机构履行以上（i）至（iii）列举的一种或多种通常应属于政府的职能，且此种做法与政府通常采取的做法并无实质差别；或

（b）存在 GATT 1994 第 16 条意义上的任何形式的收入或价格支持，及

2. 因此而授予一项利益。

第 4 条　可抵消补贴

1. 如第 2、第 3、第 4 款所定义，补贴只有具有专向性时，才可对该补贴采取反补贴措施。

2. 为确定补贴是否为对授予机关管辖范围内的企业或产业或一组企业或产业（本条例中称"某些企业"）的专向性补贴，应适用以下原则：

（a）如授予机关或其运作所根据的立法将补贴的获得明确限于某些企业，则此种补贴有专向性；

（b）如授予机关或其运作所根据的立法制定适用于获得补贴资格和补贴金额为客观标准或条件，则专向性不存在，条件是该资格是自动的，且此类标准和条件得到严格遵守。

（c）如果尽管由于适用（a）项和（b）项规定的原则而表现为非专向性补贴，但有理由认为补贴可能事实上属专向补贴，则可以考虑其他因素。此类因素为：有限数量的某些企业使用补贴计划、某些企业主要使用补贴、给予某些企业不成比例的大量补贴以及授予机关在作出给予补贴的决定时行使裁量权的方式。在适用本项时，应考虑授予机关管辖范围内经济活动的多样

性程度，及已经实施补贴计划的持续时间。

就（b）项而言，客观标准或条件指该标准或条件是中立的，它不使某些企业优先于另一些企业，其本质是经济性的，适用上是公平的，比如雇员数目或企业规模。标准或条件必须在法律、法规或其他官方文件中明确说明，以便能够进行核实。

标准或条件必须在法律、法规或其他官方文件中明确说明，以便能够进行核实。

就适用第1(c)款而言，应考虑授予机关管辖范围内经济活动的多样性程度，及已经实施补贴计划的持续时间。

3. 限于授予机关管辖范围内指定地理区域的某些企业的补贴属专向性补贴，就本条例而言，不得将有资格的各级政府采取的确定或改变普遍适用的税率的行为视为专向性补贴。

4. 尽管有第2、第3款的规定，下列补贴应视为具有专向性：

（a）在法律上或事实上，以出口实绩为唯一条件或多种其他条件之一而给予的补贴，包括附件I中列举的补贴。

（b）视使用国产货物而非进口货物的情况为唯一条件或多种其他条件之一而给予的补贴。

就（a）项而言，当授予补贴事实上与实际的或预期的出口或出口收入相联系，而并非法律规定授予补贴取决于出口实绩时，补贴应被视为事实上以出口实绩为基础。给出口企业以补贴，仅仅是这一原因不能被认为构成本条意义中的出口补贴。

5. 根据本条规定作出的专向性裁决应基于明确的肯定性证据。

第5条　可抵消补贴金额的计算

可抵消补贴金额的确定应按补贴调查期间补贴接受者被授予的利益计算。通常情况，这一时间段为受益人的最近的一个会计年度，如果可获得可靠的财务及相关数据，也可以是发起调查前至少6个月的任何期间。

第6条　接受者所获利益的计算

在接受者所获利益的计算方面，应适用以下几项原则：

（a）政府提供股本的行为不应视为授予利益，除非该项投资行为与原产国或出口国的私人投资者的通常投资行为（包括提供风险资本）不一致。

（b）政府的贷款不应视为授予利益，除非接受贷款的公司为政府贷款支付的对价与同等条件下，为可比商业贷款支付的对价存在差异，这种情形下，这两个数量的差额就是所获利益。

（c）由政府提供担保的贷款也不能视为授予利益，除非接受政府贷款担保的公司支付的费用与该公司从市场上接受可比的贷款担保的费用间存在差异。这种情形下，经过费用调整后的两个数额之差就是获益。

（d）政府提供商品或服务，或政府采购货物不应视为授予利益，除非提供行为没有得到足够的补偿，或购买支出的对价大于合适的补偿水平，补偿的适当水平应视该国该种产品或服务的市场普遍条件而定（包括价格、数量、可得到性、适销性，交通运输及购买或销售的其他条件）。

如果在服务提供国或者商品购买国没有上述商品或服务的普遍标准或者条件可作为适当的基准，将适用下面的条例：

（i）根据该国的实际费用、价格和其他因素，上述商品或服务的普遍标准或者条件可以被反映正常市场标准或条件的适当数额调整；或者

（ii）在适当的时候，应当采用适合商品或服务接受者的另一国家市场或者世界市场上普遍的标准和条件。

第7条　有关计算的一般规定

1. 可抵消补贴的金额按出口到共同体的受补贴产品的每一单位确定。

在确定补贴金额时，以下数额应从补贴总额中扣除：

（a）任何申请费用，或为取得或有资格获得补贴而发生的必要的费用；

（b）为抵消出口到共同体产品上的补贴而收取的出口税或其他费用。

当有关利益方要求扣除时，它必须证明这项扣除是合理的。

2. 当补贴不是按制造、生产、出口或运输数量确定时，可抵消补贴的金额应通过以下方式确定：如果适当的话，将全部补贴的总价值，按补贴调查期间该产品的生产、销售或出口的水平分摊计算。

3. 当该补贴与获得或未来获得固定资产相关时，可抵消补贴的金额应按该产业中此类资产的折旧年限平均计算。

如此计算后得出的、可归因于调查期间的数额，包括其来由可追溯到此期间之前得到的固定资产的数额，应按第2款描述的方法分摊。

当该资产不能折旧时，该补贴按无息贷款估价，再按第6(b)条处理。

4. 当补贴与获得固定资产无关时，调查期间所获益的数额原则上应归于该期间，并按第2款所描述的方法分摊，除非出现特别情形，而应将该获益归于其他期间。

第8条 损害的确定

1. 对损害的确定应根据肯定性证据，并应包括对以下内容的客观审查：

（a）补贴进口产品的数量和补贴进口产品对共同体市场同类产品价格的影响；

（b）这些进口产品随之对共同体产业的影响。

2. 关于补贴进口产品的数量，应考虑补贴进口产品的绝对数量或相对于共同体生产或消费的数量是否大幅增加。关于补贴进口产品对价格的影响，应考虑与共同体同类产品的价格相比，补贴进口产品是否大幅削低价格，或此类进口产品的影响是否是大幅压低价格，或是否在很大程度上抑制在其他情况下本应发生的价格增加。这些因素的一个或多个均未必能够给予决定性的指导。

3. 如来自一个以上国家的产品的进口同时接受反补贴调查，只有在确定以下内容后，方可累积评估此类进口产品的影响：

（a）对来自每一国家的进口产品确定的可抵消补贴金额大于第14(5)条定义的微量水平，且自每一国家的进口量并非可忽略不计；及

（b）根据进口产品之间的竞争条件和进口产品与共同体同类产品之间的竞争条件，对进口产品的影响所作的累积评估是适当的。

4. 关于补贴进口产品对共同体产业影响的审查应包括对有关产业状况的所有有关经济因素和指标的评估：共同体产业仍处于由过去补贴或倾销所产生影响的恢复过程的事实；可抵消补贴的范围；销售、利润、产量、欧盟生产者和补贴进口产品各自的市场份额、生产力、共同体产业的投资收益、设备和设备利用率实际的或潜在的下降；影响共同体价格的所有相关因素；对现金流动、库存、就业、工资、增长、筹集资金或投资能力的实际或潜在的消极影响，对于农业，则为是否给政府支持计划增加了负担。该清单不是详尽无遗的，这些因素中的一个或多个均未必能够给予决定性的指导。

5. 第2款提及的所有相关证据必须能证明受补贴的进口产品正在造成损害，具体来说，这需要证明第2款中列举的数量和/或价格水平对共同体产业

造成了第 4 款中列举的影响，该影响程度大得足以将之称为实质性的影响。

6. 还应审查除补贴进口产品以外的，同时正在损害共同体产业的任何已知因素，以确保根据第 5 款这些其他因素造成的损害不得归因于补贴进口产品。这方面的可能的有关因素特别包括未接受补贴的所涉产品的进口数量和价格，需求的减少或消费模式的变化，外国和共同体生产者的限制性贸易做法及它们之间的竞争、技术发展以及共同体产业的出口实绩和生产率。

7. 如可获得的数据允许根据以工序、生产者的销售和利润等标准为基础，单独确认同类产品在共同体内的生产，则补贴进口产品的影响应与该生产相比较进行评估。如不能单独确认该生产，则补贴进口产品的影响应通过审查包含同类产品的最小产品组或产品类别的生产而进行评估，只要能够提供与这些产品有关的必要信息。

8. 对实质损害威胁的确定应依据事实，而不是仅依据指控、推测或极小的可能性。补贴将造成损害发生的情形变化必须是能够明显预见且迫近的。

在作出有关存在实质损害威胁的裁定时，应特别考虑下列因素：

（a）所涉一项或几项补贴的性质和因此可能产生的贸易影响；

（b）所涉进口产品进入共同体市场的大幅增长率，表明进口实质增加的可能性；

（c）出口商可充分自由使用的，或即将实质增加的能力，表明补贴出口产品进入进口共同体市场实质增加的可能性，同时考虑吸收任何额外出口的其他市场的可获性；

（d）进口产品是否以对国内价格产生大幅度抑制或压低影响的价格进入，是否会增加对更多进口产品的需求；以及

（e）被调查产品的库存情况。

这些因素中的任何一个本身都未必能够给予决定性的指导，但被考虑因素作为整体必须得出以下结论，即更多的补贴出口产品是迫近的，且除非采取保护性行动，否则实质损害将会发生。

第 9 条　共同体产业的定义

1. 就本条例而言，"共同体产业"被解释为共同体内同类产品的全体或其生产产品的总量占第 10（6）条定义的共同体内同类产品的主要部分的生产者，但以下情况除外：

（a）当生产者与受补贴指控产品的出口者或进口者有关联，或其自身就是受补贴指控产品的进口者，"共同体产业"应指除该生产者以外的其他生产者；

（b）在特殊情况下，对所涉生产，共同体的领土可分为两个或两个以上的竞争市场，在下述条件下，每一市场中的生产者均可被视为一独立产业：

（i）该市场中的生产者在该市场中出售他们生产的全部或几乎全部所涉产品，且

（ii）该市场中的需求在很大程度上不是由位于共同体内其他地方的所涉产品生产者供应的。

在此种情况下只要补贴产品集中进入该孤立市场，且只要补贴进口产品正在对该市场中全部或几乎全部生产的生产者造成损害，即使全部共同体产业的主要部分未受损害，也可认为存在损害。

2. 就第 1 款而言，下列情况应视为生产者与出口者或进口者存在关联：

（a）他们之中一个直接或间接控制另一个；或

（b）他们两者都直接或间接受第三者控制；或

（c）他们两者都直接或间接控制第三人，如果有理由怀疑或相信这种关系的结果使该相关的生产者与不存在这种联系的生产者行为迥异。

就本款而言，一生产者可被视为控制另一生产者，如果前者在法律上或实际运作中处于对后者进行限制或指挥的地位。

3. 当共同体产业被解释为指某一地区的生产者时，就该地区而言，应给予出口商或授予可抵消补贴的政府按第 13 条的规定提出承诺的机会。在这种情形下，在评估采取反补贴措施的共同体利益时，应特别考虑该地区的利益。如果没有及时提出足够的承诺或出现第 13(9)条和第 13(10)条规定的情况，就共同体整体而言，应征收临时性的或最终的反补贴税。如果可行的话，在这种情况下，这种税收应限定于特定的生产者或出口者。

4. 第 8(7)条的规定应适用于本条。

第 10 条　程序的启动

1. 除第 8 款的规定外，确定任何被指控的补贴的存在、程度和影响的调查应在收到任何自然人或法人，或任何不具有法人资格的协会代表共同体产业提出的书面申请后发起。

申请可向欧盟委员会提交，也可向成员国提交，再由成员国提交欧盟委员会。委员会应把收到的任一申请书的副本送给成员国。申请通过挂号信寄至委员会或委员会签发收讫回执后的第一个工作日视为申请提出日。

如出现没有提出申请书的情形，任一掌握足够的补贴证据及其对共同体产业造成损害证据的成员国应将这类证据交给委员会。

2. 第 1 款中的申请应包括充足的证据以证明存在可抵消补贴（如有可能，包括补贴的金额）、损害，以及被指控的补贴进口产品与被指控损害之间的因果关系。申请应包括申请人可合理获得的关于下列内容的信息：

（a）申请人的身份和申请人提供的共同体同类产品生产的数量和价值的说明。如代表国内产业提出书面申请，则申请应通过一份列出同类产品的所有已知共同体生产者的清单（或同类产品的国内生产者协会），确认其代表提出申请的产业，并在可能的范围内，提供此类生产者占共同体内同类产品生产的数量和价值的说明；

（b）对被指控的补贴产品的完整说明、所涉一个或多个原产国和/或出口国名称、每一已知出口商或外国生产者的身份以及已知的进口所涉产品的人员名单；

（c）关于所涉补贴的存在、金额和可抵消性的证据；

（d）被指控的补贴进口产品数量变化的信息，这些进口产品对共同体市场同类产品价格的影响的信息，以及由与共同体产业状况有关的因素和指标所证明的这些产品对共同体产业造成的影响的信息，例如第 8(2) 条和第 8(4) 条中所列的因素和指标。

3. 委员会应尽可能审查申请中提供的证据的准确性和充分性，以确定是否有足够的证据证明发起调查是正当的。

4. 应发起调查以证明该受指控的补贴是否具有第 4(2) 条和第 4(3) 条定义的"专向性"。

5. 也应对附件 IV 列举的类型的措施发起调查，条件是这种措施包括第 3 条规定的补贴的基本要素，目的是确定争议中的措施是否完全符合该附件中的规定。

6. 除非根据对共同体同类产品生产者对申请表示的支持或反对程度的审查，主管机关已确定申请是由共同体产业或代表共同体产业提出的，否则不得按照第 1 款发起调查。如申请得到其总产量构成共同体产业中表示支持或反对申请的共同体同类产品生产者生产的同类产品总产量的 50% 以上的生产者的支持，则该申请应被视为"由共同体产业或代表国内产业提出"。但是，如表示支持申请的共同体生产者的产量不足共同体产业生产的同类产品总产量的 25%，则不得发起调查。

7. 主管机关应避免公布发起调查的申请，除非已决定发起调查。但是，委员会应在接到按本条规定提交的申请书后，无论如何，在发起调查前尽可能早地通知相关的原产国和/或出口国，它们将受邀进行磋商，目的是澄清第 2 款提及的事情，并达成双方同意的解决方法。

8. 在特殊情形下，委员会在没有收到由或者代表共同体产业提出的书面申请的情况下，也可决定发起调查；这个调查应以第 2 款所描述的证明存在可抵消补贴，损害及因果联系的足够证据为基础，以证明发起调查的正当性。

9. 在考虑是否发起调查时，应同时考虑存在补贴及造成损害的证据。如果证明存在可抵消补贴或损害的证据不足，应驳回这一申请。不应对其产品占共同体市场份额 1% 以下的国家发起调查程序，除非这类国家出口总额占共同体消费额 3% 或者以上。

10. 在发起调查前，可撤回申请，在这种情形下，申请应视为没有提出。

11. 经商议后，很明显有足够的证据证明发起调查合法时，委员会应在提出申请后 45 天内发起调查并在《欧盟官方公报》上发布通知。如果证据不足，经商议后，委员会应在提出申请后 45 天内将此结果通知申请者。

12. 发起调查程序的通知应宣布发起调查，指出所涉的国家和产品，简要公布委员会得到的信息，并规定应将所有有关的信息通知委员会。

委员会应说明所涉利害当事方向委员会公布其身份、用书面形式提交观点及提供信息的时间，如果在调查期间须考虑这些观点及信息；委员会应说明所涉利害当事方按第 11 条第 5 款的规定出席听证的时间。

13. 委员会应向它已知的相关出口商、进口商和进口商或出口商协会的代表，及原产国和/或出口国及申请者，通知已启动的程序。并应适当注意保护机密的信息，把申请者按第 1 款所写的申请书全文提供给已知的出口商及原产国和/或出口国的主管当局，及应请求将它提供给其他所涉利害当事方。如果所涉出口商数量众多，申请书的全文可只给原产国和/或出口国主管当局及相关的行业协会。

14. 调查不得妨碍通关程序。

第 11 条　调查

1. 启动调查程序后，在成员国协作下，委员会应在共同体范围内展开调查。调查应包括补贴和损害，且两类调查应同时进行。

为使调查结果有代表性，对补贴而言，调查期间通常应选择涵盖第 5 条规定的调查期间。

通常，不予考虑调查期间后的相关信息。

2. 应给予收到反补贴调查所使用问卷的出口商、外国生产者或利害关系成员至少 30 天时间作出答复。对出口商而言，该期限始于其收到调查问卷之日，就此目的而言，问卷应被视为在寄给被申请人或者送给原产国和/或出口国适当的外交代表 1 个星期之后收到。对于延长该 30 天期限的请求，如果当事人就其特定情况陈述了合理原因，在考虑调查的期限后，应予以延长。

3. 委员会可要求成员国提供信息，成员国应采取任何措施满足这些要求。

成员国应向委员会送交所要求的信息及全部检查、核查或调查的结果。当该信息涉及整体利益或任一成员国要求将该信息交流时，只要该信息不是机密信息，委员会应它提交给成员国，如果是机密信息，则提供非机密摘要。

4. 委员会可要求成员国展开必要的检查和核查，检查和核查特别应在进口商、贸易商及共同体内的生产者中进行；如果相关公司同意，并通知了该公司所在国且该国也没有提出反对意见，可以到该第三国展开调查。

成员国应采取必要措施，实施委员会的请求。

应委员会或成员国的请求，委员会的官员可协助成员国主管当局履行其职责。

5. 根据第 10 条第 12 款 2 项的规定，已经使委员会知晓的利害关系方，如果在《欧盟官方公报》通知中规定的期限内提出听证申请，并表明其利益可能受该程序结果影响的，在说明他们要求听证的特别原因后，委员会应对其进行听证。

6. 应要求，根据第 10 条第 12 款 2 项已经使委员会知晓的进口商、出口商及申请者，以及原产国和/或出口国政府应该被提供机会与它们有相反利益的当事方会面，以便能提供不同的观点和反驳性意见。

提供这种机会时，应考虑当事各方是否便利及信息的保密要求。

任何当事方无义务参加这种会面，不进行会面的当事方不应受到歧视。

如果根据本款提供的口头信息为随后提供的书面信息证实，委员会应考虑该口头信息。

7. 根据第 10(12)条 2 项已经使委员会知晓的申请者，原产国和/或出口国政府，进口商和出口商及其代表性协会，产品使用者和消费者组织，可提出书面申请，检查任何当事方向委员会提交的信息。这些信息不同于共同体当局或成员国准备的内部文件，并与以上当事方对案件的陈述有关，在调查中使用并且不属于第 29 条所定义的机密信息。

以上当事方可对这类信息作出反应并提出评论。如果该反应有足够的证据佐证，委员会应考虑这类反应。

8. 除第 28 条规定的情形外，应尽可能详细地检查由利害当事方提供的并作为裁决依据的那些信息的准确性。

9. 按第 10(11)条发动调查程序后，调查应尽可能在 1 年内结束。在任何情况下，在所有案件中的此类调查，应根据第 13 条作出的承诺裁决或依据第 15 条采取的最终措施，在启动后 13 个月内结束。

10. 在整个调查期间，委员会应给原产国和/或出口国提供继续磋商的合理机会，目的是澄清有关事实并达成双方同意的解决方案。

第 12 条　临时措施

1. 临时措施只有在以下情况下方可实施：

（a）已依照第 10 条的规定发起调查；及

（b）已为此发布公告，且根据第 10(12)条 2 项已给予利害关系方提交信息和提出意见的充分机会；及

（c）已作出进口产品受益于可抵消补贴及其对国内产业造成损害的初步肯定性裁定；及

（d）共同体的利益要求采取干预措施阻止损害。

征收临时反补贴税应不早于程序启动后 60 天，但也不得晚于程序启动后 9 个月。

临时反补贴税金额不应超过暂时确定的可抵消补贴的总额，也可以低于该金额，只要这笔较小的金额也可消除对共同体产业的损害。

2. 临时反补贴税也可通过担保加以保证。该产品在共同体内的自由流通要基于这种担保的提供。

3. 委员会经过磋商或在极为紧急的情况下在通知成员国后，可采取临时措施。在后一种情况下，委员会应在采取措施后最迟 10 天内进行磋商。

4. 当有成员国请求委员会立即进行干预且符合第 1 款 1、2 项的条件时，委员会在收到请求后最多 5 个工作日内，应决定是否征收临时反补贴税。

5. 委员会应立刻将依据第 1-4 款采取的措施通知给理事会和成员国，理事会根据特定多数票可作出不同决定。

6. 临时反补贴税最长征收 4 个月的时间。

第 13 条　承诺

1. 如出现存在补贴及损害的临时的肯定性初裁后，委员会可接受下列令人满意的自愿承诺：

（a）原产国和/或出口国政府同意取消或限制补贴，或采取其他与其影响有关的措施；或

（b）出口商同意修改价格或停止向有关地域出口，从而使委员会与咨询委员会具体磋商后，确信补贴的损害性影响已经消除。

在这种情况下，只要该承诺有效，委员会按第 12（3）条征收的临时反补贴税及理事会按第 15（1）条征收的最终反补贴税不应适用于已作出承诺的公司生产的产品；这些公司名称应在委员会的裁决及随后对裁决的修正中提及。

在此承诺下的提价幅度应不高于抵消可抵消补贴金额的必要限度，如提价幅度小于补贴金额即足以消除对国内产业的损害，则提价幅度可小于补贴金额。

2. 承诺可在委员会的提议下作出，但任何国家或出口商没有义务作出此种承诺。国家或出口商不作出承诺，或，这类情况在案件的审理中不应由此受到歧视。政府或出口商不提出此类承诺或不接受作出承诺的建议的事实，决不能有损于对该案的审查。

但是，在补贴进口继续进行的情况下，则主管机关有权作出损害威胁更有可能出现的决定。除非对存在补贴及其损害作出初步性肯定裁决，否则不应向所涉国家或出口商寻求承诺或接受其承诺。

除例外情形外，承诺的作出不应迟于按第30（5）条作出陈述的期限结束之时。

3. 如认为接受承诺不可行，则不必接受所作出的承诺，例如由于实际或潜在的出口商数量过大，或由于其他原因，包括一般政策原因。主管机关应向出口商和/或原产国和/或出口国提供其认为不宜接受承诺的理由，且应给予它们就此发表意见的机会。

4. 作出承诺的当事人应被要求提供一份这一承诺非保密性的版本，目的是让调查中的利害关系方可获得该承诺。

5. 如承诺经过磋商后被接受，咨询委员会也无反对意见，则应中止调查。在其他情况下，委员会应立刻将磋商结果送交理事会，同时附上终止调查的建议。如委员会在一个月内没有以特定多数作出相反的决定，调查应视为终止。

6. 如承诺被接受，则关于补贴和损害的调查通常仍应继续直至完成。在此种情况下，如作出关于补贴或损害的否定裁定，则承诺即自动失效，除非此种裁定主要是由于承诺的存在而作出的。在此类情况下，主管机关可要求在合理期限内维持承诺。

如作出关于补贴和损害的肯定裁定，则承诺应按其条件和本条例的规定继续有效。

7. 委员会可要求作出承诺的国家或出口商，定期提供承诺履行的信息，并被允许对相关信息进行核实，与该要求不符的行为可被视为违反承诺。

8. 如在调查过程中接受了某些出口商的承诺，为第18、19、20和22条的目的，该承诺应被视为对原产国和/或出口国的调查结束之日起生效。

9. 如出现承诺的任一方违反或撤回承诺的情形，或出现委员会撤销对承诺的接受的情形，经磋商后，适当时可由委员会决定或依委员会条例，撤销对该承诺的接受；同时，按第12条征收的临时性关税或理事会按第15（1）条征收的最终关税，应予以适用，只要相关出口商，或原产国和/或出口国已被给予发表意见的机会，但出口商或上述国家撤销承诺的情形除外。

任何利害关系方或成员国可提供表面上确凿的证据证明违反承诺的情形。对是否违反承诺的评估应通常在6个月内结束，即使在及时提出有事实依据的请求后，无论如何也应在9个月内结束评估。

在监督承诺的履行时，委员会可要求成员国相关部门提供协助。

10. 如果有理由相信承诺正在被违反，或在撤销或违反承诺的情况下引起承诺发生的调查尚未结束，经磋商后，可基于最佳可得信息按第 12 条的规定征收临时性关税。

第 14 条 不采取措施而终止反补贴调查

1. 当申请被撤回，调查程序应终止，除非这种终止不符合共同体的利益。

2. 经磋商后，如认为保护措施是不必要的且咨询委员会也没有提出反对意见，调查程序应被终止。在其他所有情形下，委员会应立即向理事会递交磋商结果的报告，同时附上终止程序的建议。如果在一个月内，理事会没有以特定多数作出相反的决定，该程序应视为终止。

3. 按第 5 款的标准，可抵消补贴的金额可忽略不计时，或实际或潜在的受补贴进口产品的数量或损害的程度可忽略不计时，应终止程序。

4. 就按照第 10(11) 条启动的程序而言，如果进口的数量低于第 10(9) 条规定的数量，在通常情况下，损害视为可忽略不计。针对来自发展中国家进口产品的调查，如果该产品的市场份额在共同体内同类产品的市场份额中不足 4%，该种受补贴进口产品的数量可忽略不计，除非来自发展中国家的产品单个市场份额低于 4%，而其总额占据共同体同类产品市场份额 9% 以上。

5. 如果从价可抵消补贴金额不足 1%，应被视为微量补贴，但下列情况除外：针对来自发展中国家的产品展开的调查，微量补贴的门槛应该是从价的 2%，只是对单个出口商而言，可抵消补贴低于相关的微量水平时才能终止调查，但是该出口商仍受反补贴调查程序的约束，并且可能在按第 18 条和第 19 条的规定对所涉国家随后进行的任何复审中被重新调查。

第 15 条 反补贴税的征收

1. 当最终确认的事实表明存在可抵消补贴及由此引起的损害，并且根据第 31 条共同体的利益要求进行干预，根据委员会与咨询委员会磋商后由委员会向理事会提交的报告，理事会作出征收最终反补贴税的决定。

理事会收到报告 1 个月内，除非以简单多数决定拒绝接受该报告，否则应通过该报告。

已经有临时反补贴税存在的情况下，至少应在该临时反补贴税终止前1个月提交有关最终反补贴税的建议案。

如果一种或多种补贴已被撤销，或这类补贴不再授予所涉的出口商任何利益，则不应该采取措施。

反补贴税的金额不应超过已确定的补贴的金额，但应当低于已确定的补贴金额，只要该反补贴税可以消除补贴对共同体产业带来的损害。

2. 如对任何产品征收反补贴税，则应对已被认定接受补贴和造成损害的所有来源的此种进口产品根据每一案件的情况，在非歧视基础上征收适当金额的反补贴税，但来自已经根据本条例的条款提出承诺并已被接受的国家的进口产品除外。征收反补贴税的条例应明确每一供货商的税额，或者，这样做不现实时，应明确所涉供货国的税额。

3. 当委员会根据第27条限制其审查范围时，任何适用于从按第27条为委员会所知、但又没包含在审查范围内的出口商或生产商进口的产品上的反补贴税，在金额上不应超过为抽样调查中的当事人确定的可抵消补贴的加权平均值。

就本款而言，委员会应不考虑对零数量的、微量的可抵消补贴及按第28条规定的条件确定的可抵消补贴的金额。

对从按第27条规定为之计算单个补贴金额的单个出口商或生产商进口的产品，应征收单独的税额。

第16条 追溯力

1. 临时措施和最终反补贴税仅对在分别根据第12(1)条和第15(1)条作出的决定生效后进入自由流通的产品适用，但需遵守本条规定的例外。

2. 当临时反补贴税已被征收，且最终确定的事实证明存在可抵消补贴及损害的情形，不论是否征收最终的反补贴税，理事会应决定征收何种比例的临时反补贴税。

为此目的，"损害"不应包括对共同体产业的建立造成阻碍的情形，也不包括实质损害威胁，但如不采取临时性措施，这一状况将发展为实质损害的情形除外。在其他有关这种威胁和阻碍的所有情形中，应免除任何临时反补贴税，最终的反补贴税从最终确定威胁或实质性阻碍的日期征收。

3. 如最终反补贴税高于临时反补贴税，则差额部分不得收取。如最终反补贴税低于临时反补贴税，则应重新计算反补贴税。如最终裁决是否定的，临时反补贴税应不被确认。

4. 可对不超过在适用临时性措施前 90 天内并在发起调查前进入消费领域的产品征收最终反补贴税。

前款应当得到适用，如果：

（a）该产品按第 24(5)条进行了登记；

（b）委员会已给所涉的进口商发表意见的机会；

（c）在紧急情况下，对于所涉补贴产品，难以补救的损害是由于受益于本条例所定义的可抵消补贴的产品在较短时间内大量进口造成的；且

（d）为防止此种损害再次发生而有必要对这些进口追溯课征反补贴税。

5. 对出现违反或撤销承诺的情形，如果进口产品已按第 24(5)条的规定进行了登记，应对在采取临时性措施 90 天以前进入自由流通的货物征收最终反补贴税，且这些有追溯力的评估措施不应适用于在违反或撤消承诺前进口的产品。

第 17 条　期限

反补贴税应仅在抵消造成损害的可抵消补贴所必需的时间和限度内实施。

第 18 条　期终复审

1. 一项最终反补贴措施，应自其实施 5 年后终止，或从最近的一次对补贴和损害的复审后 5 年内终止，除非复审表明终止将导致补贴或损害的继续或再度发生。这种复审应在委员会的动议下开始，或应共同体内生产者的请求而发起。在复审结果出来之前，这些措施应维持效力。

2. 如果复审请求中有足够的证据证明，终止反补贴措施或许会导致补贴及损害的继续或再度发生时，应发动期终复审。这种可能性可以通过证据表明，例如，持续的补贴和损害的证据，或损害的消除部分或全部依靠反补贴措施的存在，或出口商的相关状况或市场条件表明有可能出现进一步的损害性补贴。

3. 在开展本条规定的调查时，出口商、进口商、原产国和/或出口国，及共同体内的生产者应被给予阐述、反驳或评论在复审请求中列举的事项的机会；在作出结论时，应适当注意相关的和正式用文件证明的、与终止这些措施会不会导致补贴及损害的继续或重新发生有关证据。

4. 应当在本条文定义的反补贴措施实施期间的最后一年的合适时间，在

《欧盟官方公报》上公布反补贴措施即将终止的通知。之后，共同体内的生产者，在不迟于这5年期限终止前的3个月内，有权按第2款的规定提出期终复审。根据本条规定宣告反补贴措施实际终止的通知也应公布。

第19条 中期复审

1. 在有正当的理由时，由委员会动议或应成员国请求，或者自实施最终反补贴措施至少一年以后的适当时间，由任何出口商、进口商或共同体内的生产者或原产国和/或出口国提出有确凿证据的请求，可对继续采取反补贴措施的必要性进行复审。

2. 如果请求中包括足够的证据证明：继续实施这些反补贴措施对抵消可抵消补贴实属不必要和/或如果取消或改变这类措施，损害也不太可能继续或再度发生，或现在措施不足以或不再足以抵消造成损害的可抵消补贴的影响，在这些情况下就应当发起中期审查。

3. 当征收的反补贴税少于查明的可抵消补贴金额，如果共同体内的生产者或者其他利害关系方通常在反补贴措施生效后的2年内提供充分的证据表明，在原先的反补贴调查期间之后和采取反补贴措施之前或者之后，出口价格已经下降，或者表明共同体内该进口产品转售价格没有变动或变动不充分，应发起中期复审。如果调查表明这一指控正确，应增加反补贴税以达到消除损害所要求的价格上涨目的。但是，上涨的税收水平不应超过可抵消补贴的金额。

在满足上述条件的情况下，由委员会动议或成员国提出请求，也可发起中期复审。

4. 在按本条规定进行的调查中，委员会尤其应考虑与补贴和损害有关的情况是否已发生重大改变，或现存措施是否达到消除原先根据第8条裁决的损害的预定效果。在这些方面，在最后的裁决中应考虑所有相关的和正式用文件证明的证据。

第20条 加速审议

任何由于与委员会不合作以外的原因，在原始调查中没有被单独进行调查而受制于最终反补贴税的进口商，有权要求进行加速审议，目的是使委员会能迅速对他确立单独的反补贴税。

这种审议应在经委员会与咨询委员会磋商，且已经给予共同体内生产商发表意见的机会后进行。

第21条　退税

1. 尽管有第18条的规定，当出现可抵消补贴（税额是以这一数量为基础计算的）已被取消或已被减少到低于现行征收的反补贴税水平时，进口商可要求退还已征的反补贴税。

2. 要求退还反补贴税时，进口商应向委员会提出申请。申请应在主管机关作出征收最终反补贴税决定后的 6 个月以内，或作出征收临时税的决定 6 个月以内，由该产品进入自由流通的成员国提出。成员国应立刻将这一请求递交给委员会。

3. 只有在申请包含应退还反补贴税额的详细数据及计算与支付这一数额的海关单证时，这种退税申请才被视为有充分的证据作支持。申请也应包括在一有代表性的期间内，向出口商或生产商（反补贴税适用的对象）征收的反补贴税金额。如进口商与所涉出口商或生产商无关联，这些信息不能立刻得到，或出口商或生产商不愿将此信息提供给进口商时，申请书中应包括出口商或生产商的一个声明，表明按本条的规定已将可抵消补贴取消或减少，相关的证据将提供给委员会。如果在合理期限内，出口商或生产商没有提供这类证据，申请应被驳回。

4. 经过与咨询委员磋商后，委员会应决定是否及在多大程度上考虑该申请，或者它也可在任一时间作出决定，启动中期复审。在按复审的相关规定进行的审议中得到的那些信息和调查结论将用于决定该退税是否正当及在多大程度上是正当的。

通常，在由被征收反补贴税的进口商提供适当证据证明的退税申请提出之日后的 12 个月内，或无论如何不超过 18 个月，应进行退税。

成员国通常应在以上决定作出后 90 天内支付核准的退税款。

第22条　有关复审和退税的一般规定

1. 除有关期限的规定外，本条例中与程序及其调查行为相关的条文适用于按第18条、第19条和第20条展开的复审。

按第18条、第19条进行的复审应迅速进行且通常应在发起复审后 12 个月内结束。无论如何，在任何案件中按第18条、第19条发起的复审应在发起后 15 个月内结束。

按第 20 条发起的复审应在发起后 9 个月内结束。

如果按第 18 条发起复审时也在进行按第 19 条发起的复审，按第 19 条启动的复审应与按第 18 条启动的复审同时结束。

在以上期限届满至少一个月前，委员会应向理事会提交行动建议。

如果在以上期限内没有完成调查，这些措施应：

——在按第 18 条的规定进行的调查中终止，

——在按第 18 条、第 19 条平行开展的调查中，不论是在按第 19 条发起的调查正在进行时，在同一程序中发动第 18 条规定的调查，还是两种复审被同时发起，这些措施均应终止。

——在按第 19 条、第 20 条展开的调查中，这些措施保持不变。

按本款终止这些措施或继续保持其效力的有关通知应在《欧盟官方公报》上发布。

2. 经与咨询委员会磋商后，委员会应按第 18、19 条和第 20 条的规定发动复审。

3. 经复审证明存在正当理由时，共同体机构中的主管部门，应根据第 18 条取消或维持这类措施的效力，或根据第 19 条、第 20 条取消、维持或修改这些措施的效力。

4. 如果只对单独出口商而不是对整个国家取消这类措施，这类出口商应继续受反补贴调查程序的规制，并在按本条规定对该国随后进行的任何复审中重新接受调查。

5. 在第 18 条规定的措施的申请期限届满时，按第 19 条进行的对措施的复审正在进行，这些措施也应按第 18 条的规定进行调查。

6. 在按第 18 至 21 条进行的所有复审或退税调查中，如果情况没有发生变化，委员会应适用在导致征收反补贴税的调查中采用的同类方法，同时应适当注意第 5、6、7、27 条的规定。

第 23 条　规避

1. 当对现行有效的反补贴措施的规避行为正在发生时，按本条例征收的反补贴税可扩展至从第三国进口的同类产品，而不论该产品是否作了少许更改，或向从正遭受反补贴措施的国家进口的作了少许更改的同类产品征收，或向该产品的零件征收反补贴税。

2. 当对现行有效的反补贴措施的规避行为正在发生时，不超过按本条例第 15 条第 2 款征收的反补贴税的剩余部分的反补贴税，也可以扩展适用于从遭受反补贴措施的国家中受益于单独反补贴税的公司进口的产品。

3. 规避应被定义为改变第三国和共同体之间或正遭受反补贴措施国家的公司与共同体之间的贸易模式，这些改变是来源于实践、工序或生产中，这种改变无足够的正当理由或经济正当性，真正起因是采取了反补贴措施，并且有证据表明，对共同体产业带来损害或者这种同类产品的价格和/或数量正破坏反补贴税的救济效果，且该种进口的同类产品和/或其零件仍从补贴中获益。

第一款中所指的实践、工序或生产包括，尤其是指：

（a）对所涉产品作轻微更改使之属于通常不应受该反补贴措施约束的关税编码，只要这种更改不改变产品的根本属性；

（b）将受反补贴措施约束的产品通过第三国转卖；

（c）由出口商或生产商在遭受反补贴措施的国家重新组织销售模式和渠道，最终目的是由从受益于比适用于这类产品生产者的税率要低的单个税率的生产商将产品输入共同体。

4. 如有第 1、2、3 款列举的充足证据，委员会可动议、或应一成员国或任一利害关系当事方的请求开始调查。经过与咨询委员会的磋商，根据委员会的条例可启动调查程序，委员会条例也可要求有关海关当局按第 24(5) 条的规定，将进口货物进行登记，或要求提供担保。

调查应由委员会在有关海关当局的协助下进行，并应在 9 个月内结束。

如果最终确认的事实证明应扩展反补贴措施，理事会应根据委员会提交的、已经与咨询委员会磋商后的报告作出以上决定。理事会应通过该报告，除非它在委员会提交报告后一个月内以简单多数决定拒绝接受。

反补贴措施的扩展从依第 24(5) 条作出进口登记之日开始，或可以从要求提供担保之日开始。本条例中有关发起调查及进行调查的相关程序规定，根据本条应予适用。

5. 按第 24(5) 条的规定或者由于货物是由享有豁免权的公司买卖，对进口货物不应采取登记措施。

6. 豁免的要求应有充分的证据，并在委员会条例确定的发起调查的期限内提出。

如果规避实践、工序或生产发生在共同体以外，豁免应授予能够证明它们与遭受反补贴措施的企业毫无关联、且没有采取第3款定义的规避措施的企业。

如果规避的实践、工序或生产是在欧盟内发生的，豁免应授予那些能证明他们与遭受反补贴措施的生产商无关的进口商。

豁免由委员会经咨询委员会磋商后作出的决定，或由作出反补贴措施的理事会的决定授予，并在决定规定的时间和条件下有效。

如果满足第20条规定的条件，在有关扩展反补贴措施的调查终止后，也可授予豁免权。

7. 如果扩展措施已实施一年，且出现要求或即将要求豁免的当事人数量庞大的情形，委员会可决定启动对这些扩展措施的复审。像第19条规定的复审一样，任何此类复审应按第22条第1款进行。

8. 本条的任何规定不妨碍现行有关关税的规定的正常适用。

第24条　一般规定

1. 临时反补贴税或最终反补贴税，应由成员国按本条例和决定这种税收的条例中规定的形式、税率以及其他标准收取。反补贴税应独立于进口货物所征收的关税、国内税及其他收费而征收。

为处理产生于倾销或出口补贴的同一情况的目的，对任何产品都不应同时征收反倾销税和反补贴税。

2. 征收临时或最终反补贴税的条例，及接受承诺或终止调查程序的条例或决议，应在《欧盟官方公报》上公布。

这类条例或决定特别应包括出口商的名称，如果可能的话，所涉及国家的名称，对产品的简要描述，对与补贴和损害裁决有关的事实和考虑的简要描述，但同时应适当保护机密信息。应向已知的利害关系当事方送达条例或决定的副本。本款规定作必要的修改后可适用于复审。

3. 理事会1992年10月12日关于确定共同体关税编码的第2913/92号条例（EEC）① 中的一些特别规定，尤其是其中有关原产地概念的一般定义，根据本条例可予适用。

---

① OJ L 302, 19. 10. 1992, p. 1。

4. 为了共同体的利益，按本条例采取的反补贴措施，经与咨询委员会协商后，可由委员会作出暂停实施 9 个月的决定。如果理事会依简单多数对委员会提交的建议作出决定，这种暂缓实施期可进一步延长，但不应超过一年。

只有在市场条件发生暂时变化，暂停实施反补贴措施不会导致损害的再次发生，同时共同体相关产业的意见已被征询和考虑过时，才可暂停实施反补贴措施。如果暂缓实施反补贴措施的条件不再具备，经磋商后可随时恢复此类措施。

5. 经与咨询委员会磋商后，委员会可指示海关当局采取适当步骤对进口货物进行登记，以便从登记日起就可对这些被登记的进口货物采取反补贴措施。

进口登记也可应共同体内的相关产业的请求而采取，但请求中应包括足够的证据证明登记行为是正当的。

条例中应对登记进行介绍，说明登记行为的目的，如果合适的话，也应明确将来可能产生的债务的估计数额。超过 9 个月期限的进口货物不应进行登记。

6. 成员国应每月向委员会报告接受调查和遭受反补贴措施的产品的进口贸易，及按本条例征收的反补贴税的金额。

7. 在不损害第 6 条的适用的情况下，委员会可要求成员国，按各个案例的不同情况提供足够信息以便有效监管反补贴措施的实施。在这一方面，第 11（3）条和第 11（4）条应予适用。成员国根据本条提交的任何资料应受第 29（6）条的保护。

第 25 条 磋商

1. 本条例所指的磋商，除在第 10（7）条和第 11（10）条中所指的以外，应在咨询委员会内进行，咨询委员会应包括每一成员国的代表，并由委员会的一名代表担任主席。应成员国的请求或在委员会的提议，磋商应立即举行，在任何情况下，应在本条例规定的期限所允许的一段时间内举行。

2. 一经主席召集，委员会就应举行会议。主席应尽快地，但最迟应在会议前 10 个工作日及时地向成员国提供相关信息。

3. 如果必要，磋商可只用书面形式进行。委员会应通知成员国并且确定一时间段，在该时间段内，它们有权表达意见，也可要求进行口头磋商。只要能在本条例规定的期限所允许的一段时间内举行，主席应当安排该口头磋商。

4. 磋商应特别包括以下内容：

（a）可抵消补贴是否存在及确定其金额的方法；

（b）损害是否存在及其程度；

（c）补贴进口与损害的因果关系；

（d）在这些情况下，防止或补救可抵消补贴带来损害的适当措施及使这类措施生效的途径和方法。

第 26 条　实地核查

1. 委员会在其认为合适时可进行访问核查，以便检验进口商、出口商、贸易商、代理商、生产商、商业协会及组织的记录，借以核实所提供的有关补贴及损害的信息。如果没有得到及时和合适的答复，不应进行实地核查。

2. 应请求，委员会可在第三国展开调查，只要委员会已经得到相关公司的同意，且委员会已通知该国，该国也没有提出反对意见。一旦得到所涉公司的同意，委员会应把有关该公司的名称和地址及约定日期等信息通知原产国和/或出口国。

3. 应通知相关公司在实地核查期间将要核实的信息的性质，以及在核查过程中应提供的进一步信息，但这一做法也并不妨碍在核查过程中根据已获得的信息要求提供进一步的详情。

4. 在依第 1、2、3 款进行的调查中，委员会应得到提出请求的成员国官员的协助。

第 27 条　取样

1. 在出现众多申请者、出口商或进口商，产品类型多或交易量巨大的情形下，调查可只限于：

（a）通过取样方式确定的合理数目的当事方、产品数量或交易量，且依已知信息，从统计学上证明在作出选择时这种取样是有效的；

（b）在有效时间内可合理接受调查的最大的、有代表性的生产量、销售量或出口量。

2. 由委员会根据本条的规定，选择当事方、产品和交易类型。但委员会可与相关当事方磋商，并经其同意后作有偏向性的选择，只要这些当事方已为委员会所知，并在调查发起后 3 个星期内向委员会提供了足够多的信息，以便从中选出有代表性的样本；

3. 在依本条的规定审查受到限制时，应为在本条例规定的期限内提供了必要的信息，而在最初的选择中没有被选中的任何出口商或生产商单独确定可抵消补贴的金额，除非此类出口商或生产商数量庞大，对其进行单独检查会带来不合理的负担并会妨碍及时完成调查。

4. 在选定样本后，被选定的一些或者全部当事人有某种程度的不合作，以至可能影响调查的客观性时，应选择新的样本。

然而，如果仍然存在实质性的不合作，或没有足够的时间来选择新样本，应适用第 28 条的有关规定。

第 28 条　不合作

1. 如出现任何利害关系当事方在本条例规定的时间内拒绝被调阅信息或提供信息的情形或有明显阻碍调查的行为，可在可获得的事实的基础上作出肯定或否定的临时或最终调查结果。

如一利害关系当事方提供虚假的或误导性信息，可不使用这些信息，而使用可获得的事实。

利害关系当事方应被告知不合作的后果。

2. 未能提供计算机化的回复不能视为不合作，只要该利益关系当事方表示提供这类回复将构成不合理的额外负担或带来不合理的额外费用。

3. 如果利害关系当事方提供的信息从各方面看不太理想，也不能忽略这类信息，只要这些缺陷不会给作出合理准确的调查结果带来过度的困难，该信息是及时地以适当方式提交且可以进行核实的，以及当事方这样做已经尽了最大努力。

4. 如果证据或信息不被接受，应立刻告知提供信息的当事方拒绝接受的原因，并提供其在指定期限内作进一步解释的机会。如果认为这类解释仍不尽如人意，应在公布的调查结果中说明拒绝接受这类证据或信息的原因。

5. 如果包括可抵消补贴金额在内的有关裁决，是以第 1 款的规定，包括申请书中提供的信息为基础作出的，在可行的情况下并适当注意调查的期限要求后，该裁决应得到其他独立来源的信息的检验，这类独立信息包括，诸如，印制好的价格清单，官方进口统计和关税返还，或在调查期间从其他利害关系当事人处得到的信息。如果适当，此类信息可以包括属于世界市场或者另一有代表性市场的相关数据。

6. 如果一利害关系当事人不合作或部分合作，以至妨碍取得相关信息，该当事人可能得到一个与其合作相比较为不利的结果。

第 29 条　保密

1. 任何本质上是机密的信息（例如，披露该信息会使竞争对手获得显著的竞争优势或对提供信息的人或向该信息提供者提供信息的人带来显著的不利影响），或调查的当事人以信息为机密作为前提提供该信息并说明了有说服力的理由的，主管当局应把此类信息当作机密对待。

2. 提供机密信息的当事人应被要求提供该信息的非机密摘要，这类摘要应有足够多的细节，能使人合理理解该信息的实质内容。在例外的情况下，这类当事人可表明这类信息不允许以摘要的形式出现。在这类例外的情形中，必须说明为什么这类信息无法用摘要的形式表现出来。

3. 如果认为保密请求不具有充分根据，并且信息提供者既不愿意使得信息可以被获得，又不授权以概述或摘要的方式公布信息，则可对这类信息不予理会，除非从合适的渠道能令人信服地证明其内容的真实性。对有关保密的请求，不应武断地一概加以拒绝。

4. 本条规定不应妨碍共同体有关当局公布一般信息的做法，特别是依据本条例以其为根据作出决定的那些理由；也不应妨碍披露共同体有关当局在法庭程序中有必要解释作出决定的理由时所依据的证据。这种披露行为应考虑所涉当事方的合法利益，不应泄漏他们的商业或政府机密。

5. 理事会、委员会和成员国及它们的官员，未经提供者特别许可，不应披露按本条例取得的、提供者要求采取保密措施的任何信息。除非本条例有特别规定，委员会和成员国间之间的信息交换或任何与依第 25 条进行的磋商、或与第 10(7) 条、第 11(10) 条描述的磋商有关的信息，或共同体主管当局或成员国准备的内部文件，均不得披露。

6. 按本条例得到的信息，应只用于提供信息时请求的目的。

本规定不妨碍把在一次调查中得到的信息利用于在同一程序中启动的针对同一同类产品的其他调查。

第 30 条　披露

1. 申请者、进口商和出口商和他们的代表协会以及原产国和/或出口国可以请求对构成临时性措施根据的基本事实和审议的细节情况加以披露。这类请求应当在采取临时措施后立刻以书面形式提出，随后，应尽可能快地以书面形式披露这些细节。

2. 第一款中提及的当事方可要求最终披露那些据以打算建议采取最终反补贴措施，或未采取任何反补贴措施就中止调查或程序的基本事实及考虑，应特别注意披露与采取临时措施时所使用的事实或考虑不同的事实或考虑。

3. 最终披露的请求应以书面形式向委员会提出；在征收了临时反补贴税的情况下，披露请求应在公告有关征收此类税后 1 个月内向委员会提出并被收到。在没有征收临时反补贴税的情况下，委员会应在自己设定的期限内使当事方有请求最后披露的机会。

4. 最终的披露应以书面形式作出。在适当注意保护有关机密信息后，应尽早进行最终披露，通常不迟于作出最终决定前一个月或委员会依第 14 和第 15 条提交有关最终行动的建议前一个月进行。当委员会在上述时间不适合公布某些事实或考虑时，这一信息披露应在随后尽早进行。

披露不应损害委员会或理事会随后可能作出的任何决定，但这些决定是依不同的事实或考虑作出时，也应当尽早公布这些事实或考虑。

5. 在最终披露以后作出的陈述，只有这种陈述是在委员会就每个案件定下的期限内作出时，才应加以考虑。这种期限最少为 10 天，同时应考虑事情的紧要程度。

第31条　共同体利益

1. 作出为共同体利益是否需要干预的决定应以不同利益的整体考量为基础，包括国内产业、使用者和消费者的利益。只有当全部当事方被按第 2 款的规定，给予阐述其观点的机会后，才可依本条作出决定。在这种权衡中，消除损害性补贴的贸易扭曲效应及恢复有效竞争应给予特别的考虑。如果主管当局根据已查明的全部事实能清楚得出采取反补贴措施无益于共同体利益，就不能实施基于补贴和损害裁决而决定采取的反补贴措施。

2. 为了给主管当局决定采取反补贴措施是否利于共同体利益提供合理的根据，以便其能考虑全部观点和信息，申请人、进口商及其代表协会，使用者代表，消费者组织代表可在有关发起反补贴调查的通知中设定的期间内，向委员会公布身份并提供信息。这种信息或其摘要，应让本款中指明的其他当事人得到，他们有权对这类信息作出反应。

3. 按第 2 款行动的当事人可要求召开听证会。如果该申请是在第 2 款中确定的期限中提出，且他们从共同体利益的角度说明了召开听证会的原因，应准许其请求。

4. 按照第 2 款采取行动的当事方可对已实施的临时反补贴税发表评论。如果委员会在实施临时反补贴税后一个月内收到这些评论，应对这些评论或摘要加以考虑，并且这些评论应让那些有权对它们作出反应的当事方可得到。

5. 委员会应审查那些通过适当方式递交的信息以及该信息具有代表性的程度。上述分析结果和根据事情的是非曲直提出的观点，应转交咨询委员会。委员会在依第 14 和第 15 条作出任何建议时应考虑咨询委员会表达的权衡意见。

6. 已按第 2 款行事的当事方，在可能的程度内可要求得到可能作为最终决定依据的事实或考虑，但不应损害委员会或理事会随后作出的任何决定。

7. 有确凿证据支持其有效性的信息才可以被考虑。

第 32 条 反补贴税措施和多方救济的关系

如果依 WTO《补贴和反补贴措施协定》规定的争端解决程序，对一进口产品采取反补贴措施，且这类措施对消除可抵消补贴的损害性后果是适当的，则对这类进口产品征收的反补贴税应被立刻暂停，或者如果适当，被取消。

第 33 条 最后条款

本条例不应妨碍下列规定的适用：

（a）共同体和第三国达成的协定中规定的特别规则；

（b）欧共体在农业领域的条例和第 2783/75 号理事会（EEC）条例①和第 3448/93 号理事会（EC）条例②以及第 1667/2006 号理事会（EC）条例③。本条例以与上述条例相补充的方式实施，并废除那些条例中排除适用反补贴税的规定。

第 34 条 废除

废止第 2026/97 号条例（EC）。

对该条例（EE）的援引，应被解释为对本条例的援引并根据附件 VI 列出的相互关系表阅读。

---

① OJ L 282, 1.11.1975, p.104。
② OJ L 318, 20.12.1993, p.18。
③ OJ L 282, 1.11.1975, p.104。

第 35 条　生效

本条例自其在《欧盟官方公报》上公布后 20 日起生效。

本条例整体上具有约束力，并在全体成员国中直接适用。

2009 年 6 月 11 日制定于卢森堡。

附件 I　出口补贴例示清单

（a）政府视出口实绩对一公司或一产业提供的直接补贴。

（b）涉及出口奖励的货币保留方案或任何类似做法。

（c）政府提供或授权的对出口装运货物征收的内部运输和货运费用，条件优于给予国内装运货物的条件。

（d）由政府或其代理机构直接或间接通过政府授权的方案提供在生产出口货物中使用的进口国产品或服务，条款或条件优于给予为生产供国内消费货物所提供的同类或直接竞争产品或服务的条款或条件，如（就产品而言）此类条款或条件优于其出口商在世界市场中商业上可获得的[①]条款或条件。

（e）全部或部分免除、减免或递延工业或商业企业已付或应付的、专门与出口产品有关的直接税[②]或社会福利费用[③]。

（f）在计算直接税的征税基础时，与出口产品或出口实绩直接相关的特殊扣除备抵超过给予供国内消费的生产的特殊扣除备抵。

[①]　"商业上可获得的"这一术语是指不限制在进口产品和国内产品之间进行选择，只凭借商业上的考虑。

[②]　就本条例而言：

——"直接税"这一术语是指对工资、利润、利息、租金、版税和其他收入形式，及对不动产所有权征收的税，

——"进口费用"指对进口货物征收的关税、消费税及其他财政性收费，

——"间接税"这一术语是指销售税、消费税、营业税、增值税、特许权税、印花税、转让税、存货税、设备税、边境税及除直接税和进口费用以外的其他税种。

——"前阶段"间接税是指对直接或间接用于制造产品的货物和服务征收的税。

——"累积"间接税是指在某一生产阶段应征税的货物或服务用于下一生产阶段的情况下，在缺乏后续计税机制时征收的多级税。

——"税款减免"包括退税。

——"免除或退税"包括全部或部分免除或延缓交付进口费用。

[③]　如果收取适当的利息，迟缓交付税款不应视为出口补贴。

（g）对于出口产品的生产和分销，间接税①的免除或减免超过对于销售供国内消费的同类产品的生产和分销所征收的间接税。

（h）对用于生产出口产品的货物或服务所征收的前阶段累积间接税②的免除、减免或递延超过对用于生产国内消费的同类产品的货物或服务所征收的前阶段累积间接税的免除、减免或递延；但是如前阶段累积间接税是对生产出口产品过程中消耗的投入物所征收的（扣除正常损耗）③，则即使当同类产品销售供国内消费时前阶段累积间接税不予免除、减免或递延，对出口产品征收的前阶段累积间接税也可予免除、减免或递延。本项应依照附件 II 中关于生产过程中投入物消耗的准则予以解释。

（i）对进口费用的减免或退还④超过对生产出口产品过程中消耗的进口投入物所收取的进口费用（扣除正常损耗）；但是，在特殊情况下，如进口和相应的出口营业发生在不超过 2 年的合理期限内，则一公司为从本规定中获益，可使用与进口投入物的数量、质量和特点均相同的国内市场投入物作为替代。此点应依照附件 II 中关于生产过程中投入物消耗的准则和附件 III 中关于确定替代退税制度为出口补贴的准则予以解释。

（j）政府（或政府控制的特殊机构）提供的出口信贷担保或保险计划、针对出口产品成本增加或外汇风险计划的保险或担保计划，保险费率不足以弥补长期营业成本和计划的亏损。

（k）政府（或政府控制的和/或根据政府授权活动的特殊机构）给予的出口信贷，利率低于它们使用该项资金所实际应付的利率（或如果它们为获得相同偿还期和相同的其他信贷条件且与出口信贷货币相同的资金，而从国际资本市场借入时所应付的利率），或它们支付出口商或其他金融机构为获得信贷所产生的全部或部分费用，只要这些费用保证在出口信贷方面能获得实质性的优势。

但是，如一 WTO 成员属一官方出口信贷的国际承诺的参加方，且截至 1979 年 1 月 1 日至少有 12 个本协定创始成员属该国际承诺（或创始成员所通

---

① 同第 287 页脚注 2。

② 同第 287 页脚注 2。

③ h 款不适用于增值税和代替增值税的边境调节税；对增值税的超额减免问题全部涵盖在 g 款的规定中。

④ 同第 287 页脚注 2。

过的后续承诺）的参加方，或如果一 WTO 成员实施相关承诺的利率条款，则符合这些条款的出口信贷做法不得视为本协定所禁止的出口补贴。

（l）由公共账户支付的、构成 GATT 1994 第 16 条意义上的出口补贴的任何其他费用。

附件 II　关于生产过程中投入物消耗的准则①

第一部分

1. 间接税退还方案可允许免除、减免或递延对生产出口产品过程中消耗的投入物（扣除正常损耗）征收的前阶段累积间接税。同样，退税方案可允许对生产出口产品过程中消耗的投入物（扣除正常损耗）征收的进口费用进行减免或退税。

2. 附件 I 中的出口补贴例示清单的（h）款和（i）款中提及"在生产出口产品过程中消耗的投入物"的措辞。按照（h）款，间接税退还方案如果使前阶段累积间接税的免除、减免或递延超过对生产出口产品过程中消耗的投入物所实际征收的此类税，则构成出口补贴。按照（i）款，退税方案如果使进口费用的减免或退税超过对生产出口产品过程中消耗的投入物所实际征收的同类费用，则构成出口补贴。两款均规定在有关生产出口产品过程中消耗投入物的调查结果中必须考虑正常损耗。（i）款还规定了在适当时的替代。

第二部分

3. 作为按照本协定进行的反补贴调查的一部分，在审查投入物是否在生产出口产品过程中消耗时，委员会通常应按下列依据进行：

4. 如一间接税退还方案或退税方案被指控因退还或退税超过对生产出口产品过程中消耗的投入物所征收的间接税或进口费用而授予补贴，则委员会应首先确定出口成员政府是否已建立和实施用以确认生产出口产品过程中消耗的投入物种类和数量的制度或程序。如确定此类制度或程序已实施，则委

---

① 生产过程中消耗的投入物是指在生产过程中使用的物理上混合的投入物、能量、燃料和油料，及在获得出口产品过程中被使用而消耗的催化剂。

员会随后应审查该制度或程序，以确定其是否合理、是否对预期的目的有效以及是否依据出口国普遍接受的商业做法。调查主管机关可能认为有必要依照第 26 条第 2 款的规定进行某些实际检查，以核实信息或使自己确信该制度或程序正在得到有效实施。

5. 如不存在此种制度或程序，或此种制度或程序不合理，或此种制度或程序虽已设立并被视为合理，但被视为未实施或虽实施但无效，则出口国需要根据所涉及的实际投入物进行进一步审查，以确定是否发生超额支付。如委员会认为有必要，则可依照第 4 款进行进一步审查。

6. 如投入物用于生产过程且实际呈现在出口产品中，则委员会应将此类投入物视为物理结合的投入物。投入物在最终产品中存在的形态不必为其进入生产过程时的形态。

7. 在确定生产出口产品过程中消耗的特定投入物的数量时，通常应考虑"扣除正常损耗"，且此种损耗通常应被视为在生产出口产品过程中消耗的。"损耗"一词指在生产过程中不发挥独立作用、不在生产出口产品过程中消耗（由于效率低等原因）且不能被同一制造商回收、使用或销售的特定投入物的一部分。

8. 委员会对关于要求的损耗扣除是否属"正常"的裁定通常应酌情考虑生产工艺、出口国产业的一般经验以及其他技术因素。委员会应记住的一个重要的问题是，如损耗的数量打算包括在税收或关税退还或减免中，出口国家的主管机关是否已经合理计算此种数量。

附件Ⅲ　关于确定替代退税制度为出口补贴的准则

第一部分

对于在生产另一产品过程中消耗的投入物所征收的进口费用，如该另一产品的出口中包含与被替代的进口投入物相同质量和特点的国产投入物，则退税制度可允许对进口费用进行退还或退税。按照附件Ⅰ中的出口补贴例示清单（i）款，替代退税制度如使进口费用的退税额超过最初对要求退税的进口投入物所收取的进口费用，则构成出口补贴。

第二部分

作为按照本协定进行的反补贴调查的一部分，在审查任何替代退税制度时，委员会应按下列依据进行：

1. 出口补贴例示清单（i）款规定，国内市场的投入物可替代在生产供出口产品过程中的进口投入物，只要此类投入物与被替代的进口投入物在数量、质量和特点方面均相同。核实制度或程序的存在很重要，因为这样可使出口成员政府能够保证和证明要求退税的投入物数量不超过类似产品的出口数量，且无论以何种形式，对进口费用的退税不超过原来对所涉进口投入物征收的费用。

2. 如替代退税制度被指控授予补贴，则委员会通常应首先着手确定出口成员政府是否已建立和实施核实制度或程序。如确定此类制度或程序已实施，则委员会随后通常应审查核实程序，以确定其是否合理、是否对预定目的有效以及是否依据出口国普遍接受的商业做法。如确定该程序符合此检查标准且有效实施，则不应认为存在补贴。委员会可能认为有必要依照第26条第2款的规定进行某些实际的检查，以便核实信息或使自己确信核实程序正在得到有效实施。

3. 如不存在核实程序，或此类程序不合理，或此类程序已设立并被视为是合理的，但被视为未实施或虽实施但无效，则可能存在补贴。在这类情况下，需要出口成员依据所涉及的实际交易进行进一步审查，以确定是否发生超额支付。如委员会认为必要，则可依照第2款进行进一步审查。

4. 对于允许出口商选择特定进口装运并因此要求退税的替代退税规定的存在本身，不应被视为授予补贴。

5. 如政府对在其退税方案下任何退还的款项支付的利息，在实付或应付利息的限度内，则被视为存在附件I（i）款意义上的对进口费用的过量退税。

附件 IV

（本附件复制了农业协定附件2。本附件中没有解释的术语或表述，或不能从其本身作出解释的术语及表述可根据农业协定的上下文进行解释。）

国内支持：免除削减承诺的根据

1. 要求免除削减承诺的国内支持措施应满足如下基本要求，即无贸易扭曲作用或只有极少的贸易扭曲作用，或对生产没有或只有极少的影响。因此，要求免除削减承诺的所有措施应符合下列基本标准：

（a）所涉支持应通过公共基金供资的政府计划提供（包括放弃的政府税收），而不涉及来自消费者的转移；且

（b）所涉支持不得具有对生产者提供价格支持的作用；另加下列特定政策标准和条件。

政府服务计划

2. 一般服务

此类政策涉及与向农业或农村提供服务或利益的计划有关的支出（或放弃的税收）。它们不得涉及对生产者或加工者的直接支付。此类计划包括但不仅仅限于下列清单，应符合以上第 1 款中的一般标准和下列特定政策条件：

（a）研究，包括一般研究、与环境计划有关的研究以及与特定产品有关的研究计划；

（b）病虫害控制，包括一般的和特定产品的病虫害控制措施，如早期预警制度、检疫和根除；

（c）培训服务，包括一般和专门培训设施；

（d）推广和咨询服务，包括提供可便利信息和研究结果向生产者和消费者传播的方法；

（e）检验服务，包括一般检验服务和为健康、安全、分级或标准化之目的特定产品检验；

（f）营销和促销服务，包括与特定产品有关的市场信息、咨询和促销，但不包括未列明目的的、销售者可用以降低售价或授予购买者直接经济利益的支出；以及

（g）基础设施服务，包括：电力网络、道路和其他运输方式、市场和港口设施、供水设施、堤坝和排水系统以及与环境计划有关的基础设施工程。在所有情况下，支出应只直接用于基本工程的提供和建设，并且除可普遍获

得的公用设施网络化建设外，不得包括对农场设施的补贴提供。支出也不得包括对投入或运营成本的补贴或优惠使用费。

3. 用于粮食安全为目的的公共储备①

涉及积累和保持构成国内立法所确认的粮食安全计划组成部分的产品库存的支出（或放弃的税收）。可包括作为该计划一部分的对该产品的私营储备提供的政府援助。

此类库存的数量和积累应符合仅与粮食安全有关的预定指标。库存的积累和处置过程在财务方面应透明。政府的粮食采购应按现行市场价进行，粮食安全库存的销售应按不低于所涉产品和质量的现行国内市场价进行。

4. 国内粮食援助②

涉及向需要援助的部分人口提供国内粮食援助的开支（或放弃的税收）。

接受粮食援助的资格应符合与营养目标有关的明确规定的标准。此类援助的提供方式应为直接向有关人员提供粮食或提供可使合格受援者按市场价格或补贴价格购买粮食的方法。政府的粮食采购应按现行市场价进行，此类援助的供资和提供方式应透明。

5. 对生产者的直接支付

通过直接支付（或放弃的税收，包括实物支付）向生产者提供的、且要求免除削减承诺的支持应符合以上第1款所列的基本标准，此外还应符合以下第6款至第13款所列适用于各种直接支付形式的特定标准。如要求免除对第6款至第13款所列内容以外的任何现有类型或新型直接支付的削减，则该项免除除应符合第1款所列一般标准外，还应符合第6款（b）项至（e）项的标准。

6. 不挂钩的收入支持

（a）获得此类支付的资格应由明确规定的标准确定，如收入、生产者或土地所有者的身份和固定基期内生产要素的利用或生产水平。

---

①　就本附件第3款而言，发展中国家为粮食安全目的而实施的政府储备计划，如运营是透明的并依照正式公布的客观标准或准则实施，则应被视为符合本款的规定，这应包括按管理价格收购和投放的、用于粮食安全目的的粮食储备计划，只要收购价格与外部参考价格的差额在综合支持量中加以说明。

②　就本附件第3款和第4款而言，以定期和按合理价格满足发展中国家中城乡贫困人口的粮食需要为目标的按补贴价格提供的粮食，应被视为符合本款的规定。

（b）在任何特定年度中，此类支付的数量不得与生产者在基期后任何一年从事的生产的类型或产量（包括牲畜头数）有关，或以此种类型或数量为基础。

（c）在任何特定年度中，此类支付的数量不得与适用于基期后任何一年所从事的生产的国际或国内价格有关，或以此种价格为基础。

（d）在任何特定年度中此类支付的数量不得与基期后任何一年使用的生产要素有关，或以此种要素为基础。

（e）不得为接受此类支付而要求进行生产。

7. 政府从资金上参与收入保险和收入保障计划

（a）获得此类支付的资格应由收入的损失确定，仅考虑来源于农业的收入，此类收入损失应超过前 3 年期或通过去除前 5 年期最高和最低年收入确定的 3 年平均总收入或等量净收入的 30%（排除相同或类似方案中获得的任何支付）。符合此条件的任何生产者均应有资格接受此类支付。

（b）此类支付的数量应补偿生产者在其有资格获得该援助的当年的收入损失的 70% 以下。

（c）任何此类支付的数量仅应与收入有关；不得与生产者从事生产的类型或产量（包括牲畜头数）有关；不得与适用于此种生产的国内或国际价格有关；也不得与所使用的生产要素有关。

（d）如一生产者根据本款和第 8 款（自然灾害救济）在同一年接受两次支付，则此类支付的总额不得超过生产者总损失的 100%。

8. 自然灾害救济支付（直接提供或以政府对农作物保险计划资金参与的方式提供）

（a）只有在政府主管机关正式认可已发生或正在发生自然灾害或同类灾害（包括疾病暴发、虫害、核事故以及在有关成员领土内发生战争）后，方可产生获得此类支付的资格；该资格应由生产损失超过前 3 年期或通过去除前 5 年期最高和最低年收入确定的 3 年平均生产的 30% 确定。

（b）灾害发生后提供的支付仅适用于因所涉自然灾害造成的收入、牲畜（包括与兽医治疗有关的支付）、土地或其他生产要素的损失。

（c）支付所作的补偿不得超过恢复此类损失所需的总成本，且不得要求或规定将来生产的类型或产量。

（d）灾害期间提供的支付不得超过防止或减轻以上（b）项标准所定义的进一步损失所需的水平。

（e）如一生产者根据本款和上述第 7 款（收入保险和收入保障计划）在同一年接受两次支付，则此类支付的总额不得超过生产者总损失的 100%。

9. 通过生产者退休计划提供的结构调整援助

（a）获得此类支付的资格应参照计划中明确规定的标准确定，该计划旨在便利从事适销农产品生产的人员退休或转入非农业生产活动。

（b）支付应以接受支付者完全和永久地自适销农产品生产退休为条件。

10. 通过资源停用计划提供的结构调整援助

（a）获得此类支付的资格应参照计划中明确规定的标准确定，该计划旨在从适销农产品生产中退出所有土地或包括牲畜在内的其他资源。

（b）支付应以适销农产品生产所用土地停用至少 3 年为条件，对于牲畜而言，则以其被屠宰或最终永久处理为条件。

（c）支付不得要求或规定此类土地或其他资源用于任何涉及适销农产品生产的替代用途。

（d）支付不得与生产类型或产量有关，也不得与适用于使用生产中余留土地或其他资源所从事的生产的国内或国际价格有关。

11. 通过投资援助提供的结构调整援助

（a）获得此类支付的资格应参照政府计划中明确规定的标准确定，该计划旨在协助生产者针对客观表现出的结构性缺陷进行经营方面的资金或物资调整。获得此类计划的资格也可根据明确规定的关于农用土地重新私有化的政府计划确定。

（b）除按以下（e）项规定的标准外，在任何特定年度中，此类支付的数量不得与生产者在基期后任何一年内从事生产的类型或产量（包括牲畜头数）有关，或以此种类型或产量为基础。

（c）在任何特定年度中，此类支付的数量不得与适用于基期后任何一年从事的生产的国际或国内价格有关，或以此种价格为基础。

（d）此类支付只能在实现它们提供的投资所必需的时间内给予。

（e）除非要求接受者不得生产一特定产品，否则此种支付不得强制或以任何方式指定接受者生产某种农产品。

（f）这种支付应限于为补偿结构性缺陷所需要的数额之内。

12. 按环境计划提供的支付

（a）获得此类支付的资格应确定为明确规定的政府环境或保护计划的一部分，并应取决于对该政府计划下特定条件的满足，包括与生产方法或投入有关的条件。

（b）此类支付的数量应限于为遵守政府计划而所涉及的额外费用或收入损失。

13. 按地区援助计划提供的支付

（a）获得此类支付的资格应限于贫困地区的生产者。每一此类地区必须是一个明确指定的毗连地理区域、拥有可确定的经济和行政特性，根据法律或法规明确规定的中性和客观标准被视为贫困地区，此种特性表明该地区的困难并非是由于暂时的情况所造成的。

（b）除减少生产外，在任何特定年度中，此类支付的数量不得与生产者在基期后任何一年内从事的生产的类型或产量（包括牲畜头数）有关，或以此种类型或产量为基础。

（c）在任何特定年度中此类支付的数量不得与适用于基期后任何一年从事生产的国际或国内价格有关，或以此种价格为基础。

（d）支付应仅可使合格地区的生产者获得，但应使此类地区内的所有生产者普遍获得。

（e）如支付与生产要素有关，则支付应以高于有关要素最低水平的递减率给予。

（f）此类支付应限于在规定地区从事农业生产所涉及的额外费用或收入损失。

附件 V

被废止的条例及其后续修改

Council Regulation （EC） No 2026/97

（OJ L 288，21. 10. 1997，p. 1）

Council Regulation （EC） No 1973/2002

（OJ L 305，7.11.2002，p.4）

Council Regulation （EC） No 461/2004　　　　仅仅第 2 条

（OJ L 77，13.3.2004，p.12）

附件Ⅵ

相互关系表

第 2026/97 号条例〔Regulation （EC） No 2026/97〕	本条例 （This Regulation）
Article 1 （1）	Article 1 （1）
Article 1 （2）, introductory wording	Article 2, introductory wording
Article 1 （2）, final wording	Article 2 （a）, initial sentence
Article 1 （3）, first subparagraph	Article 2 （a）, final sentence
Article 1 （3）, second subparagraph	Article 2 （b）
Article 1 （4）	Article 1 （2）
Article 1 （5）	Article 2 （c）
Article 2	Article 3
Article 3 （1）	Article 4 （1）
Article 3 （2）, first subparagraph, introductory wording	Article 4 （2）, first subparagraph, introductory wording
Article 3 （2）, first subparagraph, point （a）	Article 4 （2）, first subparagraph, point （a）
Article 3 （2）, first subparagraph, point （b）, first sentence	Article 4 （2）, first subparagraph, point （b）
Article 3 （2）, first subparagraph, point （b）, second sentence	Article 4 （2）, second subparagraph
Article 3 （2）, first subparagraph, point （b）, third sentence	Article 4 （2）, third subparagraph
Article 3 （2）, first subparagraph, point （c）	Article 4 （2）, first subparagraph, point （c）
Article 3 （2）, second subparagraph	Article 4 （2）, fourth subparagraph

第 2026/97 号条例〔Regulation（EC）No 2026/97〕	本条例（This Regulation）
Article 3（3）	Article 4（3）
Article 3（4），first subparagraph，introductory wording	Article 4（4），first subparagraph，introductory wording
Article 3（4），first subparagraph，point（a），first sentence	Article 4（4），first subparagraph，point（a）
Article 3（4），first subparagraph，point（a），second and third sentences	Article 4（4），second subparagraph
Article 3（4），first subparagraph，point（b）	Article 4（4），first subparagraph，point（b）
Article 3（5）	Article 4（5）
Article 5	Article 5
Article 6	Article 6
Article 7（1）and（2）	Article 7（1）and（2）
Article 7（3），first subparagraph，first sentence	Article 7（3），first subparagraph
Article 7（3），first subparagraph，second sentence	Article 7（3），second subparagraph
Article 7（3），second subparagraph	Article 7（3），third subparagraph
Article 7（4）	Article 7（4）
Article 8（1）	Article 2（d）
Article 8（2）to（9）	Article 8（1）to（8）
Article 9	Article 9
Article 10（1）to（4）	Article 10（1）to（4）
Article 10（7）to（13）	Article 10（5）to（11）
Article 10（14），first sentence	Article 10（12），first subparagraph
Article 10（14），second and third sentences	Article 10（12），second subparagraph
Article 10（15），and（16）	Article 10（13）and（14）
Article 11（1），first and second sentences	Article 11（1），first subparagraph
Article 11（1），third sentence	Article 11（1），second subparagraph
Article 11（1），fourth sentence	Article 11（1），third subparagraph
Article 11（2）	Article 11（2）

第 2026/97 号条例〔Regulation （EC） No 2026/97〕	本条例（This Regulation）
Article 11 （3）, first sentence	Article 11 （3）, first subparagraph
Article 11 （3）, second sentence	Article 11 （3）, second subparagraph
Article 11 （3）, third sentence	Article 11 （3）, third subparagraph
Article 11 （4）, first sentence	Article 11 （4）, first subparagraph
Article 11 （4）, second sentence	Article 11 （4）, second subparagraph
Article 11 （4）, third sentence	Article 11 （4）, third subparagraph
Article 11 （5）	Article 11 （5）
Article 11 （6）, first sentence	Article 11 （6）, first subparagraph
Article 11 （6）, second sentence	Article 11 （6）, second subparagraph
Article 11 （6）, third sentence	Article 11 （6）, third subparagraph
Article 11 （6）, fourth sentence	Article 11 （6）, fourth subparagraph
Article 11 （7）, first sentence	Article 11 （7）, first subparagraph
Article 11 （7）, second sentence	Article 11 （7）, second subparagraph
Article 11 （8）, （9） and （10）	Article 11 （8）, （9） and （10）
Article 12	Article 12
Article 13 （1）	Article 13 （1）
Article 13 （2）, first and second sentences	Article 13 （2）, first subparagraph
Article 13 （2）, third and fourth sentences	Article 13 （2）, second subparagraph
Article 13 （2）, fifth sentence	Article 13 （2）, third subparagraph
Article 13 （3）, （4） and （5）	Article 13 （3）, （4） and （5）
Article 13 （6）, first, second and third sentences	Article 13 （6）, first subparagraph
Article 13 （6）, fourth sentence	Article 13 （6）, second subparagraph
Article 13 （7） and （8）	Article 13 （7） and （8）
Article 13 （9）, first subparagraph	Article 13 （9）, first subparagraph
Article 13 （9）, second subparagraph, first and second sentences	Article 13 （9）, second subparagraph
Article 13 （9）, second subparagraph, third sentence	Article 13 （9）, third subparagraph
Article 13 （10）	Article 13 （10）

第 2026/97 号条例〔Regulation (EC) No 2026/97〕	本条例 (This Regulation)
Article 14 (1) to (4)	Article 14 (1) to (4)
Article 14 (5) introductory wording	Article 14 (5) first part of the sentence
Article 14 (5) (a)	Article 14 (5), second part of the sentence, from 'as regards' to 'ad valorem'
Article 14 (5) (b)	—
Article 14 (5), final wording	Article 14 (5), last part of the sentence
Article 15 (1), first sentence	Article 15 (1), first subparagraph
Article 15 (1), second sentence	Article 15 (1), second subparagraph
Article 15 (1), third sentence	Article 15 (1), third subparagraph
Article 15 (1), fourth sentence	Article 15 (1), fourth subparagraph
Article 15 (1), fifth sentence	Article 15 (1), fifth subparagraph
Article 15 (2)	Article 15 (2)
Article 15 (3), first sentence	Article 15 (3), first subparagraph
Article 15 (3), second sentence	Article 15 (3), second subparagraph
Article 15 (3), third sentence	Article 15 (3), third subparagraph
Article 16 (1)	Article 16 (1)
Article 16 (2), first sentence	Article 16 (2), first subparagraph
Article 16 (2), second and third sentences	Article 16 (2), second subparagraph
Article 16 (3)	Article 16 (3)
Article 16 (4), introductory wording, first part	Article 16 (4), first subparagraph
Article 16 (4), introductory wording, second part	Article 16 (4), second subparagraph,? introductory wording? and points (a) and (b)
Article 16 (4) (a) and (b)?	Article 16 (4), second subparagraph, points (c) and (d)
Article 16 (5)	Article 16 (5)
Article 17	Article 17
Article 18	Article 18
Article 19	Article 19
Article 20, first sentence	Article 20, first paragraph

第 2026/97 号条例〔Regulation（EC）No 2026/97〕	本条例（This Regulation）
Article 20，second sentence	Article 20，second paragraph
Article 21（1），（2）and（3）	Article 21（1），（2）and（3）
Article 21（4），first sentence	Article 21（4），first subparagraph
Article 21（4），second sentence	Article 21（4），second subparagraph
Article 21（4），third sentence	Article 21（4），third subparagraph
Article 22（1），first subparagraph，first sentence	Article 22（1），first subparagraph
Article 22（1），first subparagraph，second and third? sentences	Article 22（1），second subparagraph
Article 22（1），first subparagraph，fourth	Article 22（1），third subparagraph
Article 22（1），first subparagraph，fifth sentence	Article 22（1），fourth subparagraph
Article 22（1），second subparagraph	Article 22（1），fifth subparagraph
Article 22（1），third subparagraph，introductory wording	Article 22（1），sixth subparagraph，introductory wording
Article 22（1），third subparagraph，first，second and third? indents	Article 22（1），sixth subparagraph，points（a），（b）and（c）
Article 22（1），fourth subparagraph	Article 22（1），seventh subparagraph
Article 22（2），first sentence	Article 22（2）
Article 22（2），second sentence	Article 22（3）
Article 22（2），third sentence	Article 22（4）
Article 22（3）	Article 22（5）
Article 22（4）	Article 22（6）
Article 23（1），first subparagraph，first sentence	Article 23（1）
Article 23（1），first subparagraph，second sentence	Article 23（2）
Article 23（1），first subparagraph，third sentence	Article 23（3），first subparagraph
Article 23（1），second subparagraph，from 'The practice' to? 'inter alia'	Article 23（3），second subparagraph，initial wording

第 2026/97 号条例〔Regulation （EC） No 2026/97〕	本条例（This Regulation）
Article 23 （1）, second subparagraph, from 'the slight modification'? to 'the manufacturers'	Article 23 （3）, second subparagraph, points （a）, （b） and （c）
Article 23 （2）, first and second sentences	Article 23 （4）, first subparagraph
Article 23 （2）, third sentence	Article 23 （4）, second subparagraph
Article 23 （2）, fourth and fifth sentences	Article 23 （4）, third subparagraph
Article 23 （2）, sixth and seventh sentences	Article 23 （4）, fourth subparagraph
Article 23 （3）, first subparagraph, first sentence	Article 23 （5）
Article 23 （3）, first subparagraph, second sentence	Article 23 （6）, first subparagraph
Article 23 （3）, first subparagraph, third sentence	Article 23 （6）, second subparagraph
Article 23 （3）, first subparagraph, fourth sentence	Article 23 （6）, third subparagraph
Article 23 （3）, second subparagraph	Article 23 （6）, fourth subparagraph
Article 23 （3）, third subparagraph	Article 23 （6）, fifth subparagraph
Article 23 （3）, fourth subparagraph	Article 23 （7）
Article 23 （4）	Article 23 （8）
Article 24 （1）, first and second sentences	Article 24 （1）, first subparagraph
Article 24 （1）, third sentence	Article 24 （1）, second subparagraph
Article 24 （2）, first sentence	Article 24 （2）, first subparagraph
Article 24 （2）, second and third sentences	Article 24 （2）, second subparagraph
Article 24 （3）	Article 24 （3）
Article 24 （4）, first and second sentences	Article 24 （4） first subparagraph
Article 24 （4）, third sentence	Article 24 （4） second subparagraph
Article 24 （4）, fourth and fifth sentences	Article 24 （4） third subparagraph
Article 24 （5）, first sentence	Article 24 （5） first subparagraph
Article 24 （5）, second sentence	Article 24 （5）, second subparagraph
Article 24 （5）, third and fourth sentences	Article 24 （5）, third subparagraph
Article 24 （6） and （7）	Article 24 （6） and （7）

第 2026/97 号条例〔Regulation（EC）No 2026/97〕	本条例（This Regulation）
Article 25	Article 25
Article 26	Article 26
Article 27（1），（2）and（3）	Article 27（1），（2）and（3）
Article 27（4），first sentence	Article 27（4），first subparagraph
Article 27（4），second sentence	Article 27（4），second subparagraph
Article 28	Article 28
Article 29（1）to（5）	Article 29（1）to（5）
Article 29（6），first sentence	Article 29（6），first subparagraph
Article 29（6），second sentence	Article 29（6），second subparagraph
Article 30（1），（2）and（3）	Article 30（1），（2）and（3）
Article 30（4），first，second and third sentences	Article 30（4），first subparagraph
Article 30（4），final sentence	Article 30（4），second subparagraph
Article 30（5）	Article 30（5）
Article 31	Article 31
Article 32	Article 32
Article 33	Article 33
Article 34	—
—	Article 34
Article 35	Article 35
Annexes I to IV	Annexes I to IV
—	Annex V
—	Annex VI

主要参考文献

一、中文文献

（一）期刊论文/译文

1. 蒋小红：《欧共体反补贴立法与实践》，《法学评论》2003 年第 1 期。

2. 程卫东：《欧盟对华反倾销若干法律问题研究》，《国际法与比较法论丛》第 11 辑，中国方正出版社 2004 版。

3. 欧福永、冯素华：《浅议欧盟反补贴调查程序》，《文史博览》2006 年第 4 期。

4. 欧福永、冯寿波：《欧盟反补贴期终和中期复审制度》，《求索》2007 年第 4 期。

5. 欧福永、熊之才：《WTO〈SCM 协议〉下补贴问题法律对策研究》，《中国法学》2001 年第 4 期。

6. 欧福永：《论反补贴调查中实质损害威胁的确定》，《环球法律评论》2010 年第 4 期。

7. 欧福永、高萍：《〈WTO 补贴与反补贴措施协定〉附件一（K）款一项的解释与适用》，《时代法学》2010 年第 4 期。

8. 欧福永、刘琳（译）：《欧盟理事会 1997 年 10 月 6 日关于对来源于非欧洲共同体国家的补贴进口货物可采取的保护措施的第 2026/97 号规则》（经 2004 年第 461/2004 号条例修改），《国际法与比较法论丛》2005 年第 16 辑。

9. 叶萘：《产业损害的构成因素及其认定方法》，《环球法律评论》2008 年第 4 期。

10. 中国贸易救济信息网：《美国对华可锻铸铁管附件反倾销案》，《中国贸易救济》2008 年第 11 期。

11. 中国贸易救济信息网：《薄壁矩形钢管（反倾销和反补贴，美国)》，《中国贸易救济》2007 年第 9 期。

12. 中国贸易救济信息网：《柠檬酸及柠檬酸盐（反补贴，美国)》，《中国贸易救济》2009 年第 7 期。

13. 中国贸易救济信息网：《钢钉（反倾销，美国)》，《中国贸易救济》2007 年第 9 期。

14. 刘涛，喻文婷：《欧盟活动综述（2004 年 1 月－12 月)》，《北大国际法与比较法评论》2005 第 11 期。

15. 甘瑛：《反补贴中的"同类产品"法律探悉》，《国际经济法学刊》2005 年第 12 期。

16. 杨方：《欧共体反倾销日落复审制度研究》，《2006 年中国青年国际法学者暨博士生论坛论文集》，中国国际法学会、武汉大学法学院、武汉大学国际法研究所主办。

17. 夏兰、刘阳：《中美反补贴法律机制的几点比较》，《江西财经大学学报》2005 年第 3 期。

18. 袁雪：《华为中兴遭遇欧盟"三反"调查》，21 世纪经济报道，2010 年 9 月 16 日，http://www.21cbh.com/HTML/2010 － 9 － 17/xMMDAwM-DE5ODExMg_ 2.html。

19. 周天欢：《反补贴法对我国的适用》，《国际贸易》1994 年第 11 期。

20. 李先云：《企业如何应对反补贴调查》，《造纸信息》2007 年第 2 期。

21. 武长海：《积极防范新贸易壁垒——反规避调查》，中国贸易救济信息网，访问日期：2006 年 11 月 14 日。

22. 赵维田：《对补贴要履行的三项义务——〈中国入世议定书〉第 10 条解读》，北大法律信息网（法学文献栏目）：http://www.chinalawinfo.com。

23. 王贺军：《SCM 协定》，WTO 知识普及培训班学习材料七。

24. 陈建平：《法律文体翻译的基本原则探索》，《法律语言学说》2007 创刊号。

25. 李静冰：《中国产品美国反倾销应诉中的损害和倾销确定》，中华全国律师协会 WTO 专门委员会 2004 年年会会议手册。

26. 黄东黎：《欧盟的反补贴法律制度》，《法治研究》2012 年第 7 期。

27. 黄文旭：《欧盟对华铜版纸反补贴调查案述评》，《造纸信息》2010 年第 9 期。

28. 黄文旭：《评欧盟对华数据卡反补贴调查案》，《云南大学学报（法学版）》2010 年第 6 期。

29. 黄文旭：《欧盟反补贴调查的趋势及我国的应对策略》，《南昌大学学报（人文社会科学版）》2010 年第 6 期。

（二）学位论文

1. 刘瑞荣：《反倾销法中损害的确定》，四川大学 2006 年法律硕士学位论文。

2. 陈为民：《国际反补贴法之比较研究》，大连海事大学 2002 年硕士学位论文。

3. 宁佳：《反补贴调查中损害认定的若干法律问题研究》，湖南师范大学 2009 年硕士论文。

4. 贺芳：《WTO 下补贴认定的法律问题研究》，辽宁大学 2009 年硕士学位论文。

5. 马文江：《反补贴法律制度中专向性标准探究》，复旦大学 2008 年硕士学位论文。

6. 闫文静：《论〈反倾销协定〉中"可获得事实"规定的适用条件》，中国政法大学 2006 年硕士学位论文。

7. 刘瑞荣：《反倾销法中损害的确定》，四川大学 2006 年法律硕士学位论文。

8. 甘瑛：《国际货物贸易中的补贴与反补贴法律问题研究》，厦门大学 2003 年博士论文。

9. 孔辉：《欧盟及其成员补贴政策研究》，中国社会科学院 2007 年硕士学位论文。

10. 管俊兵：《欧盟补贴与反补贴法律制度研究》，中国社会科学院 2011 年硕士学位论文。

11. 潘宇萍：《欧盟反补贴立法及其适用中的问题研究：以欧盟对华铜版纸反补贴案为例》，南京师范大学 2012 年硕士学位论文。

（三）著作

1. 甘瑛：《国际货物贸易中的补贴与反补贴法律问题研究》，法律出版社2005年版。

2. 段爱群：《法律较量与政策权衡——WTO中补贴与反补贴规则的实证分析》，经济科学出版社2005年版。

3. （德）马迪亚斯·赫蒂根 著，张恩民 译：《欧洲法》，法律出版社2003年版。

4. 朱榄叶编著：《世界贸易组织国际贸易纠纷案例评析1995–2002》（上册），法律出版社2004年版。

5. 韩立余编著：《WTO案例及评析》（2000），中国人民大学出版社2001年版。

6. 张亮：《反倾销法损害确定问题研究》，法律出版社2006年版。

7. 赵维田：《世贸组织（WTO）的法律制度》，吉林人民出版社2000年版。

8. 朱榄叶编著：《世界贸易组织国际贸易纠纷案例评析》，法律出版社2000年版。

9. 单一：《WTO框架下补贴与反补贴法律制度与实务》，法律出版社2009年版。

10. 赵维田：《美国——对某些虾及虾制品的进口限制案》，上海人民出版社2003年版。

11. 张志刚主编，国家经贸委产业损害调查局编：《反倾销反补贴保障措施法律与实务》，中国经济出版社2002年版。

12. 宋和平主编：《反倾销法律制度概论》，中国检察出版社2001年版。

13. ［比］百利斯（Bellis, J. F.），［比］贝尔（Baere. P.）著，岳云霞译：《欧盟贸易保护商务指南：反倾销、反补贴和保障措施法规、实践与程序》，社会科学文献出版社2007年版。

14. 王传丽：《补贴与反补贴措施协定条文释义》，湖南科学技术出版社2006年版。

15. 李本：《补贴与反补贴制度分析》，北京大学出版社2005年版。

16. 欧福永等：《国际补贴与反补贴立法与实践比较研究》，中国方正出版社 2008 年版。

17. 欧福永、黄文旭：《加拿大反补贴立法与实践研究》，中国检察出版社 2009 年版。

18. 李毅、李晓峰等：《国际贸易救济措施》，对外经济贸易大学出版社 2005 年版。

19. 蒋小红：《欧共体反倾销与中欧贸易》，社会科学文献出版社 2004 年版。

20. 曹建明，陈治东：《国际经济法专论（第三卷）》，法律出版社 2000 年版。

21. 杜厚文主编：《世贸组织规则与中国战略全书（中卷)》，新华出版社 1999 年版。

22. 王贵国著：《世界贸易组织法》，法律出版社 2003 年版。

23. 世界贸易组织秘书处编，索必成、胡盈之译：《乌拉圭回合协议导读》，法律出版社 2000 年版。

24. 对外贸易经济合作部世界贸易组织司译：《中国加入世界贸易组织法律文件》，法律出版社 2002 年版。

25. 张汉林译著：《反倾销反补贴规则手册》，中国对外经济贸易出版社 2003 年版。

26. 甘瑛：《WTO 补贴与反补贴法律与实践研究》，法律出版社 2009 年版。

27. 史学赢：《反倾销、反补贴、保障措施典型案例：钢铁行业案例》，南开大学出版社 2006 年版。

28. 彭文革、徐文芳：《倾销与反倾销法论》，武汉大学出版社 1997 年版。

29. 张燕：《应战美国反倾销——美国国际贸易法院涉华反倾销案例介评（1999—2002）》，法律出版社 2004 年版。

30. 韩立余译：《美国关税法》，法律出版社 1999 年版。

31. （美）布鲁斯·E·克拉柏著，蒋兆康、王洪波、何晓睿、竺琳译：《美国对外贸易法和海关法》，法律出版社 2000 年版。

32. 罗昌发：《美国贸易救济制度》，中国政法大学出版社 2003 年版。

33. 高永富、张玉卿主编：《国际反倾销法实用大全》，立信会计出版社 2001 年版。

34. 陈卫东、李靖堃译：《欧洲联盟基础条约》（经《里斯本条约》修订），社会科学文献出版社 2010 年版。

二、外文文献

（一）论文

1. Angelos Pangratis and Edwin Vermulst, *Injury in Anti-Dumping Proceedings*: *the Need to Look Beyond the Uruguay Round Results*, *Journal of World Trade*, 1994, Vol. 28 （5）.

2. Marco J. Bronckers, *Rehabilitating Anti-dumping and Other Trade Remedies through Cost－Benefit Analyses*, *Journal of World Trade*, 1996.

3. Joseph F. Francois, Joseph Palmeter, *U. S.*：*Countervailing Duty Investigation of DRAMS*, *World Trade Review*, 2008, 7 （1）.

4. Paul. w. Jameson, *Recent International Trade Commission Practice Regarding the Material Injury Standard*：*A Critique*, 18 L. & Pol'y Int'l Bus. 522 （1986）.

5. William K. Wilcox, *GATT－Based Protectionism and the Definition of a Subsidy*, *Boston University International Law Journal*, 1998 （3）.

6. John A Ragost, *Specificity of Subsidy Benefits in U. S. Department of Commerce Countervailing Duty Determinations*, *Journal of World Trade Law*, 1985 （19）.

7. Hans－Michael Giesen, *Upstream Subsidisies*：*A Policy and Enforcement Question after Trade and Traiff Act of* 1984, 17L. & Pol'y Int'l Bus, 288 （1985）.

8. Hyung－Jin Kim, *Reflections on the Green Light Subsidy for Environmental Purposes*, *Journal of the World Trade* 33 （3）：1999.

9. Alan O. Sykes, *Countervailing Duty Law*：*An Economic Perspective*, *Columbia Law Review*, Vol. 89, 1989.

10. N. David Palmeter, *Injury Determination in Antidumping and Countervailing*

Duty Case - A Commentary on U. S. Practice, 21 *J. World Trade* L. No. 1, 30 (1987).

11. Paul. w. Jameson, *Recent International Trade Commission Practice Regarding the Material Injury Standard: A Critique*, 18 L. & Pol' y Int' l Bus. 522 (1986).

12. Aluisio de Lima - Campos, *Nineteen Proposals to Curb Abuse in Antidumping and Countervailing Duty Proceedings*, *Journal of World Trade*, 2005, 39 (2).

13. Anwarul Hoda and Rajeev Ahuja, *Agreement on Subsidies and Countervailing Measures: Need for Clarification and Improvement*, *Journal of World Trade*, 2005, 39 (6).

（二）著作

1. Konstantinos Adamantopoulos and Maria J Pereyra - Friedrichsen, *EU Anti-Subsidy Law and Practice*, Sweet & Maxwell, 2007.

2. Ivo Van Bael, Jean - Francois Bellis, *Anti-Dumping and Other Trade Protection of the EC*, 4th ed. , Kluwer Law Internatioanal, 2004.

3. Petros C. Mavroidis, Patrick A. Messerlin, Jasper M. Wauters, *The Law of Economics of Contingent Protection in the WTO*, Edward Elgar, 2008.

4. Philip Bentley QC & Aubrey Silberston CBE, *Anti-Dumping and Countervailing Action: Limits Imposed by Economic and Legal Theory*, 2007.

5. Rudiger Wolfrum, Peter - Tobias Stoll & Michael Koebele, *WTO - Trade Remedies*, Martinus Nijhoff Publishers, 2008.

6. Clive Stanbrook, *Dumping and Subsidies (3rd Edition)*, Kluwer Law Internatioanal, 1997.

7. Marc Benitah, *The Law of Subsidies under the GATT/WTO System*, Kluwer Law International, 2001.

8. . Robert O' Brien, *Subsidy Regulation and State Transformation in North America, the GATT and the EU*, Macmillan Press Ltd. 1997.

9. Claude E. Barfiled, *Free Trade, Sovereignty, Democracy: the Future of the World Trade Organization*, The AEI Press, 2001.

10. Terence P. Stewart & Amy S. Dwyer, *WTO Anti-dumping and Subsidy*

Agreements: *A Practitioner's Guid to "Sunset" Reviews in Australia, Canada, the EU and the United States*, The Hague: Kluwer Law International, 1998.

三、网站

1. 中国贸易救济信息网：http://www. cacs. gov. cn

2. 欧盟贸易救济信息网站：http://ec. europa. eu/trade/tackling-unfair-trade/trade-defence/.

3. 《美国法典》，http://www. gpoaccess. gov/uscode/browse. html.

4. 美国国际贸易委员会：http://www. usitc. gov/.

5. 美国商务部：http://www. commerce. gov/.

6. WTO 官方网站：http://www. wto. org.

后 记

2007 年本人作为主持人申请的"欧洲联盟反补贴立法与实践研究"课题被立项为国家社科基金青年项目,本书为该项目的最终成果。本书也是我们组建的国际反补贴法研究团队继 2008 年、2009 年、2012 年分别出版"国际补贴与反补贴法研究"系列专著《国际补贴与反补贴立法与实践比较研究》、《加拿大反补贴立法与实践研究》和《美国反补贴立法与实践研究》之后推出的又一专著。

本书采用历史分析、比较研究和案例分析等研究方法,比较系统地研究了欧盟反补贴法的实体和程序规则及其适用。本书是国内第一部研究欧盟反补贴制度的专著,期盼能为减少中欧贸易摩擦,采取必要措施防止欧盟反补贴规则对我国的适用,应对欧盟反补贴调查和完善我国反补贴立法与实践提供理论支持。

本书的撰写分工如下:欧福永:独撰(译)引言、第 12 章第 1～4、6 节、附录和主要参考文献;合作撰写第 1～9、11 章、第 13 章;甘瑛:撰写第 12 章第 7 节;熊之才:合作撰写第 10 章;李本:合作撰写第 5 章;刘琳:合作撰写第 1 章;冯素华:合作撰写第 7～9 章;黄文旭:合作撰写第 13 章;范知智:合作撰写第 2～4 章;颜诣:合作撰写第 6 章;岳昕雯:合作撰写第 10 章;张琼芳:合作撰写第 11 章;朱丹:撰写第 12 章第 5 节。

感谢中国商务出版社领导和赵桂茹编辑的支持和辛苦的编辑工作。虽然我们尽了很大努力,但是受水平和时间的限制,本书难免有错误和疏漏之处,期盼读者不吝指正!

欧福永

2013 年 10 月